I0093054

www.ingramcontent.com/pod-product-compliance
Lightning Source LLC
Chambersburg PA
CBHW070055030426
42335CB00016B/1899
9781990760884

به نام خدا

ببخشید! دست خط بابا خوب نیست!

نامه‌هایی به فرزندانم و تمام فرزندان جهان
برای آگاه کردن آن‌ها از خوب و بد زندگی

سیامک راستین

سریال کتاب: P2345340133

عنوان: ببخشید! دست خط بابا خوب نیست.

زیر نویس عنوان: نامه‌هایی به فرزندانم و تمام فرزندان جهان
برای آگاه کردن آن‌ها از خوب و بد زندگی

پدید آورنده: سیامک راستین

ویراستار: نرگس تاج الدینی

صفحه آرا: محبوبه لعلپور

طراح جلد: محبوبه لعلپور

شابک: ISBN: 978-1-990760-88-4

موضوع: توسعه فردی، اجتماعی، سیاسی

مشخصات کتاب: Paperback, A5

تعداد صفحات: ۳۲۸

تاریخ نشر در کانادا: جوئن ۲۰۲۳

Kidsocado Publishing House
خانه انتشارات کیدزوکادو
ونکوور، کانادا

تلفن: 8654 633 (833) 1+
واتس آپ: 7248 333 (236) 1+
info@kidsocado.com
www.kidsocado.com

قوی سیاه فرهنگ ایران

آیا تا کنون یک قوی سیاه دیده‌اید؟

آیا شما هم باور دارید که تنها قوی سفید وجود دارد؟ باور به وجود قوی سیاه شاید دور از ذهن باشد؟ شاید هنوز یک قوی سیاه به چشم ندیده‌اید؟ قبل از کشف استرالیا هیچکس نمی‌دانست که قوی سیاه وجود دارد و همه خیال می‌کردندکه امکان‌پذیر نیست اما زمان کشف استرالیا قوی سیاه که قویی بسیار زیبا و کمیاب بود دیده شد. و بسیاری از مردم باور کردند که قوی سیاه نیز وجود دارد.

و ما، یعنی خانه انتشارات کیدزوکادو، قوی سیاه را در فرهنگ ایران بوجود آوردیم. قوی سیاهی که امکان وجود و باورش سخت بود.

هم‌زبانان ما نیز شاید از وجود یک انتشارات رسمی خارج از ایران که این امکان را به پدیدآورندگان یک اثر فرهنگی برای انتشار اثرشان در سراسر دنیا بدهد و همچنین دسترسی به کتاب فارسی را به علاقمندان کتاب در سراسر دنیا آسان کند، خبر نداشتند و انتشار و تهیه کتاب فارسی از یک بستر جامع مانند قوی سیاه غیر ممکن به نظر می‌رسید.

افتخار داریم که سهم کوچکی در گسترش فرهنگ غنی‌مان داریم و امکان انتشار آثار به فارسی و هر زبان دیگری را برای اولین بار برای نویسندگان فارسی‌زبان میسر کردیم. امکان جهانی‌شدن پیامشان و رسیدن صدایشان به دنیا را...

و اما برای ما غربت‌نشینان، سفارش کتاب فارسی از **آمازون** و یا هر وبسایت کتاب‌فروشی و دریافت‌اش درب خانه، لحظه گشودن آن بسته، بوی کتاب و ارتباط با زبان مادری بسان دیدن قوی سیاه شگفت انگیز است.

در رسالت ما یعنی، در دسترس گذاشتن سریع و آسان، آثار و فرهنگ غنی ایران و معرفی نویسندگان ایرانی به فرزندان ایران، به کتاب دوستان ایرانی و به تمام دنیا، همراه ما باشید.

بخوانید تا دنیا را احساس کنید. Read the words feel the world.

پیامتان را جهانی کنید. Let The World, Reach your Words.

خانه انتشارات کیدزوکادو

قوی سیاه برگرفته از کتاب قوی سیاه نوشته نسیم طالب

فهرست

مقدمه.. ۹

پیشگفتار.. ۱۲

هدف از خلقت انسان.. ۱۵

زندگی از نگاهی دیگر.. ۲۰

تولد انسان... ۲۳

روح... ۲۵

عبادت خدا، علل و فواید آن از نگاهی دیگر.................................. ۲۹

دنیا ، یک معادله -n مجهولی... ۳۳

جان و روح... ۳۸

تولد... ۴۱

زمان... ۴۴

انسان و مقوله دین.. ۴۴

دین چیست؟... ۴۵

کنترل رفتارهای هیجانی منفی.. ۵۳

درد و دل با خدا... ۶۳

دایی بهمن... ۶۷

۱۰ راز سربلندی انسان.. ۶۹

ارزش داشته‌ها.. ۷۵

آینده بشریت.. ۷۷

احترام به پدر و مادر ۷۹

قدرت انسان در برابر طبیعت ۸۲

برای سلامتی عمه مهربان ۸۴

یک احساس بد.. ۸۷

اعتقادات شخصی ما ۹۲

تا خدا یار است بر سلطان مپیچ ۹۷

راه و رسم تنبیه.. ۱۰۵

لذت واقعی ۱۰۶

عقده احترام.. ۱۱۱

انسان یا نهایت پستی.. ۱۱۵

پدر... ۱۱۷

سخنی دیگر ۱۲۰

ایران من... ۱۲۳

چگونه است که مردم این چنین شدند؟.. ۱۲۹

چگونه می‌توان فرهنگ را اصلاح کرد؟... ۱۳۱

چگونه می‌توان ایران را آباد کرد؟.. ۱۳۲

چرا حاکمان فعلی این چنین نمی‌کنند؟.. ۱۳۵

فراز و نشیب‌های زندگی.. ۱۴۲

فاجعه ۱۶۴

توجیه ۱۶۷

کرونا ویروس.. ۱۷۰

پیمان نوین... ۱۸۰

مبحث آزادی انسان ۱۸۸

لازم نیست نابغه باشید... ۱۹۱

باغی که می‌سوزد!.. ۱۹۷

احزاب.. ۲۰۱

نشانه حکومت اسلامی... ۲۰۶

تقدیر.. ۲۱۲

فایلی که منتشر کردم ولی متاسفانه توجه‌ای به آن نشد:.. ۲۲۱

شورای حقوق بشر.. ۲۴۰

انگار خدا ما را رها کرده. هر ظالمی هر کاری می‌خواهد می‌کند و فریاد رسی نیست؟شاید تقصیر خداست! ۲۴۵

نحوه حاکمیت جهان... ۲۵۱

ملت امام حسین!.. ۲۵۴

قلعه حیوانات.. ۲۵۹

سرنوشت... ۲۶۲

زغال سنگ... ۲۶۸

تأثیر شرایط زندگی در نمایش خصوصیات انسانی.. ۲۷۱

قانون تعادل... ۲۷۴

حرام زاده کیست؟... ۲۷۸

یک اتفاق خوب... ۲۸۲

مقوله دین- بخش دوم... ۲۸۴

مرزهای غیر قابل کنترل.. ۲۸۸

قانون منع مداخله در امور داخلی کشورها.. ۲۹۲

کتاب آیات شیطانی... ۲۹۷

دختری به نام مهسا... ۳۰۱

داستان علف‌های هرز... ۳۰۵

خواست خداوند... ۳۰۹

داستان الاغ‌ها... ۳۱۳

کیان خدای رنگین کمان.. ۳۱۷

با آروزی آزادی ایران... ۳۲۳

مادر،

متاسفم اگر آنقدر تلاش نکردم، آن فرزندی باشم که شاید از من انتظار داشتی. امروز که ضعیف و ناتوان شده ای، شرمنده ام که نتوانستم آنگونه که شایسته است، تسکینی بر رنجهای تو باشم. می دانم چه آرزوهایی برایم داشتی، می دانم تمام سرمایه زندگیت را، جوانی، سلامتی و علایقیت را تنها در سد حمایت از ما فرزندانت خرج کردی. دیدم چگونه آن همه سختی و شرایط غیر قابل تحمل را فقط به خاطر ما تحمل کردی. شرمنده ام که نتوانستم گوشه ای از زحمات تو را جبران کنم.

مادر عزیزم، برای تمام آن زحمات و فداکاریهایت، برای تمام آن لحظاتی که در کنارم بودی و مرا حمایت کردی و برای همه آن درسهای با ارزش زندگی که به من آموختی از تو سپاسگذارم و با احترام،

این کتاب را به تو تقدیم میکنم

مقدمه

در سال ۱۳۹۰ خورشیدی بود که تصمیم گرفتم تجربیات تلخ و شیرین زندگی خود را برای فرزندانم بنویسم. از سختی‌های زندگی و نحوه مواجه با آن‌ها گرفته، تا از مشکلات اجتماعی و سیاسی و راهکارهایی که به نظر من برای آن‌ها وجود دارد. تصمیم گرفتم از آینده‌ای برایشان بنویسم که در صورت انتخاب هر یک از راه‌های مختلف زندگی و با داشتن تفکرات متفاوت در خصوص نحوه زندگی، برایشان رقم خواهد خورد. تلاش کردم اصول انسانیت را به آن‌ها آموزش دهم. از ظلم و جنایت‌هایی که توسط حکومت‌ها بر مردم بی‌گناه وارد می‌شود، بگویم. از سیاست‌های پشت پرده، از جهل مردم، از بی‌توجهی جامعه جهانی به حقوق بشر و محیط زیست، از سیاست اولویت‌دار بودن مسائل اقتصادی بر همه مسائل اجتماعی و انسانی و بی‌اهمیت شمردن مسئله محیط زیست و آلودگی زمین

بنویسم. از واقعیت دین بگویم. از سوء استفاده‌های سیاسی که از دین و به نام دین می‌شود. از واقعیت انسان و راه و روش انسان بودن بگویم.

اگرچه در ابتدا هدفم تنها آگاه کردن فرزندانم از خوب و بد زندگی و نشان دادن راه و رسم زندگی به آن‌ها بود و این را بخشی از وظیفه پدری خود می‌دانم، ولی سال‌ها بعد از شروع نوشتن این مباحث، تصمیم گرفتم آن را در قالب کتاب به همه مردم دنیا عرضه کنم. چرا که معتقدم همه فرزندان انسان در این جهان باید به این مسائل آگاه شوند تا بتوانند حرکت انسان را از مسیر اشتباه خود به مسیر درست تغییر دهند. همواره سعی کردم تمام مسائلی را که به آن‌ها پرداختم از دید منطقی مورد بررسی قرار دهم. شاید انتقادهای زیادی هم به این نوشتار وارد شود ولی از مخاطبانم انتظار دارم که این کتاب را با دید منطقی مطالعه کنند. من بدون هیچگونه تعصبی در خصوص اصرار بر درستی منطق به‌کار رفته در این کتاب، هرگونه نظر انتقادی که قوی‌تر از نظر اظهار شده در این کتاب باشد را با کمال میل می‌پذیرم و حاضر به اصلاح آن خواهم بود. اگرچه بسیاری از موضوعاتی که به آن‌ها اشاره شده را شخصاً نمی‌توانم از نظر علمی یا بر اساس اسناد و مدارک ثابت کنم ولی‌قطعاً در خصوص هر بخش از مطالب عنوان شده، متخصصین و دانشمندانی هستند که امیدوارم این گفته‌ها را از نظر علمی و بر اساس اسناد و مدارک تأیید نمایند. لذا پاسخ هر انتقادی به موضوعات مورد بحث در این کتاب را ابتدا از متخصصین مربوطه که موافق عرایض اینجانب هستند، تمنا می‌کنم. در اصل تمام تلاش من از نوشتن این کتاب، شناساندن انسان و وظایف واقعیش بود.

همواره سعی کردم به همه بگویم که اگر ما انسان‌ها درست فکر می‌کردیم و با مسائل با دید منطقی برخورد می‌کردیم، بسیاری از مشکلاتی که هم اکنون در این جهان توسط خودمان بوجود آمده و مشکلاتی که قطعاً در آینده نه چندان دور گریبان همه ما را خواهد گرفت، اتفاق نمی‌افتاد.

ما به نوعی فرزندان زمین هستیم. انتظار می‌رفت با وجود انسان‌ها، زمین آرامش بیشتری بگیرد. مراقبت از محیط زیست جهانی و اهمیت به گونه‌های مختلف جانوری و گیاهی و حفظ و نگه‌داری از آن‌ها هر روز بیشتر می‌شد، ولی متأسفانه نه تنها این اتفاق نیافتاد و زمین به دست انسان درحال نابودی است، بلکه این به ظاهر انسان حتی به همنوعان خود هم رحم نکرده و حقوق سایر انسان‌ها هم نقض شد.

پیشگفتار

درود بر فرزندان عزیزم

امروز شنبه، پنجم شهریورماه سال ۱۳۹۰ ساعت یازده و نیم روز آخر ماه رمضان است. دخترم شما دو سال و هفت ماه و پسرم شما هم به سلامتی هفت ماهت هست. این نامه را می‌نویسم تا به لطف خدا بعداً وقتی بزرگ شدید، بخوانید. بچه‌های عزیزم، می‌دانید زمانی که شما متولد شدید، من چه آرزویی به درگاه خدا کردم؟

از خدا خواستم که اول **صالح** باشید بعد **سالم**. به درگاه حق دعا کردم که هردو باعث فخر انسانیت بشوید. دعا کردم که یدالله باشید. یعنی دست خدا. آرزو می‌کنم شما آن دسته از افرادی باشید که خداوند از طریق آن‌ها به بندگانش لطف و رحمت می‌رساند. می‌خواهم انشاا.. باعث فخر خدا بشوید. نشانه انسانیت کامل. کسانی که وجودشان برای مردم باعث رحمت است. فخر انسانیت یعنی نمایش انسانیت از همه جنبه‌ها. آن خصوصیتی که خداوند در وجود همه انسان‌ها به‌صورت بالقوه قرارداد ولی فقط تعداد معدودی در دنیا بالفعلش می‌کنند. آن خصوصیتی که اصلاً انسان به خاطر نشان دادن آن خصوصیت‌ها خلق شد. آن خصوصیتی که می‌گویند خداوند به‌خاطر خلق انسان با وجود این توانایی‌های منحصر به فرد به خودش آفرین گفت.

من قصد ندارم فعلاً در مورد ادامه زندگی پس از مرگ با شما صحبت کنم ولی فقط می‌خواهم به شما بگویم که باور کنید به جان بابا، که زندگی در این دنیا فقط یک مرحله نمایش انسانیت هست تا آماده شویم برای زندگی ابدی. من هیچ کاری‌با خیلی از این کتاب‌های دینی و غیره ندارم. فقط کافی است فکر کنید. بله فکر کنید. در همه کارهایتان فکر کنید. در تمام برخوردهایتان با دیگران فکر کنید.

البته لازمه فکر کردن، صبر کردن هم هست. پس هیچ کاری را با عجله و بدون این‌که در موردش فکر کنید، انجام ندهید. در برخوردهایتان با دیگران، در مورد حرفی که می‌خواهید بزنید، قبل از بیان کردن آن حرف فکر کنید.

اصلاً حتی در مورد نماز خواندن یا نحوه پرستش خدا هم فکر کنید. هیچ کاری را بدون فکر انجام ندید. اگر انسان فکر کرد و کارهایی که می‌خواهد انجام بدهد، علتش را بررسی کند، ۹۹% از کارهایش درست خواهد بود.

انشاا... خدا به من کمک کند تا زمانی‌که شما به مرحله‌ای برسید که دیگر خودتان در مورد همه مسائل تصمیم بگیرید، بتوانم هرچیزی که لازم است را برایتان فراهم کنم.

عزیزانم اگر من این حرف‌ها را می‌زنم برای این است که با تمام وجود به آن‌ها باور دارم.

من نمی‌گویم که انسان کاملی بوده‌ام. من هم خیلی اشتباه کردم و مطمئنم که در آن دنیا از بسیاری کارهایی که قبلاً کرده‌ام یا نکرده‌ام، پشیمان می‌شوم. زیرا آن زمان به موضوعاتی که امرزو باور دارم واقف نبودم. اما اکنون که بعد از ۳۵ سال به موضوعاتی پی برده‌ام می‌خواهم که شما زودتر از من آنها را درک کنید.

اگر زمانی‌که این نامه را می‌خوانید، من هنوز در قید حیات بودم، یادم بیاورید تا در مورد زندگی‌ام برای شما صحبت کنم. از دوران کودکی‌ام، دانش‌آموزی، دانشگاهی، خدمت سربازی و زمان پس از ازدواجم. موضوعاتی هست که در زندگیم اتفاق افتاده و هیچ کس از آن‌ها خبر ندارد و من دوست دارم برای شما تعریف کنم نه به‌خاطر این‌که فقط تعریف باشد، نه. برای این‌که از این وقایع، به

عنوان تجربه، در زندگیتان استفاده کنید شاید هم تصمیم بگیرم روزی آن خاطرات را هم برای شما بنویسم.

به امید خدا تصمیم دارم در مورد برخی موضوعات که به نظرم لازم است بدانید و دانستن آن‌ها در زندگی به شما کمک می‌کند، بنویسم. چون معلوم نیست تا آن موقع اصلاً زنده هستم یا نه یا اگر هم زنده باشم اصلاً توان سخن گفتن دارم یا نه یا حافظه‌ام یاری می‌کند یا نه. تصمیم گرفتم تا برایتان کمی درباره راه و رسم زندگی و بایدها و نبایدهای آن صحبت کنم. درباره رفتارهایی که به نظر من از هر انسان واقعی انتظار میرود. شاید بپرسید مگر انسان غیر واقعی هم وجود دارد؟ بله. البته که وجود دارد. انسان بودن به داشتن ظاهر شبیه انسان‌ها و توانایی صحبت کردن و لباس پوشیدن و حتی به داشتن درجاتی در علوم مختلف و هنر نیست. انسان به کسی گفته می‌شود که رفتاری در خور انسانیت داشته باشند. بنابراین کسانی که به ظاهر انسان ولی رفتار انسانی ندارند، جانورانی هستند که به نظر من از حیوانات به مراتب پست‌ترند.

اگر آدمی به چشم است و دهان و گوش و بینی   چه میان نقش دیـــوار و میان آدمیـــت

سعدی شیرازی

راستی ببخشید که دست خط بابا هم خوب نیست!

موفق باشید

هدف از خلقت انسان

درود

قبل از این که بخواهم درباره بایدها و نبایدهای زندگی صحبت کنم، ابتدا لازم است به این موضوع بپردازم که چه چیزهایی ما انسان‌ها را از دیگر جانداران متمایز ساخته است. فارق از اعتقادات و باورها، چه آن دسته از مردم که خلقت انسان را از جانب خداوند و بر اساس هدفی خاص می‌دانند و یا آن دسته که اعتقادی به خداوند و هدفمند بودن خلقت نداشته و پیدایش گونه انسان را حاصل تکامل جانداران طی میلیون‌ها سال می‌دانند، آیا به راستی برای زندگی ما انسان‌ها، هدفی منطقی تعریف نشده است؟ آیا با توجه به خصوصیات منحصر به فرد انسان و میزان تأثیرگذار بودن او در جهان، می‌توان زندگی انسان را بی هدف دانست؟ اگر برای زندگی انسان، هدفی وجود نداشت، پس علت وجود این همه توانایی‌های خاص در ما انسان‌ها چیست؟ این که می‌توانیم ولی انجام نمی‌دهیم، گرسنه‌ایم ولی نمی‌خوریم، تشنه‌ایم ولی نمی‌نوشیم، احساس خطر می‌کنیم ولی باز در دل خطر می‌رویم و به طور کلی این توانایی کنترل غرایض طبیعی برای چیست؟ آیا نشان از هدف دار بودن زندگی انسان نیست؟ اگر قرار بود انسان هم مانند سایر حیوانات، تابع غرایض خود باشد، پس علت وجود این همه آپشن خارق‌العاده و شگفت انگیز در انسان چه بود؟ قرار نیست کورکورانه، پیرو مکتب خاصی باشیم یا به چیزی اعتقاد داشته باشیم. فقط کافی است قبل از هر تصمیم و انجام کاری از یکی از این آپشن‌های فوق العاده موجود در هر انسان که قدرت تفکر است، استفاده کنیم سال‌ها در مورد علت خلقت انسان، تعریف انسان و هدف از زندگی

فکر کردم. در مورد این‌که آیا زندگی ما به صورت تصادفی شکل گرفت؟ حالا که به این دنیا آمدیم تا زندگی کنیم، نوع زندگی و دید ما به دنیا و اطرافمان چگونه باید باشد؟ این‌که ما توانایی‌هایی داریم که هیچ جاندار دیگری در این کره خاکی ندارد، آیا اتفاقی است؟ زندگی ما باید چگونه باشد تا از آن لذت ببریم؟ اصلاً لذت واقعی برای ما انسان‌ها چیست؟ اگر قرار باشد مانند حیوانات درگیر خواسته‌های جسمی و جنسی خود باشیم، آیا این قدرت تفکر و اختیار که فقط در وجود ما انسان‌ها نهاده شده، برای رسیدن به این لذات است یا کارایی دیگری دارد؟ حالا که ما انسان‌ها قدرت تسلط بر زمین را به واسطه توانایی فکر داریم، چگونه باید با طبیعت برخورد کنیم؟ در کل اگر از کسی یا چیزی تواناتر هستیم، نوع برخورد ما با او چگونه باید باشد؟ اگر انسان حاصل تکامل است، اگر انسان مانند سایر جانداران کره زمین از تک سلولی‌ها به آبزیان، دوزیستان، جانوران خشکی و نهایتاً طی میلیونها سال به شکل کنونی تکامل یافته است، اگر همه جانداران در این کره خاکی از زمان پیدایش حیات بدون هیچ اختیاری در ایجاد تعادل در چرخه زندگی نقش داشته و دارند، اگر انسان را فقط و فقط فرزند زمین و حاصل تکامل بدانیم، پس چرا در زمین ناگهان موجودی تکامل یافته است که چرخه تعادل را بر هم زده و باعث نابودی نسل خود و سایر جانداران و کل حیات در این کره خاکی می شود؟ این موجود که برخلاف سایر جانداران، هم دارای اختیار و هم دارای احساس و شعور است، چگونه وجود او می تواند فقط ناشی از تکامل باشد؟ در واقع انسان فراتر از جانداران تکامل یافته این کره خاکی است. بخشی از وجود انسان که همان جسم اوست بر اساس الگوی طبیعت مانند سایر جانداران خلق شده تا بتواند در شرایط آب و هوایی و زیست محیطی این کره خاکی زندگی کند.

ولی بخش دیگری از او که همان توانایی‌های منحصر به فرد انسانی شامل اختیار، شعور و احساسات است به هیچ عنوان ارتباطی با تکامل ندارد و مشخصاً می‌توان گفت فقط و فقط برای هدفی خاص درون این جسم خاکی گذارده شده است. سر منشأ تمام این خصوصیات منحصر به فرد انسانی روح است. اگر علم امروز با این همه نقصان و کمبودی که دارد، هنوز قادر به درك روح نیست، اگر دانشمندان امروز هنوز نتوانسته‌اند وجود روح را اثبات کنند، این موضوع نمی‌تواند دلیل بر رد آن باشد ولی می‌توان با کمی تعقل به وجود آن پی برد. در همین کره خاکی اسرار و واقعیات بی‌شماری وجود دارد که هنوز توسط دانشمندان کشف نشده است چه برسد به اسرار دنیای بالای سرمان

آدمی‌زاده طرفه معجونی است — کز فرشته سرشته وز حیوان
گر کند میل این بود کم از این — ور کند میل آن شود به از آن

جامی

بنام آفریدگار بخشنده مهربان

"آفریدگاری که انسان را مهربان بودن و بخشندگی آموخت و او را توانایی داد تا بواسطه انسانیتی که در ضمیرش قرار داده، جلوه خداوند بر روی زمین باشد و با استفاده از نعمت تفکر که به او عطا شده، خود را بهتر بشناسد و در راه درست قدم بردارد نه راهی که انتهای آن ضلالت و گمراهی است. ای خداوند مطلق هر دو جهان، تنها تو را می پرستم، مرا در این مسیر یاری فرما."

آیا هدف خلقت انسان جز نمایش توانایی‌های او در شناخت خود و سپس شناخت خداست؟ چگونه می‌توان خود را شناخت؟ آیا ما خلق شدیم که فقط در این سیاره زندگی کنیم، دنبال مادیات باشیم، ازدواج کنیم، بچه‌دار شویم و در نهایت بمیریم؟ اگر هدف، شناخت خداست و لازمه آن شناخت انسان از خود است، چگونه باید خود را شناخت؟ اگر درک و شناخت بیشتر از خود موجب شناخت بهتر خدا می‌شود، چگونه می‌توان خود را بهتر شناخت؟ رفتار انسان‌ها در مسیر انسانیت بستگی به شناخت آن‌ها از خودشان دارد. به عبارتی هرچه شناخت انسان‌ها از خودشان بیشتر باشد، نمایش انسانیت آن‌ها بیشتر و پرداختن آن‌ها به مادیات کمتر خواهد بود. آیا لازمه شناخت انسان از خود، کسب علم و دانش است؟ خیر. این‌چنین نیست ولی کسب علم و دانش می تواند انسان را در مسیر شناخت خود یاری کند بشرط آن که باعث حرکت انسان در جهت منفی و به سوی انحطاط نگردد.

پس چگونه می‌توان در مسیر شناخت از خود گام برداشت؟ راه آن حرکت در مسیری همانند عرفان است. لازمه عرفان نپرداختن به مادیات و در عوض پرورش

روح است. منظور از نپرداختن به مادیات ترك دنیا و کنج عزلت گزیدن نیست. منظور استفاده از مادیات در حد نیاز و عدم ارضاء دائمی جسم از لذات دنیوی است. یعنی خوابیدن در حد نیاز بدن، سحر بیدار شدن و فکر کردن در هوای آزاد، سخن گفتن با خدا، ورزش کردن فقط برای تقویت جسم و روح، خوردن غذا در حدی که گرسنگی را برطرف نماید، نپرداختن زیاد به لذاتی شبیه تلوزیون و بازی‌ها، کسب درآمد فقط در حد گذراندن زندگی نه برای اندوختن و افزایش بی‌جهت ثروت، کتاب خواندن و تفکر کردن، همه این‌ها برای انجام مهم‌ترین وظیفه واقعی انسان که آن کمک به دیگران و در واقع حرکت به سمت انسانیت است.

همه روز روزه بودن، همه شب نمازخواندن   همه ساله از پی حج سفر حجاز کردن
ز مدینه تا به کعبه سر و پا برهنه رفتن   دو لب از برای لبیک به وظیفه باز گفتن
ز ملاهی و مناهی همه احتراز کردن   به مساجد و معابد همه اعتکاف جستن
شب جمعه‌ها نخفتن به خدای رازگفتن   ز وجود بی نیازش طلب نیاز کردن
به خدا که هیچ کس را ثمر آنقدر نباشد   که به روی مستمندی در بسته باز کردن

شیخ بهایی

در این هنگام است که شرایط شناخت بشر از خود بیشتر و بهتر مهیا شده و بهتر می‌تواند به توانایی‌هایی که در وجود انسان‌ها نهفته است، دست یابد. لازمه درك علوم ماوراء، آمادگی جسم و روح برای به دست آوردن ظرفیت لازم جهت کسب آن‌هاست.

زندگی از نگاهی دیگر

معمولاً انسان‌ها از حاشیه‌های زندگی است که به درجات مختلف انسانیت نایل می‌شوند نه از مسیر اصلی آن. مردمان امروز هدف اصلی آن‌ها فراهم آوردن امکانات بیشتر برای زندگی بهتر کوتاه دنیوی است. یعنی غذا خوردن، ازدواج کردن، مسافرت رفتن، بچه دار شدن و پول درآوردن برای هرچه بهتر داشتن موارد فوق یا لذت بیشتر بردن از زندگی.

عمـــر گـــران مایه در این صرف شد   تا چه خورم سیف و چه پوشم شتا

سعدی شیرازی

در این راستا یا در این مسیر به اصطلاح اصلی، گاهی انسان‌ها کارهایی برنامه‌ریزی نشده می‌کنند یا کارهایی که یک دفعه پیش می‌آید. مثلاً به یک نفر کمک می‌کنند یا یکی را نجات می‌دهند یا ... و همین کارهای حاشیه‌ای و برنامه‌ریزی نشده باعث می‌شود که او برای همیشه آینده خود را برای ابدیت بسازد.

وای چه می‌شد اگر انسان برای این کارها و این اعمال یا به عبارتی برای زندگی ابدی، برنامه‌ریزی می‌کرد در واقع همین کارهای حاشیه‌ای هست که درجه انسانیت انسان را نشان می‌دهد و آن کسی که بیشترین درجه انسانیت یا آنچه که خدا از او انتظار دارد را داشته و نشان داده باشد، بهترین جایگاه را خواهد داشت. بنابراین انسان‌های امروز در کارهای حاشیه‌ای، اهداف واقعی خود را خواهند یافت نه این اهدافی که آن‌ها برای خودشان تعریف کرده‌اند. ای کاش می‌توانستم با وجود این‌که می‌دانم هدف واقعی را، زندگی خود را هم بر پایه آن بنا می‌کردم نه

بر پایه اهداف بیخودی. چرا با وجود این‌که می‌دانم که به کجا خواهم رفت و چه خواهم شد باز دنبال هدف دیگرم بی شک همین مساله در روز حساب موردی است که هیچ جای عذر ندارد. واقعا جای تعجب است که اکثر ما انسان‌ها به عواقب بسیاری از کارها آگاهیم ولی باز هم انجام می‌دهیم. مانند سیگار کشیدن، تخلف کردن، دروغ گفتن، حق دیگران را خوردن و ... کارهایی که اگر شما از هرکس که بپرسید این کارها را خوب نمی‌داند ولی باز هم انجام می‌دهند. این کارها یک جور آسیب رساندن به خود است ولی باز ....ظاهراً هرکاری‌که نتیجه آسیب آن آنی نباشد را معمولاً انسان‌ها انجام می‌دهند. بنابراین می‌توان گفت که اکثر انسان‌ها آینده نگر نیستند.

چون وقت کار توست چه غافل نشسته‌ای — برخیز و وقـت کار غم خـویشتن بخور
بـیدار شـو ای دل غـافل که در جـهان — همچون خران نیامده‌ای بهر خواب و خور

عطار

مهمترین ایراد از انسان در آن زمان این است:

چرا از ظرفیت‌های بالقوه‌ای که خداوند فقط در انسان نهاده است، انسان از آن استفاده نکرد و به عبارتی آن‌ها را بلفعل نکرد مثل کسی که دارای بهترین ابزار جنگی باشد و دانسته از آن در هنگام جنگ استفاده نکند بنابراین نتیجه‌ای جز شکست نخواهد داشت و این بهترین عذر برای قضاوت در مورد انسان‌هاست. آخر استفاده از همین امکانات نهفته درون انسان است که او را به بهترین درجات عالی

نسبت به بقیه مخلوقات خداوند می‌رساند و همین موضوع است که در کتاب قرآن خدا انسان را بالاتر از بقیه فرشتگان نامید! چرا گاهی انسان فکر می‌کند که نکند زندگی جاودانه وجود ندارد یا این‌که آیا روح واقعاً وجود دارد یا نه؟! این‌که انسان فکر کند که این جهان و این زندگی کوتاه اول و آخر هرچیز است، سخت در اشتباه است.

دلایل دیگر:

خارج از مباحث گفته شده در کتاب‌های مذهبی، عقل چه می‌گوید، آن عقلی که خداوند به انسان داد و بی‌شک با همین عقل است که انسان می‌تواند عاقبت خود را بسازد نه با چیزهای دیگر یا سرسری به چیزی ایمان آوردن.

تولد انسان:

خداوند چون مظهر لطف است، انسان را آفرید تا به او لطفی بکند. خداوند نه احتیاج دارد که کسی او را بشناسد و نه این که کسی عظمت او را حتی تاحدودی درک کند. تنها چون منشاء لطف است خواست که دیگران هم از لطف او بهره‌مند شوند و انسان را خلق کرد.

نطفه انسان از زمانی که رقابت بین میلیون‌ها کروموزم برای رسیدن به تخمک صورت می‌گیرد و فقط یکی یا به ندرت دو تا از آن کروموزوم ها می‌تواند خود را به تخمک برساند، باعث شکل گیری انسان یا خلق آن می‌شود. آن یک کروموزوم، من، تو و دیگر انسان‌ها هستند و زمانی که ما خلق شدیم میلیون‌ها کروموزوم دیگر شانس زندگی جاودان را از دست دادند و به همین علت است که فقط به خاطر همین موضوع باید هزاران بار از خداوند و پدر و مادر که واسطه این امر بودند شاکر بود. فقط همین موضوع. بنابراین این‌که کسی بگوید که مثلاً پدر من برای من امکانات زندگی خوب را فراهم نکرد و ... بسیار اشتباه است. چون همین که به چگونگی خلقت خود بیاندیشید و شانسی که به شما داده شده تا در این دنیا نقشتان را بازی کنید، برای همه چیز کافی است. آری خداوند از روی لطف

بی‌منتهای‌خود، من را انتخاب کرد به عنوان یک انسان تا بتوانم خود را (انسانیت خود را) در یک مدت آزمایشی کوتاه نشان دهم تا زمانی که به زندگی جاودان وارد شوم پس همین انتخاب برای شکر ابدی کافی است. چون به ما این شانس داده شد چرا که می‌توانست داده نشود. حالا ما انتخاب شدیم، باید شروع کنیم. چه چیز را؟ مسلم است نشان دادن آنچه که درون ما به‌صورت بالقوه وجود دارد یعنی انسانیت و آن را تبدیل به فعل کنیم. تا زمانی که انسان کمی بزرگ شود و باصطلاح عاقل شود، در این مسیر آنچه که درون او به‌صورت بالقوه وجود دارد را می‌آموزد. در خانواده با دیدن پدر و مادر یا خواهر و برادر، در جامعه با دیدن رفتار دیگران و بزرگترها و درکلاس با آموختن. پس از آن به مرحله‌ای می‌رسد که آنچه را که فهمید در وجود خود دارد به نمایش بگذارد و از این مرحله نمایش واقعی انسان شروع می‌شود. در واقع در مسیر هدف واقعی خود شروع به حرکت مختارانه می‌کند.

می‌تواند خوب باشد یا بد, ببخشد یا نبخشد. اینجا به روایتی فرشتگان نشسته اند و نظاره می‌کنند که چرا خداوند او را اشرف مخلوقات خواند و آیا در مورد او این‌چنین است؟ کارهایی می‌کند که شاید فرشتگان در حیرت بمانند و یا کارهایی که شاید فرشتگان از شرم گریه کنند. انسان چیست؟ ابر مخلوقی که با اختیار خود چه کارها که می‌تواند بکند.

روح

این‌که انسان می‌تواند کارهایی را انجام دهد که نیازی از جسم او را برآورده نکند ولی باعث خورسندی او گردد، یا این‌که می‌تواند گاهی دنیای ماوراء را درك کند، یا اعمالی مانند خواب دیدن و اتفاقاتی که عیناً آنچه که در خواب دیده رخ می‌دهد، نشان از وجود یک منشأ کنترل کننده جسم انسان دارد. در واقع جسم انسان نگاه دارنده روح است و از طرفی ابزار ارتقاء روح انسان. درواقع روح با این ابزار جسم است که می‌تواند هرکاری بکند. خوب یا بد وهمین موضوع باعث می‌شود که در نهایت، روح در محاکمه حاظر گردد نه جسم، روح از زمان تولد در جسم همه انسان‌ها قرارمی‌گیرد. ولی تا زمان تکمیل نشدن قالب جسم، توانایی حکومت بر آن را ندارد و ممکن است این قالب در بعضی از افراد هیچ گاه کامل نشود مانند برخی بیماران. جسم انسان بالاخص مغز، از زمان شکل گیری و سپس تولد به مرور زمان با بزرگ شدن جنین و همچنین گذراندن دوران نوزادی و کودکی در حال تکمیل شدن است تا زمانی که روح کم کم در قالب اصلی خود قرارگیرد. این قالب در مراحل اول تولد مربوط به رشد و تکمیل سیستم یادگیری مغز است. در صورت بروز اشکال در این سیستم که باعث تکمیل نشدن مراحل حکومت روح شود، رفتار انسان تابع دستور روح نیست بلکه تابع دستور غرایض اوست ولی زمانی که سیستم یادگیری انسان تکمیل می‌شود و انسان شروع به یادگیری می‌کند، از همان زمان، روح در مسیر حکومت کامل بر جسم قرارمی‌گیرد. یکی از ابزارهایی که روح از طریق آن بوسیله جسم موارد مد نظر خود را انجام می‌دهد، همان دانسته‌هایی است که جسم می‌آموزد. وقتی که روح از طریق آموزه‌های به

دست آمده، توانایی خود را فهمید، وارد مرحله عمل یعنی کنترل جسم می‌شود. از این به بعد بیشتر رفتار انسان به دستور روح انجام می‌شود و همین عامل است که فردا محاکمه روح جنبه منطقی دارد. اگرچه درك لذت یا درد توسط روح احتیاج به ابزار جسم دارد و شاید برای هیمن موضوع در برخی ادیان از برانگیخته شدن روح به همراه جسم در آخرت صحبت شده ولی درد و لذت روح بدون استفاده از جسم هم میسر است کما این‌که یک انسان در خواب هم درد و هم لذت را احساس می‌کند. روح به خودی خود فاقد هرگونه توانایی است. حتی نمی‌تواند یک جسم بسیار کوچک را جابجا کند. لذا تنها ابزاری که می‌تواند از طریق آن هرکاری را انجام دهد، جسم است. بنابراین می‌توان گفت جسم، ابزار روح است و با این ابزار مهم است که روح تصمیمات خود را اجرا می‌کند و گاهی خللی که در جسم ایجاد می‌شود، باعث می‌گردد روح حتی توانایی بازیابی حافظه خود را هم (البته تا زمانی که در جسم باشد) ندارد. بنابراین برای این‌که بتوان با این ابزار برای مدتی نسبتا طولانی استفاده کرد، باید از آن مراقبت شود و مراقبت از آن یعنی برطرف کردن نیازهای جسم تا حد معقول. یکی از عللی که خودکشی را گناه محسوب کرده‌اند این است که روح به دست خود، ابزار ترقی و نمایش انسانیت خود را از بین ببرد. بنابراین روح باید این ابزار را تا آن‌جا که می‌تواند، حفظ کند چرا که فقط تا وقتی آن را دارد می‌تواند آینده خود را تغییر دهد و پس از از دست دادن آن دیگر هیچ کاری از او ساخته نیست. روح از این ابزار قوی می‌تواند در جهت مثبت یا منفی استفاده کند. زمانی که نیاز جسم را برنیازهای واقعی خود ترجیح دهد، حرکت به سمت سقوط را آغاز کرده است و این اشتباه محض است که کسی خود را وقف نیازهای بی‌مورد ابزار خود کند.

در ارتباط با این‌که روح و جسم دو مقوله کاملا متفاوت از یکدیگرند، می‌توان این‌گونه استدلال کرد که:

مثلاً اگر کسی یک دستش قطع شود، می‌گویند آقای آیهس دستش را از دست داد، اگر دو دستش قطع شود، می‌گویند آقای آیهس دستانش را از دست داد اگر پاهایش هم قطع شود، می‌گویند آقای آیهس پاهایش را هم از دست داد و اگر حتی سرش هم در حادثه قطع شود، می‌گویند آقای آیهس سرش را هم از دست داد پس آقای آیهس شامل کدام عضو اوست در واقع هیچ کدام. آقای آیهس همان روح است که قطعات ابزارش را از دست داده است. به دست آوردن مراتب و درجات عالی واقعی برای زندگی ابدی براساس سطح تحصیلات و مدارک علمی بالا نیست، بلکه به نحوه استفاده از علوم به دست آمده بستگی دارد. در واقع کسب علم و دانش باید برای اعتلای روح باشد نه فقط با هدف کسب درآمد و ثروت.

علم سرمایه هستی است نه گنج زر و مال — روح باید که از این راه توانگر گردد

پروین اعتصامی

به طور کلی هر وسیله یا ابزار یا علم به دست آمده یا ثروت یا حتی نیت یک کار که برای نشان دادن مراتب انسانیت به‌کار رود، موجب اعتلای روح می‌شود. حفظ جسم و سالم نگاه داشتن آن برای روح لازم است. چون روح دانا باید سعی کند بیشترین استفاده را از این ابزار ببرد (البته بیشترین استفاده برای نیازهای خود نه نیازهای ابزار) بنابراین روح تا زمانی که این ابزار جسم بتواند برای او خدمت

انجام دهد، می‌تواند در این نمایش بزرگ شرکت کند و به هدف اصلی خود برسد یعنی چگونگی ابدی شدن، در شرایطی که خود می‌تواند انتخاب کند، خوب باشد یا بد. و این واقعا لطف خداوند است که این شانس یا بهتر است بگوییم موقعیت را برای ما بوجود آورد. تلاش کنیم از این موقعیت محدود، بیشترین استفاده را ببریم.

عبادت خدا، علل و فواید آن از نگاهی دیگر

آیا تاکنون فکر کرده‌ایم چرا خدا را عبادت کنیم؟ اصلا فواید عبادت خدا چیست؟ آیا واقعاً عبادت خدا باعث بخشش گناهان می‌شود؟ آیا کسی که نماز می‌خواند نسبت به کسی که نمی‌خواند، برتری دارد؟ و...

عبادت خداوند ابعاد گسترده‌ای دارد و کلاً برای تشکر از خداست به‌خاطر آن لطف بی‌منتهایی که در حق ما انسان‌ها عطا کرد. عبادت به هر شکلی می‌تواند انجام شود و باید همیشگی باشد، به‌خاطر هر لحظه که ما زنده‌ایم و هنوز فرصت داریم تا به برخی از اهداف واقعی زندگی برسیم. عبادت خدا نشان دهنده ادب و شخصیت روح است. (ادب مرد به ز دولت اوست)

کسانی که ارزش زنده بودن را درک می‌کنند و به خداوند ایمان دارند، آیا نباید بارها پیش خدای خود سر خم کرده به کرات از این موقعیت که به او داده شده، تشکر نمایند. اگر عبادت خدا نشانه ادب روح باشد نه عادت جسم، آیا بین کسی که خدا را عبادت می‌کند و کسی که به این موضوع اهمیت نمی‌دهد، فرق نیست؟ البته که هست. آیا اگر کسی که نمازش را این‌گونه و به قصد ادب بخواند و به آن جملاتی که در هنگام خواندن نماز به‌کار می‌برد واقف باشد و به آن‌ها عمل کند، می‌تواند باز گناه کند؟ البته که نه. اشتباه می‌کند ولی گناهی که عمد در آن باشد، نه. پس این همه گناه، جرم و فساد از این نماز خوانان چیست؟ هدف از نماز یا عبادت خدا به هر شکل، تقویت خصوصیت‌های انسانی است. بنابراین کسانی که عبادت خداوند، تغییری در ارتقاء انسانیت آن‌ها ایجاد نکرده، مسلماً جز این نیست که

آن‌ها به نماز و عبادتی که می‌کنند اعتقاد ندارند و یا آن را از روی عادت جسم می‌خوانند و به آنچه که در هنگام عبادت می‌گویند واقف نیستند. بنابراین این‌گونه عبادت‌ها ذره‌ای فایده نخواهد داشت و البته چه بسیار افرادی که نماز نمی‌خوانند و ارزشی والا در مراتب انسانیت دارند. آه این نفس و این جسم چه می‌کنند که روح با علم به این موضوعات باز در انجام کار درست کوتاهی می‌کند؟ مسلماً همین توانایی غلبه بر جسم و نیازهای اوست که ارزش روح را آشکار می‌کند آیا مسلمانان به جملاتی که در هنگام عبادت خداوند می‌گویند فکر نمی‌کنند؟! مگر در دین اسلام در هنگام نماز نمی‌گویند "خدایا ما را به راه راست هدایت کن، راه کسانی که به آن‌ها نعمت داده‌ای و نه راه گمراهان" آیا نعمت جز سعادت در جهان آخرت و البته الطاف خداوند در این زندگی فعلی است؟ چرا ما لحظه‌ای فکر نمی‌کنیم که راه گمراهان همان مسیر و تفکر غیر انسانی است. مگر دروغ، احتکار، عدم رعایت حقوق شهروندی، عدم رعایت حقوق بشر و حقوق حیوانات و بی‌توجه‌ای به حفظ محیط زیست و بسیاری کارهای نادرست دیگر همان راه گمراهان نیست، پس چرا با این همه نماز خواندن‌ها، بسیاری از مردم بی توجه به این جملات، هر روز مرتکب این اعمال می‌شوند! چون به این جملات واقف نیستند. چون اصلاً فکر نمی‌کنند. چون گمان می‌کنند همین که به سمت قبله دولا و راست می‌شوند، برای ورود آن‌ها به بهشت کافی است! متأسفانه این تفکر در میان مبلغان مذهبی هم بسیار رایج است. هیچ کدام از این‌ها، هدف از نماز و عبادت خداوند را به درستی به مردم آموزش نمی‌دهند. وقتی مبلغان مذهبی خود گمراه باشند، چه انتظاری از مردم عادی می‌توان داشت که در خصوص این مسائل آگاه شوند. شهادت به وحدانیت خداوند، فقط ذکر آن نیست، چند نفر از ما بین حکم خدا و

حکم امیال جسمی و دنیوی، طرف اول را انتخاب کردیم؟! بدانیم زمانی که دروغ می‌گوییم، زمانی که حق کسی را از او می‌گیریم یا در برابر ناحق سکوت می‌کنیم، زمانی که کرامت انسانی را به هر نحوی زیر پا گذاشتیم، زمانی که به طبیعت و حیوانات برای خواسته‌های خود آسیب زدیم، ما در واقع از نظر دین، مشرك و از نظر انسانیت، بی‌شرف شناخته می‌شویم. چند نفر از مسلمانان، به راستی به اهمیت جمله شهادت بر یگانگی خداوند "اشهد ان لااله الا الله"، باور دارند و رفتار و زندگیشان بر گرفته از این اعتقاد است؟چند نفر از مسلمانان ضمن این‌که به موضوع پاسخگو بودن در محضر خداوند ایمان داشته، در زندگی خود و در رفتار و گفتارشان و همچنین احترام به حقوق دیگران به این موضوع اهمیت داده و به آن عمل کردند؟ تنها کسانی با ایمان به خداوند از این دنیا می‌روند که در زمانی که بر جسم خود در دنیا غلبه داشتند، عبادت خداوند براستی بر همه کارهایشان تأثیر می‌گذاشت و هر لحظه خود را در پیشگاه خداوند بزرگ حاضر می‌دیدند.

البته برای ایمان داشتن به یگانه قدرت هستی، لازم نیست مسلمان یا مسیحی یا یهودی یا پیرو هر دین دیگری باشید، کافی است به این موضوع اعتقاد داشته باشید و رفتارهای روزانه شما نشان از ایمان شما به این حقیقت است. نحوه عبادت خداوند هم دستوری و به شکل خاصی نیست. هر کس به هر شکلی می‌تواند از خداوند منان تشکر کند مهم این است که عبادت او نه از سر تظاهر یا عادت بلکه از اعماق قلبش باشد خوبی در درون همه انسان‌ها به صورت ذاتی وجود دارد و همه انسان‌ها خوبی و رفتار خوب را می‌شناسند. اگرچه برای رفتار خوب و انسانی، احتیاج به ایمان به خدا و جهان پس از مرگ نیست ولی ایمان به خدا و جهان پس

از مرگ در رفتار انسان تأثیر زیادی خواهد داشت. یعنی از انسانی که واقعاً به خدا و جهان پس از مرگ ایمان دارد، قطعاً انتظار رفتار انسانی را می‌توان داشت. هرچه ایمان به خدا بیشتر باشد، رفتار انسان شایسته تر می‌شود و به همین دلیل است که کسانی که خود را مبلغ خداوند و روحانی معرفی می‌کنند، کوچک‌ترین رفتار زشت آن‌ها طبعات سنگینی برایشان نزد خداوند خواهد داشت. چون علاوه بر این که رفتار ناپسند آن‌ها در بین مردم بسیار مشهود بوده و بر ایمان مردم اثر منفی خواهد گذاشت، این عمل آن‌ها نوعی توهین به خداوند است. بنابراین منطقی است که بروز رفتار زشت یکسان از اقشار مختلف جامعه، مجازات‌های مختلفی هم داشته باشد.

هر کس با توجه به میزان تأثیر رفتارش در جامعه، نسبت به آن رفتار، هم در قوانین وضع شده بشری و هم در جهان پس از مرگ پاسخگو خواهد بود.

دنیا ، یک معادله n- مجهولی

وقتی که به زندگی فکر می‌کنم، اتفاقاتی که می‌افتد یا می‌توانست به گونه‌ای دیگر رخ دهد، واقعاً حیرت‌انگیز است. خداوند متعال هر چه را که می‌خواهد اتفاق بیافتد را با دلیل و برهان براساس منطق و علم قابل اثبات، انجام می‌دهد و اگر انسان هنوز به چگونگی یا راز آن آگاه نیست دلیل بر غیر منطقی یا غیر علمی بودن آن نیست. اگر زمانی هم کسانی که خود را پیامبر نامیدند، کارهایی را تحت عنوان معجزه انجام می‌دادند، به این علت بود که دیگران علم آن عمل را نداشتند و مردم چنین فکر می‌کردند که معجزه کاری است که ریشه آن دارای هیچ منطق یا علمی نیست! ولی در واقع هیچ کاری‌نیست که مبنای علمی و منطقی نداشته باشد فقط شاید به دلیل فقدان دانش روز بشر، درک آن برای انسان سخت باشد. شاید اگر روزی انسان بتواند رابطه علت و معلولی مثلاً غلبه بر جاذبه یا تبدیل اجسام به مواد دیگر را درک کند بتواند از همان معجزاتی که پیامبران شاید در گذشته انجام می‌دادند نیز انجام دهد، چرا که اگر زمانی انسان ماشین‌های امروزی را می‌دید یا تلویزیون یا رادیو و غیره، جز معجزه نامی دیگر بر آن نمی‌گذاشت ولی درواقع این‌ها، تنها علومی هستند که انسان در آن زمان بر آن واقف نبوده است. وقتی که به زندگی با اتفاقات گوناگون و پیچیده آن می‌نگریم یک رابطه برنامه ریزی شده درآن می‌بینیم. رابطه‌ای که تمام اتفاقات آن به گونه‌ای با هم در ارتباط هستند به نحوی اگر یکی از این رابطه ها تغییر کند، چه تعداد بسیار از اتفاقاتی که قرار است رخ دهد نیز تغییر و به‌گونه‌ای دیگر اتفاق می‌افتد.

از این رابطه و برنامه پشت پرده آن می‌توان به وجود قدرتی که آن را برنامه‌ریزی کرده پی برد. اگر خداوند حتی از همه اتفاقات آینده این جهان آگاه است یا به عبارتی همه این اتفاقات جهان قبلا برنامه ریزی شده است، پس می‌توان گفت برای این‌که اتفاقات و رخدادهای آینده طبق برنامه ریزی انجام شود، بنابراین باید تمام رویدادهای فعلی نیز براساس خواست خداوند و برنامه ریزی باشد. " در یک معادله ساده یک مجهولی اگر مجهول (m) باشد و جواب معادله (n) شود, اگر به جای (m),مثلا (z) بگذاریم جواب معادله دیگر (n) نخواهد شد. حال شما یک دنیا اتفاق را که شاید همگی به نحوی باهم مرتبط باشند را تصور کنید. یک معادله (n) مجهولی که تمامی داده‌هایی که باید بجای آن مجهول‌ها گذاشته شود، داده‌هایی که گاه نتیجه یک معادله (n) مجهولی دیگر است، از طرف خداوند برنامه‌ریزی شده تا بتوان به یک نتیجه خاص دست یافت! از این رابطه و این معادله‌های مافوق تصور می‌توان دریافت که پیدایش ما از طرفی نتیجه یک‌سری رابطه و داده‌های برنامه ریزی شده از قبل و همچنین داده ای برای یک‌سری نتایج برنامه ریزی شده در آینده می‌باشد. حال ما یک سال عمر کنیم یا صد سال، برای آن معادله با داده‌های برنامه‌ریزی شده‌اش قبلا مشخص شده‌است که ما چند سال عمر کنیم، به چه شکلی زندگی کنیم، چه اتفاقاتی در زندگی ما رخ دهد و در کل خوب باشیم یا بد؟

این، آن چیزی است که قدرت مافوق تصور خداوند را نشان می‌دهد و این دلیل که خداوند بر همه کارها احاطه دارد را نشان می‌دهد. ولی این به آن معنی نیست که انسان هیچ اختیاری ندارد. چرا که اختیار انسان هم برنامه‌ریزی شده است. یعنی

این معادله به گونه‌ای برنامه ریزی شده است که آن دسته از رویدادها یا دادههای آن که قرار است توسط انسان‌ها وارد شود، با اختیار آن‌ها انجام می‌شود! یعنی فردی به اختیار خود تصمیم بگیرد که کاری را انجام دهد یا ندهد، هر تصمیمی که آن فرد بگیرد در واقع داده مورد نظر آن معادله است و این است قدرت مافوق تصور خداوند. خداوند به اختیار خود تمام امور را آن‌گونه که می‌خواهد برنامه‌ریزی می‌کند و از طرفی با یک طراحی جالب و قوی که به انسان اختیار داده است که برای کارهای خود تصمیم بگیرد، او را به خاطر تصمیماتش ارزیابی می‌کند. شما تصمیم می‌گیرید که کاری را انجام دهید، در این مرحله اختیار شماست که انجام دهید یا نه و اگر انجام دهید یا ندهید ارزیابی شما متفاوت خواهد بود. در هرصورت هرآنچه شما تصمیم بگیرید و انجام دهید ناخواسته یکی از دادههای معادله بزرگ است که قبلا برنامه ریزی شده. واقعا حیرت انگیز است! از طرفی شما بواسطه کاری‌که کرده‌اید در پیشگاه خداوند مسئول و پاسخ گویید و از طرفی کاری‌که شما کرده‌اید باید انجام می‌شد تا یکی از دادههای معادله بزرگ برای نتایج پیش‌بینی شده آینده فراهم گردد ولی این حتی ذره ای از مسئولیت ما انسان‌ها را در قبال اعمالی که انجام می‌دهیم کم نمی‌کند. اگر انسان به این واقعیت پی ببرد که خلقت او و آنچه که باعث شده تا او زاده شود و آنچه که باعث شده تا اتفاقاتی برای او در زندگی رخ دهد مثل ازدواج یا بچه دار شدن و ...

همگی برنامه‌ریزی شده بوده و ببیند که چه برنامه‌ریزی عظیمی هم بوده تا این اتفاقات بیافتد، نگاهش به زندگی عوض می‌شود.

وقتی که می بیند بی‌نهایت دادههای مختلف در این معادله بزرگ وارد شده تا یکی از نتایج آن معادله، او باشد و زین پس او خود به عنوان یکی از دادههای معادله عظیم، ایفای نقش می‌کند تا نتایج دیگر از آن ببار آید، پس چه خوب است که ما با اختیاری که برایمان طراحی شده، یکی از دادههای مثبت این معادله بزرگ باشیم نه یک داده منفی .اتفاقات خیر و شر یا خوب و بد، هر دو داده هایی از یک معادله بزرگ بودند و هستند و هردوی آن‌ها برای نتایج خاصی از این معادله حتی از هزاران سال پیش تأثیر غیر مستقیم در معادلات امروز دارند و شاید برخی از آن اتفاقات گذشته هنوز هم به عنوان داده‌های‌موثری باشند که مستقیماً در معادلات امروزی به‌کار می‌روند. مثل بسیاری از وقایع تاریخی گذشته و تأثیر آن وقایع بر رفتار انسان‌های امروز به خاطر اعتقاد به درست یا غلط بودن آن‌ها. هر کدام از شخصیت‌های وقایع تاریخی گذشته به اختیار خود نقش خوب یا بد تاریخ را اجرا کردند. اگر چه این وقایع طبق قواعد گفته شده، اجتناب ناپذیر بود ولی اگر شخصیت بد داستان به اختیار خود نمی‌خواست بد باشد، فردی دیگر با نامی دیگر این نقش را بازی می‌کرد و نام او به عنوان یک شرور در تاریخ ثبت می‌شد از هر بعدی که به این معادله نگاه شود، حیرت‌انگیز است. اتفاقاتی که بعنوان دادههای این معادله می‌افتد، اگر برای کسی گناه باشد می‌تواند برای شخصی دیگر ثواب باشد. زشتی عمل یک فرد در این معادله لازم است تا نیکی عمل فردی دیگر در آن زمان یا سال‌های بعد ایجاد شود و بالعکس!

به نظر من حتی برخی اتفاقات ناگوار که برای انسان‌ها می‌افتد شاید به نفع آن‌هاست. یعنی اگر فردی در جوانی بمیرد، ضمن این‌که آن فرد نقش خود را به عنوان یکی از دادههای معادله بزرگ ایفا کرده است، بهترین زمان مرگ او نیز

همان موقع هست که اتفاق افتاده. چون آن فرد اگر در آن زمان نمی‌مرد، شاید مسیر زندگی او به سمت تباهی بود نه روشنایی و از آن‌جایی که خداوند خیر و صلاح بندگانش را می‌خواهد این معادله بزرگ را به‌گونه‌ای طراحی کرده است که هر زمان که فرد نقش خوب یا بد خود را به عنوان داده در این معادله ایفا کند ادامه زندگی او از آن به بعد به ضرر او خواهد بود تا نفعش. وای بر کسانی که در این معادله عمر طولانی برای آن‌ها در نظر گرفته شده و در تمام این مدت نقش زشتی از خود بر جای گذاشتند.

جان و روح:

شاید برای بسیاری از ما این سؤال مطرح شود که تفاوت روح با جان چیست؟ نکند روح همان جان است؟ پس اگر این‌گونه باشد تفاوت انسان با حیوان چیست. مگر نه این‌که انسان روح دارد و حیوان ندارد. مگر نه این‌که اگر روح از بدن جدا شود، انسان می‌میرد؟ آیا روح همان جان است که اگر از بدن جدا شود معنی مرگ را می‌دهد؟ به نظر من، خیر. تمامی این مسائل به تفاوت انسان و حیوان برمی‌گردد. تفاوتی که هدف خداوند از خلقت نیز همان بوده. سیستم کلی تمام موجودات زنده عالم، مانند یکدیگر است. بجز انسان که علاوه بر آنچه که مانند بقیه دارد یک سیستم اضافه دیگر نیز دارد که در واقع جایگاه روح است.

تمامی موجودات زنده دارای سیستمی شبیه شکل زیر هستند:

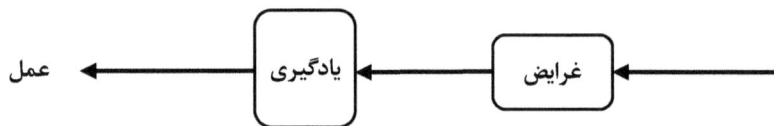

عمل ← یادگیری ← غرایض ←

تمامی احساسات ابتدا از بدو تولد وارد سیستمی به نام غریضه می‌شود و پس از آن به عمل تبدیل می‌گردد. پس از چندی کم کم مشاهدات، قسمت یادگیری را که بعد از بخش غرایض قرار دارد، فعال می‌کند و اعمال پس از عبور از غرایض براساس آموخته‌های انجام شده باتوجه به مشاهدات، به شیوه‌های مختلف انجام می‌شوند. تا این مرحله تفاوتی بین انسان و حیوان از لحاظ چگونگی انجام عمل وجود ندارد. تفاوت بین انسان و حیوان از زمانی بوجود می‌آید که انسان به علت قابلیت بیشتر نسبت به بقیه حیوانات میزان یادگیری او از مشاهدات، بسیار بیشتر

است. حال اگر میزان یادگیری از یک نقطه معین n درصد عبور کند تمامی احساسات ناشی از غرایض و فعلی که انسان به واسطه یادگیری می‌خواهد انجام دهد این بار از سیستم دیگری بنام روح می‌گذرد. این سیستم در واقع یک سیستم اکسترنال است. که بر روی سیستم Onboard (شامل غرایض و یادگیری) نصب شده است. در این مرحله روح که با توجه به یادگیری‌های انجام شده، قابلیت کنترل جسم را به دست آورده، تمامی اعمال انسان را تصمیم‌گیری می‌کند. تا وقتی که که در این سیستم کلی جسم خللی وارد نشود، روح این وظیفه را انجام می‌دهد. حال هر گونه خلل در هر نقطه از این سیستم اگر به طور جدی باشد باعث عدم توانایی جسم در نگهداری روح خواهد شد و روح آزاد می‌گردد که از طرفی می تواند منجر به خروج جان نیز از بدن شود و اگر کمتر باشد جسم را در انجام وظایف مختل می‌کند. باتوجه به این‌که یکی از وظایف جسم، علاوه بر نگه‌دارنده بودن روح، انتقال مشاهدات و یادگیری‌ها به روح است، هر گونه خلل در این مسیر، می‌تواند روح را از تصمیم‌ گیری برای انجام اعمال بازدارد و سیستم عملکرد فعل انسان به حالت قبل، براساس یادگیری‌های انجام شده بدون عبور از بخش روح، برگردد و تا وقتی که زنده است دیگر مانند یک انسان که قدرت تصمیم‌گیری داشته باشد، نخواهد بود و تا لحظه مرگ روح هم‌چنان بدون کاربرد در بدن محصور می‌گردد. بنابراین اگر میزان یادگیری را با علامت (i) نشان دهیم، تا زمانی که این میزان کمتر از n% باشد، اعمال انسان هم‌چنان از مسیر غریضه و یادگیری انجام می‌شود. به محض این‌که این مقدار بیشتر از n% شد، اعمالی که به واسطه غرایض و یادگیری‌ها نیاز به انجام آن‌ها وجود دارد، ابتدا وارد مرحله

پردازش روح می‌شوند، در صورت تصمیم روح بر انجام دادن یا ندادن آن‌ها یا چگونگی انجام آن‌ها، صورت خواهند گرفت. در شکل زیر وضعیت قرار گرفتن روح در انسان مشخص شده است.

الف- زمانی که یادگیری از مقدار n% کمتر است.

یادگیری (i <n%)

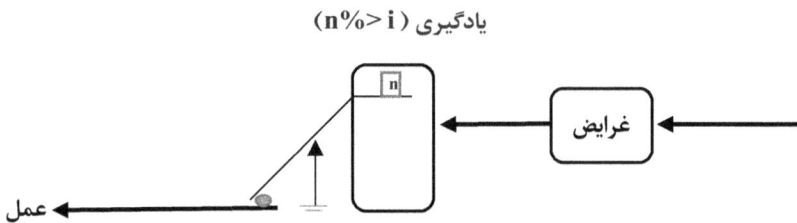

عمل

غرایض

در این مرحله تفاوت چندانی بین انسان و حیوان وجود ندارد.

ب- زمانی که یادگیری از مقدار n% بیشتر است.

یادگیری (i>n%)

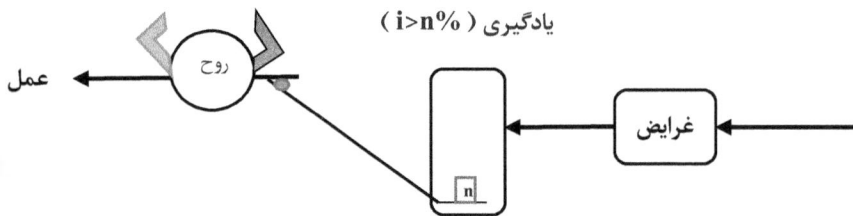

روح

عمل

غرایض

در این مرحله به دلیل افزایش میزان یادگیری، روح قابلیت تصمیم‌گیری و نظارت بر اعمال را پیدا می‌کند. از این به بعد است که انسان در مقابل اعمال خود مسئول خواهد بود.

تولد:

شاید برای ما انسان‌ها، تولد یعنی زمان به دنیا آمدن. یعنی زمانی که انسان از دنیایی وارد دنیایی دیگر می‌شود که می‌توان خروج او را از دنیای قبل، مرگ و ورود او را به دنیای جدید تولد نامید. زمانی که روح در جسم انسان قرار می‌گیرد، انسان هنوز در رحم مادر است. این ماندن تا زمانی به طول می‌آن‌جامد که جنین تا یک حد متعارف تکامل یابد و شرایط ورود به دنیای بعد را پیدا کند. گذشت از این مرحله مسلماً برای انسان به دلیل ماندن در یک محیط تاریک و بدون حرکت برای چندین ماه(بعد از قرار گرفتن روح)، بسیار دشوار است. ولی در نهایت و به طور ناخواسته و غیر ارادی از این مرحله وارد مرحله دیگر زندگی یعنی این دنیای مادی می‌شود. با توجه به آنچه قبلاً گفته شد در این دنیا نیز چند صباحی بیش نیست تا روح او تکامل یابد. با این فرق که این بار وظیفه تکامل روح به عهده خود روح گذاشته شده است. در این مرحله نیز مانند حالت قبل، انسان‌ها بدون اراده و به طور ناخواسته هر کدام با درجات تکامل متفاوت از این دنیا نیز خارج می‌گردند. چون در واقع معنی انسان، روح اوست، پس در واقع روح انسان از این دنیا خارج می‌شود. همانند حالت قبل این فرآیند مرگ نام دارد و ورود انسان به دنیای دیگر نیز تولد مجدد او محسوب می‌شود. چون این شرح حال در دنیای دوم نوشته می‌شود، شرح رویدادهای آینده که در دنیای سوم برای ما انسان‌ها اتفاق می‌افتد بسیار مشکل است ولی بر اساس مشاهدات موجود در این دنیا و بررسی توانایی‌های انسان و تحلیل آن‌ها می‌توان به قطعی بودن این موضوع ایمان آورد اکثر ما انسان‌ها از رفتن عزیزانمان از این دنیایی که در آن هستیم، بسیار ناراحت و گریان می‌شویم. اگر این ناراحتی به دلیل این باشد که آن فرد جان داده، دیگر

زندگیش تمام شد و آن چیزی است که درون قبر گذاشته شده، تفکری بسیار اشتباه است و این گریه و ناراحتی بسی بیهوده و اشتباه است. ولی اگر ناراحتی به دلیل این باشد که تا مدتی او را نخواهیم دید و دلتنگش می‌شویم و بودنش برای ما باعث خیر بود و از دست دادن او هم‌چون نعمتی از نعمت‌های خدا باشد و ایکاش می‌شد از وجود این نعمت بیشتر بهره می‌برد، منطقی است. بالاخره ما انسان هستیم و پر از نیاز و از خیر و صلاح دیگران و آنچه خداوند متعال برای ما رقم زده، آگاه نیستیم. در هر صورت خروج از این دنیا نیز که در واقع تولد در دنیای دیگر است، به دلیل این‌که برای ما یک حالت ترس ناشی از هیجان بوجود می‌آورد، خوشایند نیست. البته این احساس برای افراد مختلف، متفاوت است.

آنان که برایشان وجود دنیایی دیگر مسجل شده است. و به آن ایمان دارند، فقط در لحظه مرگ ممکن است احساس هیجان و استرس رفتن به یک دنیای ناشناخته را داشته باشند. نگرانی‌هایی که ممکن است ناشی از نحوه عملکرد آنها در این دنیا باشد و تنها از خداوند برای خود طلب بخشش می‌کنند. ولی آنان که واقعاً وجود دنیایی دیگر برایشان اثبات نشده یا به آن شک دارند، هنگام مرگ ترس از نیستی آن‌ها را فرا می‌گیرد امروز من افتخار دارم، که این موضوع را با کمال باور و اعتقاد راسخ بیان کنم که به جهان پس از مرگ ایمان دارم. ما انسان‌ها به دلیل این‌که چند سالی در این دنیا بوده‌ایم و به آن عادت کرده‌ایم، جدا شدن از آن برای اکثر ما دشوار است چون شرایطمان را در دنیای بعد نمی‌دانیم (کسانی که به جهان پس از مرگ باور ندارند، شامل این مبحث نیستند). آیا اعمال ما کفایت داشتن یک زندگی خوب را در دنیای بعد می‌کند یا نه؟ کمتر کسی است که در هنگام مرگ هیچ استرسی نداشته باشد ولی آنان که مرگ از نظرشان خوشایند

است، قطعاً در درجه بالایی از تکامل روح بوده‌اند. ولی ما که با پرداختن به مسائل بیهوده، از مسیر اصلی زندگی خارج شده‌ایم، این استرس برایمان بسیار زیاد است. حتی کسانی که در طول عمر خود نیز بسیار کار خیر کرده‌اند، باز این استرس را دارند که مبادا کاری کرده باشند که در کیفیت زندگی آن‌ها در دنیای بعد، خلل ایجاد کند. به طور کلی غیر از انسان‌های وارسته، کمتر کسی است که می‌تواند بگوید که از رفتن به دنیای بعد، آرامش خیال دارد. از طرفی بسیاری از افرادی که از این دنیا به دنیای بعد منتقل شدند، شاید اگر از آن‌ها خواسته شود که برگردند، حاضر نخواهند شد. این به دلیل شرایط بهتر زندگی و رضایت بیشتر آن‌ها از بودن در دنیای بعد به جای بودن در این دنیاست. چون دیگر شرایط آن‌جا را دیده‌اند و خیالشان راحت شده. این هم جز به خاطر لطف بی حد خداوند مهربان نیست که با این همه سهل‌انگاری و کوتاهی ما در این دنیا باز رحمت و بخشش خود را بر ما در آن دنیا ارزانی می‌دارد. اوست که در هیچ مکان و زمانی، ما را تنها نخواهد گذاشت و بخشش او همیشه شامل حال بندگانش خواهد شد. در هر صورت به واسطه اتفاق‌های متفاوت، هر کس با هر دلیلی، از بدنش جدا خواهد شد و دیگر به آن باز نخواهد گشت. شاید تا زمان انتقال به دنیای بعدی کمی انسان در همین دنیا بماند و اعمالی را که تاکنون انجام داده به یاد بیاورد، شاید بدن خود را ببیند و بخواهد به آن برگردد، شاید بخواهد کاری بکند یا با کسی صحبت کند ولی چون ابزارش را از دست داده دیگر قادر نخواهد بود. احتمالاً او چیزهایی می‌بیند که در زمانی که در جسم قرارداشت نمی‌توانست ببیند. در هر حال هر فرد بعد از آن که به هر طریقی از جسمش جدا شد، بعد از مدتی از این دنیا خارج به دنیای بعد وارد می شود. قطعاً با خروج روح از بدن دیگر توابع زمان

و مکانی که در زمین حاکم است برای روح معنی نخواهد داشت و چه بسیار اتفاقاتی که شاید روح در چندین روز تجربه کند در حالی که تنها چند ثانیه از خروج او از بدن گذشته است.

زمان:

مسلماً گذشت زمان در جایی غیر از دنیای مادی ما مشابه این دنیا نیست. شاید بسیاری از ما این موضوع را تجربه کرده باشیم که گاهی در هنگام خواب دیدن اتفاقاتی را می‌بینیم که زمان لازم برای رخداد آن یا به عبارتی دیگر زمان لازم برای دیدن آن در دنیای فعلی مثلاً حدود یک نصف روز باشد حال آن که ما تنها ده دقیقه خواب بودیم. این موضوع برای من بارها اتفاق افتاده است.

با این پیش فرض، روح انسان پس از خروج از بدن، دیگر درگیر زمان فعلی نیست. چه اتفاقاتی می‌تواند برای او در مدت کوتاهی بیافتد که شاید معادل چندین سال زمان دنیای مادی باشد و چه اتفاقاتی که می تواند برای روح بسیار طولانی و بلند مدت باشد که شاید در این دنیا ثانیه هایی بیش نباشد. بنابراین ابعاد زمان در دوران مرگ برای انسان‌ها متفاوت است و مشابه این دنیای مادی نیست.

انسان و مقوله دین

ما انسان هستیم. پس از ما جز انسانیت انتظاری نیست. زمین با تمام امکاناتش برای انسان خلق شد. یا به عبارتی فعلا انسان است که از زمین با تمام امکاناتش برای آسایش خود استفاده می‌کند. انسان چیزی بسیار فراتر از این جسم است. انسان قابل مقایسه با حیوان نیست. اگر از تعابیر و تفاسیر دینی که شاید اکثر

مردم هم به آنها اعتقاد ندارند، استفاده نکنیم و فقط آنچه را که همه قبول دارند را بیان کنیم، اینگونه میتوان گفت که:

عظمت انسان به قدرت تفکر اوست که با این توان تفکر می تواند در دو جهت مختلف مثبت یا منفی حرکت کند ولی حرکت انسان در جهت منفی در کل به دلیل نقص دانش اوست یعنی اگر دانش انسان از خود و دنیای اطرافش کامل میشد، قطعاً در جهت منفی حرکت نمیکرد اگر انسان از دید حیوان به دنیا نگاه کند از این قدرت تفکر در جهت منفی و فقط حفظ منافع خود و برآوردن نیازهای جسمی استفاده میکند. اگر از دید انسان به دنیا نگاه کند از این قدرت تفکر در بررسی علت وجود این جهان و درک وجود زندگی ابدی و آنچه را که از این قدرت تفکر انتظار میرود که مسلما چیزی فراتر از برآورده کردن نیازهای جسمانی و زودگذر است، استفاده میکند. حیوان هر وقت گرسنه شد، غذا میخورد. انسان میتواند گرسنه باشد ولی غذا نخورد. حیوان هر وقت ....و انسان میتواند...

دین چیست؟

در واقع دین چیزی نیست جز راهنمای انسانیت!

قوانینی که انسانهای یک کشور یا یک منطقه برای خود وضع میکنند تا همه با رعایت آنها بتوانند از یک آسایش نسبی برخوردار باشند، تنها بخش کوچکی از نشان دادن توانایی انسان در رسیدن به یک زندگی بهتر است. البته قوانین بیشتر و مهمتری هم وجود دارند که مسلما جهان شمول و مافوق این قوانین است و رعایت آنها خود به خود میتواند برخی از این قوانین وضع شده محدود را هم در

برگیرد. برخی از این قوانین امروزی که در خصوص نحوه رفتارهای انسانی است توسط ادیان هم عنوان شده و هیچ ربطی به تعصب و مسائل خرافه ندارد. اگر دست بعضی از استثمار گران دینی از روی آنها برداشته شود، باکمی تعمل و تفکر می‌توان دید که اصل دین چیزی جز موارد لازم الاجرا نیستند که از یک انسان انتظار می‌رود. (آدمی را آدمیت لازم است) دین در اصل ابزاری است که اگر و فقط اگر صحیح از آن استفاده شود، بشر می‌تواند بوسیله آن به تعالی برسد. ولی این ابزار ظریف در عین حال می تواند باعث بدبختی و خساراتی گردد که شاید سال‌ها یا قرن‌ها قابل جبران نباشد.

و آن زمانی است که توسط دو قشر از انسان‌ها یا حاکمان استفاده شود:

۱- انسان‌های جاهل

۲- منافقین ضد دین که با آگاهی نسبی، سعی در کسب منافع به وسیله آن دارند.

گروه دوم چون هیچ اعتقادی به دین و زندگی پس از مرگ ندارند، با استفاده از جهل مردم سعی در استفاده از آن در جهت چپاول مردم و ظلم و ستم بر آن‌ها دارند. شاید هیچ حکومت اسلامی وجود ندارد که بر پایه عدل و انصاف باشد. در تمامی این حکومت‌ها از ابتدا تا کنون، حکام و خلفای فاسد آن‌ها، خود را نماینده خدا بر روز زمین می‌دانستند و با این سیاست، همه مخالفان خود را مخالف با خدا دانسته و آن‌ها را مفسد فی الارض خطاب کرده و به همین راحتی آن‌ها را محکوم به اعدام یا شدیدترین مجازات‌ها می‌کردند. با این عقیده که در فکر مردم القاء می‌کردند هر ظلمی که می‌خواستند به راحتی بر مردم روا کرده و هیچ کس را یارای

مخالفت با آن‌ها نبود. مبلغانشان، رهبران خود را نماینده برحق خدا معرفی می‌کردند که از هر گناهی بدورند و هر تصمیم که می‌گیرند تصمیم خدا بوده و با این ترفند بر جان و مال و حتی زن و بچه مردم هم می‌توانستند دست اندازی کنند و احکام او را لازم الاجرا برای همه می‌دانستند. بعد از گذشت بیش از ۱۴۰۰ سال از ظهور اسلام، هنوز این تفکر در حکومت‌های اسلامی دقیقاً پابرجا بوده و پیشرفت بشریت امروزه هم حتی ذره‌ای بر این گونه تفکرات تأثیر نداشته است. به جرات می‌توان گفت خطرناک ترین نوع حکومت‌ها، حکومت‌های دینی به ویژه حکومت‌های اسلامی است که حاکمان آن‌ها برای رسیدن به مقاصد شومشان، خود را نماینده خدا معرفی می‌کنند. این حکومت‌ها، سایر ممالک غیر اسلامی را کافر خطاب کرده که از نظر آن‌ها دشمنان خدا هستند و اگر امکانی فراهم شود و قدرت آن را داشته باشند برای حمله به آن‌ها با عنوان جهاد دریغ نمی‌کنند ولی هرجا که در موضع ضعف باشند و منافعشان ایجاب کند، با این کافران روابط مخفیانه خوبی هم دارند. از امکانات و تجهیزات پیشرفته‌ای که توسط آن‌ها ارائه می‌شود استفاده کرده و با آن، مردم خود را به خاک و خون می‌کشند. این نوع از حکومت‌ها هیچ نفعی برای مردم، محیط زیست و سایر کشورها نخواهند داشت و هدفشان تنها کسب قدرت و ثروت به هر نحو ممکن است. البته به این نکته باید توجه کرد که هدف حاکمان کشورهای اسلامی نه این‌که اجرای احکام اسلام و رعایت دسورالعمل‌های آن باشد، نه به هیچ وجه. در واقع اسلام برای حاکمانشان هیچ اهمیتی ندارد و مانند کمونیست فقط ابزاری است که با آن به اهدافشان می‌رسند. برای آن‌ها اهمیت ندارد که دیدگاه مردم از اسلام به خاطر نوع عملکردشان، چقدر تخریب می شود. چه انتظاری می‌توان داشت از جنایتکارهای

بالفطره‌ای که به نام اسلام هر جنایتی را انجام می‌دهند و متأسفانه چه بسیار انسان‌های خود فروخته و پست در سرتاسر کشورهای جهان که برای کسب ثروت با این حکومت‌ها همکاری می‌کنند. عامل اصلی گسترش این نوع حکومت‌های جنایتکار اسلامی جهل مردم است. آن انسان‌های احمق جاهل که کورکورانه فقط با شنیدن نقل‌قولی از قرآن یا پیامبر اسلام مثلاً در مورد جهاد حتی جان خود را برای تحقق اهداف شوم این حاکمان به خطر می اندازند و گمان می‌کنند که راه درست را پیش گرفته اند. از این جانوران به ظاهر انسان چه انتظاری می‌توان داشت که یک لحظه فقط یک لحظه با خود فکر کنند که چگونه می‌شود خداوند متعال کسی را که دیگران را بی‌گناه به دستور حاکم شرع می‌کشد، یا بر زن و فرزند آن‌ها تعرض می‌کند، یا مال آن‌ها را به غارت می‌برد، به بهشت ببرد. چگونه ممکن است کسانی که به نام جهاد در بمب گذاری‌های انتحاری باعث کشته شدن گروهی از مردم شامل کودکان بی‌گناه می‌شوند، جایگاهشان در بهشت باشد. چگونه ممکن است انسانی که مستقل و آزاد آفریده شده، برای توجیه رفتار و جنایت‌های خود در روز حساب، صرفاً به بهانه اجرای دستورات، خود را معاف از هر مجازاتی بداند. در حکومت‌های اسلامی هیچ گاه عدالت رعایت نمی‌شود و اگر کسی هم در قالب این حکومت‌ها بر سر کار آید که هدفش صرفاً رعایت عدالت و احقاق حقوق مردم باشد، به دلیل تضاد آن با منافع افراد فاسد و کسانی که ثروت و قدرت نامشروع به دست آورده‌اند یا به دنبال آن هستند، به انحاء مختلف از کار بیکار شده یا ترور می‌شود. قطعاً تا زمانی که هیچ خط قرمزی برای حکومت‌های به ظاهر اسلامی در خصوص حفظ جان و حقوق مردم وجود نداشته باشد، برای حفظ حکومتشان به هر جنایتی هم که لازم باشد، دست خواهند زد. بله ثروت و

قدرت چیزی نیست که به سادگی کسی بتواند از آن چشم پوشی کند. این دو اعتیادی دارند که حتی با وجود این‌که انسان می‌داند تلاش برای کسب آن‌ها به روشی غیر انسانی اشتباه بوده و عاقبت و آخرت خوبی در انتظار او نیست ولی باز هم برای به دست آوردن یا حفظ این دو به هر خطا یا جنایتی دست می زند. بسیار اندك کسانی بودند که اهمیت قدرت و ثروت برایشان بی ارزش بوده و حکومت را فقط برای احقاق حقوق مردم و رعایت عدالت قبول کردند. از دیدگاهی دیگر با توجه به این‌که در حکومت‌های اسلامی، حاکمان آن خود را نماینده خدا می‌دانند، حتی با فرض این‌که حاکم، انسان صالحی هم باشد ولی ممکن است جایی مرتکب اشتباهی شود و حقی از کسی یا گروهی ضایع شود پس چون خود را نماینده خدا معرفی کرده، آن فعل خطا به خداوند نسبت داده خواهد شد در صورتی‌که خداوند بری از هرگونه خطایی است. بنابراین وجود هرگونه حکومت اسلامی یا به طور کلی وجود هرگونه حکومت دینی از پایه بی اساس است چراکه باعث سست شدن اعتقادات در بین مردم، بی اعتباری دین و بی اعتمادی به خداوند می‌شود. کافی است به تفکری که امروزه در بین مردم جهان در مورد اسلام وجود دارد و حتی به نگرش مردم ایران در مورد اسلام، نگاهی بیاندازیم.

مسلمانان مسلمانان مسلمانی ز سر گیرید   که کفر از شرم یار من مسلمان وار می‌آید

مولانا

بنابراین به دلیل جهل انسان‌ها و سیاست کثیف حاکمان در جهت استفاده نادرست از دین برای رسیدن به قدرت و ثروت، بهترین و منطقی‌ترین حالت این است که مقوله دین در صندوقچه خانه هر کس به صورت شخصی نگه‌داری شود

و به هیچ عنوان از آن حتی به روش درست هم در حکومت‌ها استفاده نشود تا
باعث تنش‌های فرقه‌ای‌نگردد و همه ملزم به رعایت قوانینی باشند که برخواسته
از دموکراسی و منشاء گرفته از ذهن بشریت امروز باشد. از طرفی ما نباید انتظار
داشته باشیم، مردم به یکباره دست از دین یا اعتقادات خود بکشند. بالاخره آنچه
که طی چند صد سال درست یا غلط به نسل فعلی منتقل شده را نمی‌توان به
راحتی از مردم گرفت. کسانی که پیرو ادیان هستند اگر دین از آن‌ها گرفته شود،
این خلاء ایجاد شده را چگونه می‌توان برای آن‌ها پر کرد. دین اصلی ایرانی‌ها قبل
از حمله اعراب، زرتشت بوده و دین اسلام توسط اعراب به آن‌ها تحمیل شده است
ولی با گذشت حدود ۱۴۰۰ سال از آن واقعه، امروز اسلام و مسلمان بودن شاید
در تار و پود زندگی بسیاری از مردم این کشور جای گرفته و نمی‌توان آن را جدا
کرد. در صورتی‌که امروز از آن‌ها بخواهیم که این دین را کنار بگذارند، برای آن
دسته از مردم که نمی‌توانند با این موضوع به راحتی کنار بیایند، چه چیز را
می‌خواهیم جایگزین آن کنیم. دین زرتشت؟! کسی که سال‌ها نماز خوانده و روزه
گرفته، اگر دین را به اجبار از او گرفتیم، خلاء آن را چگونه می‌توان برای او پر کرد؟
بدون درنظر گرفتن درست یا غلط بودن اعتقادات او، چگونه می‌توان از او انتظار
داشت تمام آن اعتقادات را که نسل به نسل به او منتقل شده و او هم سالیان سال
به آن‌ها پایبند بوده را به یکباره کنار بگذارد. بعضی عادت‌ها یا رفتارها هستند که
مردم صرفاً به دلیل انجام دادن آن‌ها، به یک آرامش کاذب می‌رسند. مثل نماز
خواندن، روزه گرفتن، هیات رفتن و عزا داری کردن و ... که البته همه این‌ها اگر
منجر به تغییر رفتار انسان در جهت مثبت و در مسیر انسانیت نشود، پشیزی ارزش
نخواهد داشت ولی متأسفانه برای انسان‌های جاهل، می‌تواند یک آرامش کاذب

به دلیل انجام فرایض دینی ایجاد کند به امید این‌که در زندگی پس از مرگ در پیشگاه خداوند سرافکنده نباشند.

ترسم نرسی به کعبه‌ای اعـــرابی   این ره که تو می‌روی به ترکستان است

سعدی شیرازی

اگر چه انسان بدون این‌که‌خود را درگیر قواعد دستوری چند صد یا چند هزار سال قبل کند، می‌تواند رفتارهایی بسیار ارزشمند در خور انسان انجام دهد که از عقل و منطق منشاء می‌گیرد نه داستان و خرافات و عادت‌هایی که طی سالیان سال در قالب دین و روایت به نسل ما منتقل شده است ولی برای نیل به این هدف، هرکس باید خود، به این نتیجه برسد تا بتواند خلاء فقدان دین به شکل سنتی را برای خود پر کند و لازمه این موضوع، بالا بردن درك انسان‌ها از زندگی و البته گذشت زمان است. بنابراین به یکباره نمی‌توان دین و اعتقادات سنتی مردم را از آن‌ها گرفت. هر کس می‌تواند هر دین و آیین مذهبی که دارد را هم‌چنان داشته باشد مادامی که اعتقادات او و انجام آیین‌های مذهبی یا فرقه ای، تأثیر منفی بر زندگی دیگران و بر محیط زیست نداشته باشد و یا باعث تضییع حقوق دیگران نگردد. هرکس به هرچه اعتقاد دارد، فقط به خودش مربوط می شود و به هیچ کس دیگر مربوط نیست و اگر آئین یا رسوم مذهبی یا فرقه‌ای‌خاصی هم دارد، فقط در محدوده شخصی یا در مکان مشخص تعیین شده برای این مراسم‌ها، حق برپا کردن آن‌ها را دارد. همه باید تابع یک قانون تنظیم شده با تفکر جدید مبتنی بر رعایت حقوق

بشر، حقوق حیوانات و حقوق طبیعت باشند و لاغیر. هیچ کس حق تبلیغ هیچ مذهب و فرقه‌ای را نباید داشته باشد برای جامعه بشری مهم نیست که چه کسی به خدا اعتقاد دارد و چه کسی اعتقاد ندارد. آنچه مهم است رفتار مبتنی بر انسانیت همه مردم با هر اعتقاد و مذهبی است چه مسلمان باشد، چه یهودی، میسحی، بودایی یا بی دین و کافر. تنها راه رسیدن به این هدف، اجرا و رعایت قوانین جدید و نظارت شدید همراه با مجازات‌های سنگین برای ناقضان آن است. تا زمانی که این رفتار مورد نظر در جوامع بشری نهادینه گردد.

آدمــــی را آدمیـــت لازم است　　　　　　عود را گر بو نباشد، هیزم است

سعدی شیرازی

موفق باشید.

کنترل رفتارهای هیجانی منفی

فرزندان عزیزم

همیشه سعی کنید در زندگیتان منطقی باشید و درست فکر کنید. هیچ وقت از روی احساسات مخصوصاً بر اساس آن چیزی که همان موقع به ذهنتان می‌آید تصمیم نگیرید یا حرفی نزنید. هیچ وقت خودتان را با دیگران مقایسه نکنید. از توانایی‌هایی که دارید، درست استفاده کنید. وقتی که کاری را از روی منطق انجام بدهید و به درستی به آن باور داشته باشید، انتقاد بی مورد دیگران برای شما هیچ اهمیتی نخواهد داشت. آن زمان امکاناتی که از نظر دیگران امتیاز است ممکن است از نظر شما پوچ و بی ارزش باشد. مثل امتیاز داشتن ماشین خوب، بجای انسان بودن که از نظر یک آدم دانا خنده دار است. همیشه به آنچه که دارید توجه کنید و ببینید که خیلی از مردم همین‌ها را هم ندارند. پس به خاطر داشتن آن‌ها خدا را شکر کنید و به خاطر آنچه که ندارید دائم گله و شکایت نکنید. ولی اگر آن چه که ندارید، داشتنشان خوب است، برای به دست آوردنشان تلاش کنید البته از بهترین راه ممکن نه راهی که باعث بشود اگر آن‌ها را به دست آوردید، چیزهای مهم‌تری را از دست بدید. سعی کنید قبل از هر حرفی که می‌خواهید بزنید فکر کنید و هرچیزی که همان موقع سر زبان شما می‌آید را نگویید، در این صورت بیشتر وقت‌ها از کاری که می‌کنید، پشیمان نمی‌شوید. اصلاً یکی از فرق‌های عمده انسان و حیوان در همین است. حیوانات سریعاً به تحریکات جسمی و جنسی‌شان پاسخ می‌دهند و اگر انسان هم در همه کارهایش بخواهد این‌گونه باشد پس مثل...

بابا این مواردی را که برای شما می‌گویم، چیزی نیست که در کتاب خوانده باشم. این‌ها تجربه‌های واقعی هستند که نمی‌خواهم شما تجربه کنید و چون آنقدر مهم هستند که می‌توانند زندگی شما را عوض کنند، برای همین می‌خواهم که به حرف‌هایم گوش بدهید و به آنها عمل کنید. من به جز خیر شما هیچ از خدا نمی‌خواهم. این‌ها را برای این به شما می‌گویم چون با رفتار و گفتارتان می‌توانید زندگی و خانواده‌تان را به بهترین وجه ممکن اداره کنید. با دو کلام حرف درست می‌توانید همسرتان را آن طور که می‌خواهید با خودهمراه کنید. هیچکس هیچ وقت نمی‌تواند در برابر حرف منطقی مقاومت بکند مگر این‌که مریض، یا معتاد باشد و یا مشکل روحی داشته باشد، و یا از روی عمد و لجبازی کاری را انجام بدهد. در زندگی گاهی رفتار یا گفتار دیگران با من به گونه‌ای بوده که واقعاً برایم غیر قابل تحمل بود. اگر می‌خواستم همان موقع در مقابل همه آنها واکنش نشان بدهم، قطعاً با مشکلات جدی و شاید غیر قابل حل مواجه می‌شدم که می‌توانست آینده من را تحت تأثیر قرار دهد به خاطر شما بچه‌هایم حاضر شدم در مواقعی ساکت بمانم و عکس العمل هم نشان ندادم تاکه خدای ناکرده پاسخ من باعث عکس العمل‌های دیگر بشود و درنهایت زندگی شما تحت تأثیر قرار بگیرد. من عقیده دارم پدر و مادر در برابر فرزندانشان مسئول هستند. چون آنها باعث شدند که بچه‌ها به دنیا بیایند، پس دربرابر نوع زندگی آنها و فراهم کردن زمینه رشد فکری و جسمی‌شان مسئول هستند تا در آینده به خاطر وضع بدی که خدای ناکرده برای آنها در زندگی پیش می‌آید و علتش هم پدر و مادر است، بدبخت نشوند. من از مادرم درس‌های زیادی آموختم. درس‌های زندگی! کسی که مطمئن باشید اگر مادر شما یا یکی دیگر جایش بود همان روزهای اول با چهارتا بچه از شوهرش

طلاق می‌گرفت و این قضیه می‌توانست باعث بشود ما که فرزندانش بودیم بدبخت بشویم. ولی مادرم به این موضوع واقف بود. بنابراین نسبت به رفتار بعضاً ناراحت کننده پدرم و یا اقوام، پاسخی نمی‌داد که مبادا کیفیت زندگی فرزندانش به خطر بیافتد. اگرچه گاهی رفتارهای ناشایست پدر و دیگران او را بارها و بارها اذیت می‌کرد، ولی او خودش را در برابر فرزاندانش مسئول می‌دانست. شاید زمانی که شما این نامه را می‌خوانید مادرم در قید حیات نباشد و شاید من هم نباشم. ولی خدا را شاهدم که من از او راضی راضی هستم و می‌دانم هرچه در توانش بود برای ما انجام داد. او خوشبختی و احساسات خودش را برای ما فرزندانش فدا کرد.

خیلی چیزایی که زن‌های امروزه شاید به راحتی متوجه نمی‌شوند!

مادر بودن فقط به حفظ و مراقبت از بچه‌ها یا نوع رفتار در ارتباط مستقیم با فرزندان نیست، اغلب وقت‌ها دوراندیشی فرد بسیار مهم است. خیلی از افرادی که طلاق گرفتند درنهایت بر زندگی فرزندانشان تأثیر گذاشته‌است. وقتی به زندگی آنها نگاه کنی، می‌بینی که اتفاقاً خیلی به فرزاندانشان اهمیت می‌دادند و کارهای زیادی برای آن‌ها کردند. هم خوب خرجشون کردند و هم به درسشان توجه می‌کردند اما یک جنبه مهم را فراموش کردند و آن این بود که در رفتارهای غیرمستقیم هم باید به فکر بچه‌ها باشند. رفتارهای غیر مستقیم، رفتارهایی است که پدر یا مادر به طور مستقیم با فرزندان برخورد ندارند ولی کاری‌که انجام می‌دهند به‌صورت غیر مستقیم روی آن‌ها تأثیر می‌گذارد. امروز من هم سعی می‌کنم در زندگی به گونه‌ای رفتار کنم که بحث یا مشاجره احتمالی من با همسرم خدای ناکرده، باعث نشود به طور غیر مستقیم روند زندگی شما را تحت تأثیر قرار دهد.

زمانی که در زندگی بحث و مشاجره‌ای پیش می‌آمد، من سعی می‌کردم جواب افراد را به گونه بدهم که به طور غیر مستقیم روی زندگی شما تأثیر منفی نگذارد. خیلی از به اصطلاح مادرها یا پدرها این قسمت کار را نمی‌دانند. البته اگر به آنها بگویی خودشان را عالم دهر دانسته ولی در عمل، متفاوت است. مثلاً یکی از مشکلات بعضی از خانم‌های متأهل این است که همسرشان زیاد کار می‌کند و دیر به خانه می‌آید. دیگر فکر این را نمی‌کنند که مثلاً نوع شغل همسرش ایجاب می‌کند که اینگونه باشد ، یا این روزها اینقدر مخارج زندگی زیاد است، آخر اگر همسرش تا دیر وقت کار نکند درآمدلازم برای مخارج زندگی را از کجا باید تهیه کنند؟! یا زندگی خودشان را با دیگران مقایسه می‌کنند. ببینید این‌ها مقایسه‌هایی بیخودی است که یک فرد در زندگی انجام می‌دهد و باعث خیلی مشکلات دیگر در زندگی می‌شود بدون این‌که ببیند که چه امتیازهایی نسبت به همان افراد دارد. چیزهایی که از نظر من مسخره و سطح پایین است از نظر یک عده دیگر ارزش هستند. من منکر این نیستم که باید به عنوان یک پدر برای خانواده‌ام وقت بگذارم ولی بعضی وقت‌ها چاره‌ای جز این نیست. چون قبلاً هم گفتم اگر می‌خواستم در آن مقطع وقت بیشتری در خانه بگذارم، آن وقت یک‌سری امور دیگر که شاید مهم تر بودند را از دست می‌دادم. اگر خواستید که به عنوان یک پدر یا مادر ایفای نقش کنید، قبل از هرچیز باید بدانید که چه مسؤلیتی به گردن شماست این‌ها را به عنوان یک درد و دل برای شما می‌گویم و اگر به عنوان درس زندگی، مهم نبودند هیچ وقت از این درد و دل‌ها هم برای شما نمی‌کردم. ایکاش این نوشته‌ها به دستتان برسد.

۱۳۹۱/۰۴/۰۴

عزیزان بابا، یک راه حل برای زندگی به شما می‌گویم که خدا می‌داند اگر در کارها از آن استفاده کنید، بیشتر اوقات موفقید. قبلاً هم گفتم و باز هم می‌گویم قبل از هرکاری‌که می‌خواهید انجام دهید یا هر حرفی که می‌خواهید بزنید، فکر کنید. تأثیر آن کار که می‌خواهید انجامش بدید یا آن حرفی که می‌خواهید بزنید را برآورد کنید بعد اگر دیدید درسته و تأثیر آن به نفع شما هست انجامش بدید. چون اگر کاری‌کردید یا حرفی زدید که قبلش درموردش فکر نکرده بودید، امکان جبرانش خیلی سخت است.

آب این رود به سرچشمه نمی‌گردد باز   بهتر آنست که غفلت نکنیم از آغاز

حمید مصدق

اگرچه امروز این موضوع را خیلی‌ها نفهمیدند ولی قسم به جان بابا، به عنوان کسی که از جانش شما را بیشتر می‌خواهد و کسی که در این دنیا بیشتر از بقیه خیر و صلاح شما را می‌خواهد، به شما می‌گویم و از شما می‌خواهم که یادتان باشد:

"همیشه حکومت عقل است که باعث سربلندی انسان نزد دیگران و خداوند می‌شود و نه حکومت احساس"

البته خیلی‌ها مثل بسیاری از زن و شوهرها که هنوز خیلی از تجربه زندگی مشترکشان نمی‌گذرد، شاید نتوانند خیلی بر احساسشان‌غلبه کنن و بعضی وقت‌ها هرچی سر زبونشون میاد را می‌گویند. این اتفاق هم برای من افتاد. بعضی وقت‌ها البته به ندرت اتفاق می‌افتاد که مادرتان از روی احساسات و ناراحتی

حرف‌هایی می‌زد که تحمل پاسخ ندادن و خونسرد بودن درآن وضعیت برام خیلی سخت بود و شاید چندین بار می‌خواستم طوری برخورد کنم که کمی مترادف با حرف‌های‌خودش باشد. ولی عقل نگذاشت. به طور کلی برخورد و مقابله به مثل کردن در برابر رفتار احساسی ناشی از ناراحتی دیگران، مخصوصاً زمانی که با آن افراد زندگی می‌کنی یا ارتباط نزدیک داری، ضرر به زندگی و آینده فرزندان هست. چه بسا پاسخ سریع و متقابل به این گونه رفتارها باعث بشود آن فرد از روی بی‌فکری کاری بکند که دودش توی چشم فرزندانش هم برود. خیلی از طلاق‌های امروز به دلیل همین موضوعات اتفاق می‌افتد. برای همین، من سعی کردم در خیلی مسائل کوتاه بیایم و کوتاه هم میایم. چون شما را دوست دارم و نمی‌خواهم به‌خاطر رفتار احتمالاً احمقانه والدینتان، خدای ناکرده روند زندگیتان به مخاطره بیافتد و این درس‌ها همان چیزهایی هست که از مادرم یاد گرفتم. کسی که برای من هم مادر بود هم معلم. از طرز رفتارش با دیگران و پدرم، یاد گرفتم که چطور باید رفتار کنم. او شاید خیلی سواد تحصیلی نداشت ولی قسم می‌خورم که از خیلی از آن‌هایی که ادعای دکتری می‌کنند، در رفتارهای اجتماعی با شعورتر و داناتر بود و هست. بسیاری از مسائلی که در زندگی باید رعایت شوند به طور غیر مستقیم در خانه و توسط والدین به فرزندان آموزش داده می‌شود، حساسیت پدر یا مادر بر روی موضوعات مختلف در زندگی به طور غیر مستقیم بر روی نگرش فرزندان در زندگیشان تأثیرگذاره بنابراین اگر کسی بالاترین تحصیلات را هم داشته باشد ولی این مسائل را نداند و از کودکی یاد نگرفته باشد باز نمی‌فهمد!

پس بدانید سواد فقط یک ارتقاء علمی است. چه بسیار باسوادهای بیشعور! چه دکتر باشد یا مهندس یا دانشمند. از این بیشعورا در جامعه خیلی هست.

جایی جمله زیبایی خواندم، نوشته بود:

"پولداری منش است و ربطی به میزان دارایی ندارد"

"گدایی صفت است و ربطی به بی پولی ندارد"

"دانایی فهم و شعور است و ربطی به مدرك تحصیلی ندارد"

امروز اتفاقی افتاد:

به مادرتان از سر کار زنگ زدم که کاری را انجام بدهد، عجله‌ای بود و من نمی‌توانستم از سر کار خودم را سریع برسانم ولی او با من برخورد بدی داشت و گفت که انجام نمی‌دهد. من گفتم خیلی خوب. بگذار تا خودم از سر کار بیام یا اگر کسی زنگ زد شماره‌اش را بگیر تا خودم با او صحبت کنم. بعد یک پیام نوشت و شروع کرد به ایراد گرفتن از من. من بدون این‌که فکر کنم که شاید ناراحتی از چیزی یا اتفاقی باعث شده که آن امروز بی‌دلیل این‌گونه با من برخورد کند، با نهایت عصبانیت تاحدودی که کنترل گفتار را از دست دادم، جوابش را دادم. او هم بلافاصله پاسخی شدیدتر برای من پیام کرد خوب حالا من اینجا چه جوابی باید می‌دادم. من که از پاسخ مادرتان مثل یک گلوله آتش شده بودم. دلم می‌خواست مثل خودش جوابش را بدم، شاید با این کار آتش درونم خاموش می‌شد ولی آیا قضیه باتوجه به برخورد غیر منطقی که آن لحظه مادرشما داشت، تموم می‌شد؟!

از اینجا خودم را کنترل کردم. فکر کردم که اگر جوابش را بدم، ممکن است از او کاری سر بزند که جبرانش خیلی سخت بشود و روند رشد بچه‌هام را با چالش مواجه کند. امروزه متأسفانه تکرار بسیاری از بحث و جدل‌های معمولی که در زندگی مشترک همسران اتفاق می‌افتد منجر به طلاق می‌شود. موضوعی که اگر منطقی و با کمی صبر با آن برخورد می‌شد بسیاری از آن‌ها قطعاً به راحتی قابل حل بوده و به این مرحله نمی‌رسید. بعدش دیگه ناراحتیم فروکش کرد. چون باور دارم این‌گونه حرف‌ها که شاید به ندرت زده می‌شود و یا اتفاق‌های این‌چنین که

به‌صورت مقطعی ممکنه در زندگی رخ بده، نباید تأثیر منفی بر زندگی مشترک و خانواده داشته باشد ناراحتی و کدورت در زندگی مشترک برای همه اتفاق می‌افتد، مهم این است که در آن لحظه حداقل یکی از دو طرف عاقلانه و صحیح با این موضوع برخورد کند تا به راحتی بتوان از این مشکلات کوچک گذشت. دامن زدن به ناراحتی‌ها و دلخوری‌ها، باعث عمیق‌تر شدن آن‌ها خواهد شد و هرچه مدت این ناراحتی‌ها بیشتر بشود، رفع آن‌ها نیز به مراتب دشوارتر خواهد بود. شکر خدا به غیر از این موارد جزئی که البته در زندگی مشترک هر کسی در طول زندگی می‌تونه اتفاق بیافته، من و مادرتان با هم هیچ مشکلی نداریم. شما دو تا خیلی بازی گوش هستید و بیشتر وقت‌ها با هم دعوا می‌کنید. اگر من جای مادرتان بودم شاید نمی‌توانستم تحمل بکنم. وقتی که می‌گوید شما دیوانه‌اش کردید واقعاً راست می‌گوید. من هم فقط به او دلداری می‌دهم. ولی واقعاً اعصاب می‌خواهد با این کارایی که شما می‌کنید! مرتباً بدون دلیل همدیگر را اذیت می‌کنید و سر به سر هم می‌گذارید. جیغ می‌زنید، گریه می‌کنید و... ولی فقط به خاطر آن حس مادرانه که دارد همه این‌ها را تحمل می‌کند هرچند که بعضی وقت‌ها هم کاسه صبرش لبریز می‌شود که شاید ناخودآگاه باعث حرفی بشود که من را هم ناراحت کند.

بابا این‌ها را که گفتم اگر چه اتفاقاتی هست که به ندرت در زندگی ما رخ می‌دهد ولی هدف از گفتن این‌ها آموزش شما بود. مادرشما خیلی به گردن شما حق دارد. بچه‌ها قدر مادرتان را بدانید. خدا شاهده که چقدر به خاطر شما تلاش می‌کند. خیلی زحمت می‌کشد. برخلاف بسیاری از زن‌های امروز و هم سن و سال‌های

خودش، به خاطر آینده شما اصلاً ذره‌ای به خودش اهمیت نمی‌دهد. امیدوارم
بتوانم زحمت‌های او را جبران کنم. حق مادری خیلی بیشتر از حق پدری است.
اینقدر که او برای شما تلاش می‌کند شاید من نکردم. بالاخره او بیشتر با شما بوده
انتظار دارم هوای او را بیشتر از من داشته باشید. چون در کل ضعیف‌تر و احساسی
تر از من است و از اولادش بیشتر انتظار مهر و عطوفت دارد. من همین که ببینم
شما خوشبخت هستید و باعث سرفرازی من شدید، برای من کافی است. چون آن
موقع هست که نزد خدا شرمنده نمی‌شوم و خوشحالم که بچه‌دار شدن من باعث
خدمت به بشریت و خشنودی خلق خدا و درگاه حق تعالی شده. خوش باشید،
یکدیگر را دوست داشته باشید، هیچ کس به اندازه خانواده واقعاً دلش برای شما
نمی‌سوزد پس به هم دیگه اطمینان داشته باشید.

۱۳۹۱/۰۶/۰۵

درد و دل با خدا

دیروز وقت سحر خیلی دلم گرفته بود و ناراحت بودم. می‌خواستم از خدا گله کنم. اما گله کلمه مناسبی نیست. می‌خواستم با خدا درد و دل کنم. خواستم از ناراحتی‌هایم بگویم، گفتم: خدایا اول از لطف بیکرانی که تو در حق من این بنده گناه‌کارت روا داشتی می‌گویم. از نعمت آفریدن من و سالم بودن و این‌که مرا در هر خطری مراقب بودی و از خیلی از گزندها مصون داشتی. از نعمت پدر و مادر و همسرخوب فرزندان سالم و خواهر و برادر و اقوام و نعمت درس خواندن و این‌که می‌توانم احتیاجات خود و خانواده‌ام را بدون کمک دیگران تا حد توانم برآورده کنم، از نعمت عقل و دانش نسبی که در اختیار این بنده حقیرت گذاشتی و بسیار نعمت‌های بی شمار دیگر و این‌که نداشتن هر کدام از این نعمت‌ها درد و رنجی در خور خود دارد. پس خدایا هزاران هزار بار شکر به‌خاطر این همه نعمت که برمن روا داشتی و من نادان قدر آن‌ها را آن طور که باید ندانستم و نمی‌دانم. خدا را شکر می‌کنم که خدایی چون تو دارم. خدایی که قدرت لایزالش مایه افتخار من بنده ضعیف و حقیر است و هرجا عرض اندامی بخواهم بکنم، به خدای خود می‌بالم. حتی با وجود این همه گناهم باز آرامشی جز تو ندارم که چه کسی جز تو تسکین تنهایی من است و هر تنبیهی که برمن روا داری بر حق بوده و مسلما نهایت درجات عطوفت و مهربانی را قبل از تنبیه بر من روا داشتی. تو که در بین تمامی صفات عالیه‌ات، صفت بخشندگی و مهربانی‌ات را مقدم بر همه صفات عالیه‌ات دانستی. خدا شاهد است که یکی از دعاهایی که می‌کنم ایجاد شرایطی است تا من بتوانم دین خود را به عنوان یک انسان ادا کنم.

در جهان امروز ما ظلم و ناعدالتی بیداد می‌کند فرقی نمی‌کند چه در داخل و چه در خارج از کشور. گروهی در لباس دین و گروهی به شکل دیگر. از خدا می‌خواهم که ریشه این ظلم را به هر نحوی که خود مقدر فرموده و از طریق هر انسان آزاده‌ای‌که خود صلاح می‌داند، بزودی برکند و امیدوارم من جزء نفراتی باشم که بتوانم در این مسیر خدمتی انجام دهم.

و اما درد و دل:

ضمن اظهار مجدد بر الطاف بیکران تو ای خدای مهربان، نمی‌دانم چرا بسیاری از کارهایی که انجام می‌دهم به راحتی به نتیجه نمی‌رسد. چقدر باید خسته شوم چقدر اذیت شوم تا یک کاری‌که برای خیلی‌ها راحت انجام می‌شود برای من با دشواری زیاد آیا انجام شود یا نه ! از اتفاق‌هایی که در زمان دانشجویی برای من افتاد، از ازدواج کردنم، که ابتدا با چه مشکلاتی مواجه شد، از استخدام در صنعت نفت و شرایط سخت به وجود آمده برای رسمی شدن، از ارتقاء پست سازمانی در شرکت آریا که چقدر جنگیدم و اذیت شدم تا توانستم، از گرفتن پروانه ساختمان و از وام مسکن مهر که نشد و از پایان نامه ارشد که به چه مشکلاتی بر خوردم و خیلی کارهای دیگر که یادم نمی‌آید و همین کارها را خیلی ها که سراغ دارم بدون هیچ زحمت و دغدغه‌ای انجام دادند ولی من این قدر سختی کشیدم. اگرچه این سختی‌ها بر تغییر مسیر زندگی من و بهبود شرایط زندگی بسیار موثر بود ولی خدایا اگر امکان دارد کارها را بر من آسان‌تر گردان و کمکم کن که در راه تو قدم بردارم. مطمئنم این شرایط به خاطر این نیست که گاهی من از یاد تو غافل می‌شوم که تو بسیار بزرگوارتر از آنی که من تصور کنم که احتیاج به عبادت من داشته باشی و ناراحت شوی که این خود نوعی نیاز است و تو بی‌نیاز مطلقی. عبادت تو در واقع ابراز نیاز ماست وگرنه انجام ندادن آن معاذالله هیچ بی‌احترامی بر تو نیست و تو احتیاجی به آن نداری. نمی‌دانم شاید در گذشته کاری‌کردم که منجر به این سختی ها شده است شاید دین کسی برگردن من است. من سعی کردم خیلی از اشتباهاتی که حتی در زمان کودکی انجام دادم را جبران کنم. البته شاید کافی

نبوده. خواهش می کنم اگر کسی برمن حقی دارد، به‌گونه‌ای به من نشان دهی تا آن را ادا کنم که مسلما عدالت تو ایجاب می کند از حق بندگان نسبت به دیگران نگذری. تو بزرگی و بر هر کار توانایی. لطف تو بر هرکه تو خواهی شامل می‌شود. ای توانای مهربان لطفت را بیش از پیش شامل من و فرزندانم قرار فرما که این بنده گناه کار و زیاده خواهت فقط از تو درخواست دارد و بس.

بچه‌های عزیزم سخن‌های گفته شده در بالا درد و دلی بود بین من وخدا. ولی این را بدانید که تا جایی که من می‌دانم اگر خیلی از آن سختی‌ها و مشکلات نبود، من به بسیاری از داشته‌های امروز دست نمی‌یافتم. اگر آن اتفاق‌های ناگوار برای من نمی‌افتاد، شاید من اکنون همین شرایط فعلی زندگی را هم نداشتم. من شکایت از این ندارم که چرا سختی کشیدم، درد و دل می کنم که شاید از نظر من اگر این سختی‌ها کمتر از آنچه که بر من روا شد، می‌بود، شاید همین نتیجه هم حاصل می‌شد و شاید هم نه. البته در حکمت حق معاذالله شکی نیست و این گفته‌ها فقط احساس من از رنجی است که برمن به واسطه این اتفاق‌ها وارد شد. خدا شاهد است که من معترض نیستم بلکه مثل آن شخص است که می‌داند به حق مجازات می شود ولی برحق بودن، دلیل بر این نمی‌شود که درد نکشد و ناله نکند. مسلما اجرای حق در برخی مواقع تلخ است. انشالله طرح این موضوعات باعث شود که به جای این‌که از تجربه تلخ خودتان در زندگی درس بگیرید، از تجربیات تلخ دیگران عبرت گرفته و در طول زندگیتان از آن‌ها استفاده کنید.

۱۳۹۲/۰۵/۱۲

دایی بهمن

پریروز جمعه صبح که از خواب بیدار شدم، تلفن زنگ خورد و خبر دادند که دایی بهمن به رحمت خدا رفت. خدا بیامرزش. خیلی داییم را دوست داشتم. هر وقت می‌دیدمش از صحبت با او لذت می‌بردم. یک انسان به تمام معنا بود. آرزو می‌کنم هر جا هست خوش و خرم باشد. مادرم اصفهان نبود. خودم رفتم باغ پدرم تا به مادرم خبر بدم. نمی‌خواستم کسی دیگه به او بگوید شاید شنیدن این موضوع برای او خطرناك باشد. رفتم و البته تا من را دید موضوع را فهمید. ولی خیلی با او حرف زدم. از این‌که مرگ چیست و قرار نیست که ما اینجا بمانیم. از این‌که چیزی نگوید که اعتراض به حکمت خداوند باشد. در کار خداوند "چرا" معنی ندارد. هرچه اراده او باشد خواهد شد و بس. هیچ قدرتی هم نمی‌تواند در اراده خدا تغییری به وجود بیاورد. مرگ را اگر از یک جنبه دیگه به آن نگاه کنیم، اتفاقاً نعمت خیلی خوبی هم هست. با مرگ هست که انسان از این کالبد جسم خارج و آزاد می‌شود. حقایق را تازه آن موقع می‌فهمد و زندگی واقعی را شروع می‌کند. برای همین است که می‌گویم باید در این چند صباح اندك زندگی مجازی دنیوی، سعی کنیم مرتبه‌ای که قرار است در آن برای ابد زندگی کنیم را انتخاب کنیم. یکی با سعی و تلاش و نشان دادن ارزش‌های انسانی در زندگیش، سطح یا level خودش را برای زندگی ابدی، خیلی بالا درنظر می‌گیرد و خوشا به حالش. یکی هم با پرداختن به مادیات و چیزای بی ارزش زندگی، یک سطح پایین برای زندگی ابدی برای خودش انتخاب می‌کند. زندگی واقعاً مثل یک بازی است که دور اول دور سطح بندی است. هرکس در این کنکور نمره‌اش بالاتر شد، می‌تواند وارد مراتب بالاتر زندگی ابدی بشود. البته کنکورش احتیاج به سطح خاصی از دانش و سواد

ندارد، هرکسی با هر درجه دانشی در این کنکور چند ساله شرکت می‌کند و برای
ورود به این امتحان سطح همه یکسان است. همان طور که گفتم بعضی افراد با
انتخاب روش‌های درست حل مسائل، سطح زندگی ابدی خودشان را بالا انتخاب
می‌کنند و بعضی‌ها هم با توجه نکردن به روش‌های درست حل مسائل درحالی که
می‌دانند روش درست چیست اما به خاطر یک سری راحتی‌های صوری و زود گذر
به مسائل و روش‌های دیگر می‌پردازند و سطح زندگی ابدی خود را پایین تر انتخاب
می‌کنند. در نهایت همه وقتی سطح بندی می‌شوند منظورم این است که وقتی از
این دنیا می‌روند، پشیمان و ناراحت هستند و همین درجه پشیمانی هم فرق
می‌کند. حتی آن‌هایی که سطوح بالا قبول می‌شوند هم ناراحت و پشیمانند که
ای کاش سعی بیشتر می‌کردند تا باز به درجات بالاتر می‌رسیدند. کمتر کسانی
هستند که بتوانند به بالاترین درجات زندگی اصلی برسند، ولی هرچی تلاش
بکنید می‌توانید بالاتر بروید، محدودیتی وجود ندارد و آن‌هایی که در سطوح پایین
زندگی انتخاب می‌شوند پشیمان از این‌که چرا کمی سعی نکردند تا به سطح بهتری
از زندگی ابدی نائل بشوند. فرزندان عزیزم این‌ها داستان و قصه نیست واقعیت
است. دلم می‌خواهد خیلی زود این موضوعات را درک کنید و در همین مسیر که
می‌گویم حرکت کنید که به خدا خیر دنیا و آخرت را در پیش خواهید داشت. من
به عنوان پدر مگر غیر از این است که بهترین‌ها را برای شما می‌خواهم؟ پس بدانید
هیچ وقت از شما کاری را نمی‌خواهم انجام بدهید که برای شما سود و منفعتی
نداشته باشد. به قربان شما بروم، حرف بابا را گوش کنید که هیچ کس به اندازه
من و مادرتان شاید خیر و صلاح شما را نخواهد.

۱۳۹۲/۰۵/۲۷

۱۰ راز سربلندی انسان

دختر و پسر عزیزم، امروز می‌خواهم یک رازی را برای شما بگویم که خیلی‌ها شاید از آن خبر نداشته باشند یا در موردش شک دارند. اما اگر قبول داشته باشید که من بهترین چیزها را برای شما آرزو می‌کنم و از خدا همیشه بهترین‌ها را برای شما می‌خواهم و قبول داشته باشید که خوشحالی و سربلندی شماست‌که من را خوشحال و سربلند می‌کند، آن وقت می‌توانید به حرف من اعتماد کنید تا حرف کسی دیگری مثل دوستانتان که موفقیت شما شاید برایشان هیچ اهمیتی ندارد. امروزه این‌که انسان به کی باید اعتماد کند و از چه کسی حرف‌شنوی داشته باشد بسیار مهم است. البته خیلی از پدر و مادرها هم هستند که راهنمایی اشتباه به فرزندانشان می‌کنند. ولی نمی‌دانم اگر شما من را به عنوان یک پدر فهمیده قبول دارید، پس موضوعی را که به شما می‌گویم را با جان و دل قبول کرده و به آن عمل کنید تا همیشه از نتیجه آن منتفع بشوید:

نصیحت گوش کن جانا که از جان دوست‌تر دارند   جوانان سعادتمند پند پیر دانا را

حافظ

بابا! همیشه در زندگی راست بگویید و از حرف راست هراس نداشته باشید. خدا می‌داند که هیچ وقت پشیمان نمی‌شوید.

بابا! همیشه در زندگی به قول و قراری که می‌گذارید عمل کنید. وفای به عهد با هر کس حتی با خدا بسیار مهم است.

"وفا و عهد نکو باشد ار بیاموزی"

بابا! همیشه در زندگی طرفدار حق باشید حتی اگر به نفع شما نباشد.

بابا! همیشه در زندگی تا آنجا که می‌توانید به دیگران کمک کنید.این یکی از خصوصیات بارز انسان بودن است.

بابا همیشه در زندگیتون بر اساس عقل و منطق رفتار کنید و از رفتارهای احساسی در همه موارد شدیداً پرهیز کنید. حتی در مورد مرگ پدر و مادر. شاخص اصلی یک انسان، عقل و منطقش است پس لازم است که در همه موارد از این خصوصیت بارز استفاده کند. شاید بعضی ها با یک سری استدلال‌های نادرست، یک عمل اشتباه را منطقی نشان بدهند پس تلاش کنید استدلال‌های شما همیشه درست باشد و برای این‌که آن قضیه با عقل و منطق خودتان جور در بیاد، فقط به یک یا دو مورد از دلایل اکتفا نکنید. بعداً برای شما می‌گویم که چطور بعضی استدلال‌ها اشتباه هستند و با وجود فکر کردن، انسان را به جای این‌که ارتقاء بدهند، بیچاره می‌کنند.

پـیـر، پیـر عقـل بـاشــد ای پسـر   نـه سپیـدی مـوی انـدر ریش و سر

مولانا

بابا همیشه در زندگی بدنبال راههایی باشید که انسانیت شما را نشان می‌دهند. مواظب باشید یک بار به خاطر امور بی‌ارزشی مثل مادیات، خصوصیات انسانی خود را کمرنگ نکنید. همواره به دنبال یادگیری و انجام کارهای نیک باشد.

"وگر نه هرکه تو بینی، ستمگری داند"

بابا همیشه در خط راست حرکت کنید. وقتی در یک جاده مستقیم که پیچ و خم نداره، حرکت کنید، نگاه می‌کنید اگر آخرش روشنایی دیدید، مطمئن هستید که مسیر را درست می‌روید و اگر آخر جاده تاریک بود و هیچ روشنایی ندیدید به آن سمت نمی‌روید. کسانی که در جاده‌های پر پیچ و خم حرکت می‌کنند و راه راست را انتخاب نمی‌کنند، آخر مسیرشان را نمی‌دانند که چه هست و در شک و شبهه هستند. مقصد حرکت در یک مسیر مستقیم مشخص است، پس انسانی که در این مسیر حرکت می‌کند از همان اول تکلیف خودش را می‌داند. مسلماً جایی که معلوم باشد آخرش تاریک است عقل حکم می‌کند که کسی نرود.

"در صراط مستقیم ای دل کسی گمراه نیست"

بابا همیشه در رفتارهایتان، ادب فراموش نشود. هیچ وقت به خاطر غرور بیجا، از رفتار محترمانه و مؤدبانه دور نشوید. هر چند که بعضی جاها در مقابل بعضی افراد شاید غرور لازم باشد. ولی عمدتاً عقل حکم بر ادب می‌کند. چه در سلام کردن تا همه مراحل زندگی. ادب چیزی است که اگر به کسی هم یاد نداده باشند فقط کافی است که به عقل رجوع بشود تا انسان بتواند رفتار مؤدبانه‌ای داشته باشد. هر کس خودش می‌داند که باید چطور مؤدبانه رفتار کند.

"ادب مرد به ز دولت اوست"

بابا همیشه در زندگیتون صبور باشید. در خیلی از کارها عجله نکنید (فقط صبر در کارهای خوبه که لازم نیست). اگر خدای نکرده مشکلی برای شما پیش اومد، صبر پیشه کنید. یکی از راه‌حل‌های مهم حل مشکلات، صبر هست. خیلی وقت‌ها

با صبر کردن، خیلی راه‌حل‌های جدید و بهتر به دست می‌آید. برای همین است که می‌گویند اگر از چیزی خیلی ناراحت شدید همان موقع عکس العمل نشان ندهید و صبر کنید. برای این که صددرصد بعدا می‌فهمید که چه کارهای بهتری در مورد آن قضیه می‌توانید انجام بدهید و چه کار خوبی کردید که صبر کردید.

"بر زمستان صبر باید، طالب نوروز را"

راستی یکی از اصول مهم رانندگی هم صبر هست.

در تمام این موضوعاتی که برای شما گفتم، هیچ اشاره‌ای به این که خدا را پرستش کنید و نماز بخوانید یا چطور عبادت کنید، نکردم. اگر این چیزهایی را که گفتم گوش کنید و بهشون عمل کنید خودتان می‌فهمید که آیا لازم هست خدا را پرستش کنید؟ چطور از خدا به خاطر این همه لطفی که در حق ما داشته، تشکر کنیم؟ آیا تشکر از این همه چیزی که خدا به ما داده، نشان دهنده ادب ما نیست؟ آیا عقل و منطق حکم نمی‌کند که ما برای زندگی ابدی به این دنیا آمده‌ایم؟ پس آیا نباید برای آن دنیا خودمان را آماده کنیم؟ آیا پیروی کردن از بزرگان راستین طریقت به خاطر این نیست که چون آن‌ها بهترین نمونه انسان در پندار و گفتار و رفتار نیک هستند، پس ما هم باید سعی کنیم مثل آن‌ها باشیم؟ ببینید تمام این چیزها از نظر یک سری آدم نادان، دین‌گرایی هست و به قول آن‌ها در این عصر جدید دیگه دین‌گرایی منسوخ شده! این افراد اگر حتی سخنی درست هم در

قالب دین گفته شده باشد را نفی می‌کنند و چون در قالب دین عنوان شده کلاً، مترود می‌پندارند. البته هر آنچه امروز در دین تبلیغ می‌شود، اگر خلاف جهت انسانیت باشد را قطعاً باور نکنید. اگر دین ابلاغ احکام خداست، پس احکام خدا جز اجرای رفتارهایی مورد قبول به عنوان یک انسان نیست، بنابراین هرجا که تناقضی بین یک رفتار انسانی و احکام دینی دیدید،قطعاً بدانید که آن تحریف دین در جهت کسب منفعت شخصی است.

این تحریف حتی می‌تواند از طرف برخی بزرگان مبلغ دینی باشد که خود را پیامبر نامیدند چه رسد به سایر مبلغان دینی بعد از آن‌ها. بنابراین هدف اصلی، انجام رفتار درست است، چه در قالب دین‌گرایی چه در قالب یک تفکر انسانی. بعضی‌ها بدون فکر کردن و یا صرفا با گوش کردن به حرف یک سری افراد نادان، سعی می‌کنند ما را از یک سری کارها بازدارند با گفتن این‌که این تفکر نشانه عقب افتاده بودن است و یا از این چرت و پرت‌ها... درصورتی که عقب‌مانده خودشانند که حاضر نیستند کمی در مورد این حرف‌هایشان فکر کنند! حدس می‌زنم روزی که شما این صحبت‌های من را می‌خوانید شاید این‌چنین تفکری رواج داشته باشد. دلم می‌خواهد که خودتان باشید نه آن چیزی که دیگران از شما می‌خواهند. اگر کاری از نظر شما درست است، اگر هزاران نفر هم نظری دیگر داشته باشند، شما کار خودتان را بکنید. شما مثل هیچ کس دیگر نیستید. شما فقط خودتان هستید.

قرار نیست از کسی تقلید کنید فقط به عقلتان رجوع کنید و سعی کنید آن را پرورش بدهید تا راه درست را از راه نادرست بهتر از دیگران تشخیص بدهید. انشاالله...

به قد و چهره هر آنکس که شاه خوبان شد   جهان بگیرد اگر دادگستری داند

حافظ

قربانتان بروم.

۱۳۹۲/۰۵/۲۹

ارزش داشته‌ها

درود بر دو گل عزیز بابا

دیروز از اهواز برگشتم، رفته بودم مراسم خاك سپاری خاله‌ام، خدا بیامرزدش و روحش شاد باشد. چهل روز قبلش هم دایی‌ام به رحمت خدا رفت. اگرچه با توجه به شرایط کاری خاصی که این روزها دارم خیلی برام مقدور نبود که برای مراسم ختمش برم ولی به احترامی که برای او قائل هستم تصمیم گرفتم یک روزه از اصفهان به اهواز بروم و برگردم. وقتی به اهواز و مراسم خاك سپاری رفتم با دیدن همسر و بچه‌هایش که چطور سر قبر مادرشان نشسته و گریه می‌کردند، یک موضوعی را آن موقع شاید خوب درك کردم که به نظرم ارزش فهمیدن یا درك کردنش خیلی زیاده و حالا خدا را شکر می‌کنم که توانستم بروم و غیر از ادای وظیفه، این درس مهم را هم یاد گرفتم. امیدوارم همیشه توی زندگیم یادم باشد و برای شما هم می‌گویم تا شما هم از این درس مهم توی زندگیتان استفاده کنید.

عزیزانم اگر یادتان باشد من چند وقت پیش داشتم از خدا گله می‌کردم از سختی‌های زندگی از کم شانسی‌های زیادی که برام اتفاق افتاد از ضرر و زیان‌های مالی که به دلایل متعدد در این شرایط بی‌ثبات اقتصادی مملکت متحمل شدم و موارد بسیار دیگر. ولی در این مراسم فهمیدم که خدا به من موهبت‌هایی داده که اگر خدای نکرده یکی از آن‌ها از من گرفته شود ارزش هرکدامشان اصلاً قابل مقایسه با این حرف‌ها نیست. چیزهایی که خیلی از کسانی که حتی زندگی مرفه‌ای دارند، آرزویش را می‌کنند. ما خیلی وقت‌ها فراموش می‌کنیم که چه داریم. فقط می‌گوییم که چه نداریم. مثل این است که یکی یک بنز آخرین مدل

داشته باشد ولی ناراحت باشد که چرا یک اسکیت بورد ندارد! من فهمیدم که خدا به من نعمت بودن و زندگی کردن داد و به من اجازه داد که در این زندگی کوتاه بتونم برای زندگی ابدیم تصمیم بگیرم، خدا به من نعمت سلامتی را داد، خدا به من نعمت داشتن پدر و مادر داد، خدا به من دو فرزند سالم و انشا... صالح داد که با هیچ چیزی در زندگیم قابل مقایسه نیستند و عوضشون نمی‌کنم حتی با سلامتیم، خدا به من یک زن خوب داد که در زندگیم کنارم باشد و در مشکلات زندگی سنگ صبورم باشد، خدا به من نعمت فکر کردن داد، تا از آن برای ارتقاء سطح انسانیتم استفاده کنم. حالا به نظر شما من نمی‌توانم بگویم که واقعاً چقدر متمکن هستم؟ من نمی‌توانم بگویم که در واقع من همه چیز دارم و باید قدرآنها را بدانم؟ آیا نمی‌توانم بگویم که من با ارزش‌ترین چیزهایی که یک انسان می‌تواند داشته باشد را دارم؟ خدایا تو را شکر می‌کنم به خاطر این همه نعمت که به من دادی و من ناشکر، قدرشان را ندانستم. خدایا من را ببخش اگر ناشکری کردم که من، بنده نادان توام. خدایا تو به بزرگی و مهربانی خودت این بنده حقیر را ببخش، حرف‌های اشتباهی که زدم و کارهای اشتباهی که کردم یا می‌کنم را ببخش. خدایا اگر چیزی به من ندادی هم شاید به صلاح من بوده. ولی خدایا خودت می دانی‌که من بعضی وقت‌ها احساساتم بر فکرم شاید غلبه بکند، خیلی وقت‌ها نیازهای جسمی باعث می‌شود که نیازهای روحی را برآورده نکنیم. خدایا من را ببخش هر جا که باید به عنوان یک انسان کاری می‌کردم و نکردم. خدایا من اشتباه زیاد داشتم، خودت کمکم کن که آن‌ها را اصلاح کنم و بتونم بر نیازهای جسمی بیشتر غلبه کنم تا به آن چیزی که باید به عنوان یک انسان واقعی انجام بدهم، بپردازم.

۱۳۹۲/۰۷/۶

آینده بشریت

زمین ما مثل یک قایق است که همه موجودات زنده در آن سکونت دارند. حال اگر مثلاً در یک کشوری موضوع حفظ محیط زیست و جلوگیری از آلودگی هوا بسیار با اهمیت باشد آیا دیگر هیچ مشکلی برایشان رخ نخواهد داد؟ اگر این‌گونه فکر می‌کنند، سخت در اشتباهند. چرا که حاکمان کشورهای دیگر که به دنبال ماجراجویی و ثروت اندوزی حتی در گوشه‌ای دیگر از این سیاره هستند، در واقع با آسیب رساندن به محیط زیست و آلوده کردن هوا، مشغول سوراخ کردن این قایق هستند که در نهایت با سوراخ شدن آن همه ساکنان این قایق بزرگ غرق خواهند شد.

در این شرایط آیا وجود یک سازمان حاکم متشکل از دانشمندان و فلاسفه که صلاح نسل بشر را بهتر از دیگران می‌دانند احساس نمی‌شود؟ آیا نباید همه جوامع بشری را ملزم به رعایت استانداردهای تعریف شده توسط دانشمندان کرد؟ در حال حاضر استقلال کشورها منجر شده که در هر کشوری بدون رعایت صلاح جمعی، هر عملی که حاکمان آن لازم بدانند انجام دهند. یک کشور مثل چین برای به دست آوردن بازار جهانی باعث آلودگی هوا شود، کشور دیگری برای افزایش قدرت نظامی بدنبال تولید بمب هسته‌ای است، کشور دیگری محصولات بی‌کیفیت آلوده کننده می‌سازد و...

آیا نباید از هم اکنون به فکر این مشکلات بود؟ اگر گازهای گلخانه‌ای با گرم کردن زمین، یخ‌های قطبی را به همین روالی که درشرف انجام است، آب کند و باعث ایجاد تغییرات اقلیمی شدید شود، چقدر زمان لازم است تا دوباره این روند به

حالت قبل برگردد؟ چند هزار سال؟ آیا وقتی ما در حال حاضر جایی بهتر از زمین خودمان برای زندگی راحت و کم هزینه پیدا نمی‌کنیم، در کهکشان‌ها به دنبال چه می‌گردیم؟ آیا جایی بهتر از زمین پیدا خواهد شد و اگر پیدا شود، چند نفر را می‌توان به آن‌جا منتقل کرد؟

آیا ما نباید کمی بهتر از گوسفندان به اتفاقات اطرافمان زودتر پاسخ دهیم قبل از آن که دیگر کاری نتوان کرد؟؟؟

احترام به پدر و مادر

درود به فرزندان عزیزم

امشب دوشنبه ۱۵ مهر ۱۳۹۲ درحالی‌که دارم این نامه را می‌نویسم، چند روزی هست که با مادرتان قهرم. این دفعه خیلی از کارش ناراحت شدم. من شاید سعی می‌کنم در مورد خیلی از دلخوری‌هایی که در خانه بین من و همسرم پیش می‌آید، حساس نباشم ولی در مورد هرگونه بی‌احترامی به مادرم خیلی حساسم. روز چهارشنبه که رفته بودیم خانه مادرم، وقتی برگشتیم مادرتان گفت که خانواده من روز جمعه برای ناهار به خانه ما می‌آیند. کم کم شروع کرد به نق زدن که "چرا میان و من می‌خواهم روز جمعه برم بیرون" و از این حرف‌ها. من خیلی اهمیت ندادم و گفتم ای بابا طوری نیست مگر قراره چه کاری بکنیم. ولی آن ادامه داد تا جایی که پنجشنبه شب گفت که نباید خانواده‌ات بیایند و من خودم به آنها می‌گویم که نیایند! من خیلی ناراحت شدم. به او گفتم تو این کار را نمی‌کنی و بعد هم رفتم خوابیدم. همان موقع به خواهرم پیام دادم که فردا نیایند ولی به او نگفتم که چه اتفاقی افتاده. نمی‌خواستم بیایند و مادرشما حرفی بزند و باعث ناراحتی مادرم بشود. صبح جمعه هم من خودم رفتم خانه مادرم و تا بعدازظهر آنجا بودم. تا الان هم باهاش صحبت نکردم. با آن کاری‌که کرد، نه تنها برنامه‌ریزی‌اش برای جمعه‌ای که یعنی می‌خواست برود بیرون بهم خورد، روزهای بعد هم، روز خوبی نبودند. البته با وجود ناراحتی زیادی که دارم، حرفی نمی‌زنم یا کاری نمی‌کنم که باعث بشود دیگران بر علیه خودم استفاده کنند. یک چیز جالب که خوب است بدانید، این است که در این چند روز مادرتان حاضر بود اینقدر خودش را ناراحت کند و غذا نخورد و ..... ولی غرورش اجازه نداد که یک معذرت خواهی کوچک بکند!

مطمئناً اگر این کار را می‌کرد من آدمی نبودم که ادامه بدهم

چندتا نکته در این حرف‌ها که زدم را می‌خواهم برای شما بگویم:

اول این‌که قبل از هر حرفی در مورد آن چیزی که می‌خواهید بگویید، فکر کنید و عواقبش را بسنجید.

دوم این‌که اگر حرف اشتباهی زدید یا کار اشتباهی کردید، سریع معذرت خواهی کنید و سعی کنید دیگه آن کار را انجام ندید. چون تکرار آن کار اشتباه، ارزش عذر خواستن شما را هم از بین می‌برد.

سوم این‌که هیچ وقت غرور شما باعث نشود که کار درستی را انجام ندید. چون غرور باعث بدبختی انسان می‌شود.

چهارم این‌که معذرت دیگران را قبول کنید و سعی کنید کینه‌ای نباشید. مخصوصاً در روابط خانوادگی و روابط دوستانه، لجاجت بر سر قهر ماندن آن‌قدر ارزش نداره که خوشی‌های زندگی را با این کار از دست بدیم. مثلاً اگر مادر شما همان روز یا حتی روز بعدش، وقتی من از سر کار می‌رسیدم خانه، خودش می‌رفت و یک چای می‌آورد و بعدش با ملایمت می‌گفت که "از دست من ناراحتی؟ ببخشید من منظور بدی نداشتم". همین جمله کوتاه کافی بود تا تمام این ناراحتی‌ها خاتمه پیدا کند.

پنجم این‌که پدر و مادر خیلی حق به گردن شما دارند. هیچ وقت حاضر نشید به آن‌ها بی‌احترامی بشود. حتی اگر مجبور بشوید با دیگران برخورد کنید. مسلماً حق مادر بسیار بیشتر از این است که خدای نکرده حتی به خاطر همسر، رنجیده

خاطر بشود. امیدوارم خدا کمکم کند تا من هم بتوانم حق پدری را برای شما کامل بجا بیارم.

فرزندانم، این‌مواردی که برای شما گفتم نمونه‌ای غم انگیز از غرور بیجایی است که شخص حاضر نمی‌شود آن را کنار بگذارد و چه زندگی‌ها که فقط به خاطر غرور بیخود و سر یک چیز خیلی ساده مثل این قضیه ممکن است به طلاق منجر بشود.

این‌صحبت‌ها جنبه آموزنده دارند و برای زندگی شما بدرد می‌خورند. پس امیدوارم با استفاده از این درس‌ها، خودتان دیگر آن را، تجربه نکنید.

قدرت انسان در برابر طبیعت

درود به فرزندان گلم

امروز صبح ساعت ۷ و ۴۵ دقیقه ۱۵ بهمن ۹۲ هست و شکر خدا همه خوبیم. عزیزانم برای این‌که سالم و سلامت هستید باید هزاران هزار بار خدا را شکر کنیم. فکر کنم قبلاً هم گفتم همین که بعد از این همه احتمالات و پیچ و مارپیچ‌ها و خطرات مختلف در طول زندگی به این مرحله از زندگی رسیدیم باید هرنفس شکر خدا کرد. آن جریان که ۱۵ مهر برای شما گفتم به شکر خدا با خوشی تموم شد و بدانید که صبر و عدم عکس‌العمل آنی کلید خیلی از مشکلات هست. بالاخره در تمام زندگی‌های مشترك این مشکلات پیش میاد. مهم اینه که چطور با این مسائل برخورد کنیم. انصافاً مادرتان زن خوبی است و جداً می‌گویم یک پایه اصلی در زندگی من مادرتان هست که وجودش برای من باعث امید بود و هست. چند وقت پیش‌ها یک فیلم مستند در مورد گذشته زمین دیدم که می‌گفت علت انقراض نسل دایناسورها برخورد یک شهاب سنگ عظیم به زمین بود که بعدش باعث زمین لرزه‌های شدید و بروز آتشفشان‌های سهمگین شد که خاکستر این آتشفشان‌ها کل هوای کره زمین را پوشاند و نور خورشید دیگه به زمین نتابید و این موضوع باعث تغییرات جوی شدید شد و عصر یخبندان بوجود آمد و نسل خیلی از جانداران حتی آن‌هایی که خیلی بزرگ و قوی بودند، منقرض شد. یک نگاهی به خودمان بیاندازیم و ببینیم که آیا ما از لحاظ توان جسمی به اندازه یک حیوان کوچک قوی هستیم؟ مثلاً تحمل گرما یا سرمای زیاد را داریم؟ اگر خدای ناکرده یک این چنین اتفاقی بیافتد نسل بشر چه کاری می‌تواند انجام بدهد. مثلاً چه

کار خاصی در برابر یک آتشفشان عظیم می‌تواند انجام بدهد یا یک شهاب سنگ عظیم وقتی به طرف زمین بیاید را چگونه می‌تواند مسیر آن را منحرف کند تا به زمین برخورد نکند؟

بشر با این همه باصطلاح پیشرفتی که تا حالا کرده و در آینده هم بسیار بیشتر از این شاید بشود، هیچ وقت در برابر قدرت طبیعت، توان مقاومت نداره. این را گفتم که بدانید هیچ گاه خدا را فراموش نکنید. به خداوند از صمیم قلب اعتقاد داشته باشید و همیشه از او کمک بخواهید. همیشه حق بگویید و از گفتن حرف حق هیچ وقت واهمه نداشته باشید و بدانید که خدایی که زمین با این خصوصیات را برای زندگی بشر آفرید به آنی تمام آن چیزی که داده است را می‌تواند بگیرد. سعی کنیم که به وظیفه اصلی‌مان که همان رفتاری که انتظار میرود از یک انسان واقعی سر بزند، عمل کنیم. سعی کنیم از تمام لحظات عمرمان استفاده کنیم که من مطمئن هستم هرچقدر هم در این راه تلاش بکنیم باز آخرش پشیمان خواهیم شد که ای‌کاش بیشتر تلاش می‌کردیم و به وظیفه مان که نمایش انسان بودن است، بیشتر عمل می‌کردیم.

برای سلامتی عمه مهربان

درود

امروز شنبه ساعت ۹ و نیم صبح دهم خرداد ماه ۱۳۹۳ هست

خدا را شکر می‌کنم از داشتن بچه‌های خوبی مثل شما و همسر خوبی مثل مادرتان و همچنین برای سلامتی شما و خانواده و داشتن پدر و مادر و خواهر و برادر. خدایا شکر به خاطر همه نعمت‌هایی که به من دادی و همیشه اعتراف می‌کنم که لطف تو به من بی‌نهایت بود. خدایا من را ببخش به خاطر کوتاهی‌هایی که در زندگیم کردم. خدایا به لطف و کرمت نعمت‌هایی که به من دادی را بر من ببخش که تو بزرگی و مهربون‌تر از آنچه که ما فکر می‌کنیم. خدایا متأسفم اگر گاهی به جای این‌که از تو بخواهم بطرف خلق روزگار رفتم.

بــه توفـیـق تــوام این‌گونه برپای   براین توفـیـق، توفـیـقی برافـزای

مناجات شیرین در شاهکار نظامی

دختر گلم، خوشحالم که به لطف خدا نمره امتحانت در UCMAS خوب شد که مسلماً به خاطر تلاش مادرت بود و بس. دست مادرتان درد نکند که واقعاً زحمت اصلی را او کشید. از شما می‌خواهم که همیشه حرف مامان و بابا را گوش کنید و درس بخوانید که سعادت شما آرزوی ماست.

پسرم هم که هنوز کوچک است و بعضی اوقات البته اغلب اوقات هم سربه سر خواهرش می‌گذارد و دعوا و داد و قال، در خانه برپا می‌شود. البته خواهرش هم

خیلی وقتا بی تقصیر نیست! امیدوارم به لطف خدا همیشه خوش باشید و خوب و سالم زندگی کنید. بچه‌ها سلامتی در زندگی خیلی مهم است. چند وقتی هست که خواهرم درگیر یک بیماری شده قرار است که سه شنبه عمل کند. من خیلی ناراحتم و مادرم و بقیه هم همین‌طور. امیدوارم به لطف خدای متعال که مورد خاصی نباشد و عملش خوب انجام بشود و بعد از عمل، آن غده بدخیم نباشد. خدایا خودت کمکش کن. بچه‌ها! عمه‌تان واقعاً خیلی زحمت می‌کشد. از وقتی که عاقل شد، روی پای خودش ایستاد. اینقدر که آن چه از نظر مالی و چه غیر مالی به پدر و مادرم کمک کرد، من که پسر بزرگ خانواده هستم، به آن‌ها کمک نکردم. آن ستم کش می‌رفت قرض می‌کرد یا وام می‌گرفت و به پدرم می‌داد و قرض و قسط وام را هم خودش پرداخت می‌کرد. بارها دیدم که طلبکارا نش زنگ می‌زدند و با لحن بد درخواست پول می‌کردند. او چقدر تحت فشار بود و من هیچ کاری نمی‌توانستم برایش بکنم. با تمام مشکلات و بی پولی‌ها بالاخره توانست جواز کسب فروش تجهیزات پزشکی را بگیرد. اول یک دفتر کار از یکی از اقوام اجاره کرد که چقدر اذیتش کردند بعد از آنجا یک مغازه اجاره کرد و دو سه ماهی هست که به نظر کمی کار و بارش بهتر شده و می‌تواند بدهی‌هاش را البته بدهی‌های پدرم را تسویه کند. هنوز چند ماهی از اجاره مغازه جدیدش نگذشته که حالا یک عمل جراحی دارد. خدایا تو مهربان و توانای مطلقی. خدایا بزرگی فقط از آن تو است و بس.

خدایا به لطف و کرمت به بزرگی و توانایی خودت و به کوچکی و ناچیزی من که هر دو در حد بی‌نهایت هستند، تو را قسم می‌دهم که لطفی بفرمایی و به‌خواهر من کمک کنی، عملش با موفقیت انجام بشود.

خدایا او خیلی تلاش کرده و لطفاً کمکش کن. الهی امید. من پنج روز نذر می‌کنم که روزه بگیرم برای سلامتی خواهرم.

ای کریمی که از خزانه غیب، گبر و ترسا وظیفه خور داری

دوستان را کجا کنی محروم تو که با دشمن این نظر داری

سعدی شیرازی

سالم و تن درست باشید.

یک احساس بد

امروز یکشنبه، ۲۵ خرداد ماه ۱۳۹۳ ساعت ۷ و ۲۰ دقیقه صبح است. چند موضوع بود می‌خواستم در مورد آن‌ها صحبت کنم. اول این‌که‌خواهرم عمل کرد و عمل سختی هم بود و شکر خدا الان حالش خوب است. قرار است فردا نتیجه آزمایش پاتولوژی آن توده را که بیرون آوردند را بدهند انشاا.. که نتیجه آن آزمایش بد نیست و یکی از دغدغه‌های زندگی و مشکلات خانواده ما هم کم بشود. به زندگی که نگاه می‌کنم می‌بینیم چقدر ما همیشه با مشکلات و موانع روبرو هستیم. هنوز از یکی فارق نشده، مشکل و مانع بعدی به سراغمان می‌آید. البته این موضوع قرار است که طبیعت انسان باشد. انسان در رنج و زحمت آفریده شده. مطمئن باشید آدم بی‌درد وجود ندارد. بچه‌ها ما در حال حاضر اجاره نشین هستیم و خانه نداریم. من قبل از ازدواج یک واحد آپارتمان ۸۰ متری خریدم ولی بعد از تولد شما دیدم که به درد من نمی‌خورد. نه جایی برای بازی شما در داخل خانه و نه جایی بیرون از آن وجود دارد. با همسایه‌های آن‌جا هم راحت نبودیم. هر روز مشکل آب و پارکینگ و سر و صدا و...

تصمیم گرفتم آن را بفروشم و یک پلاک زمین بخرم تا بعداً آن را بسازم و شما راحت باشید. حدود ۹۰ میلیون آن آپارتمان را فروختم و ۵۰ میلیون هم وام گرفتم تا توانستم یک پلاک زمین ۱۷۰ متری در مرداد ماه سال ۱۳۹۰ بخرم. دیگر هیچ پولی نداشتم. برای رهن خانه با پیشنهاد مادرتان مجبور شدم طلاهای او را بفروشم و خانه فعلی را که بسیار کوچک است و اصلاً جا مخصوصاً برای بازی شما ندارد را اجاره کنم. حدود ۲ سال از زمان اجاره می‌گذرد و من مانده‌ام با یک زمین

و مانده بدهی وام‌های قبلی. برای ساخت آن تا مرحله سفت کاری‌حدود ۱۰۰ میلیون تومان نیاز است که من فقط ۵۰۰ هزار تومان توانستم تا اکنون در حساب پس اندازم ذخیره کنم! مثل یک جوك است مگر نه؟ می‌ترسم که نکند نتوانم زمین را بسازم. آخر قیمت‌های ساخت هم یک‌دفعه بالا رفته است. مجبورم وام بگیرم. تا حالا که به بانک‌های مختلف مراجعه کردم از هیچ کدام نتیجه نگرفتم. حالا این مشکلات را که گفتم به کنار، دیروز عصر بابام بعد از دو ماه به من زنگ زد. طبق معمول می‌دانستم که پول می‌خواهد. نمی‌توانم به او بگویم که ندارم یا نمی‌دهم. تصمیم گرفتم که گوشی را جواب ندهم. حدود ۱۰ بار زنگ زد. از مادرم که موضوع را پرسیدم گفت که بله موتور پمپ آب باغ خراب شده است و باید آن را درست کند و حدود ۴ الی ۵ میلیون هم پول می‌خواهد. می‌دانم که چه می‌خواهد بگوید. طبق معمول "این پول را قرض کن می‌دانم که خودت هم نداری، من قرار است که یک وام بگیرم، وقتی گرفتم آن را به تو می‌دهم" که البته این موضوع تا حالا واقعیت نداشته و من هر وقت پولی دادم یا قرض کردم یا وام گرفتم و به پدرم دادم هیچ وقت پس نداد. همین حالا که دارم این موضوع را می‌نویسم به من دوباره زنگ زد! خدایا چه کار کنم. من مانده‌ام و بدهی وام‌هایی که خودم گرفتم و حالا انتظار پدر...

من مطمئنم که او در حال حاضر در یک وضعیت خیلی بدی قرار گرفته وگرنه هیچ وقت به من زنگ نمی‌زد. چون از من توقع دارد و من نتوانستم توقعات او را برآورده کنم. مجبور شدم هیمن الان تلفن را روی حالت پرواز بگذارم. خدایا چه کنم. چه جوابی دارم به او بدهم. از تو بارها خواهش کردم که به من کمک کنی تا به دیگران کمک کنم. خواهش کردم کمکم کنی تا کمی از دین پدر و مادرم را ادا کنم. خدایا

تو خود می‌دانی که من ندارم و اگر هم قرض کنم و به او (پدرم) بدهم احتمال خیلی زیاد مثل دفعات قبل پس نمی‌دهد. خدایا می‌دانم که دل او را شکستم. دلم می‌خواهد که گریه کنم. بچه‌ها من نتوانستم حق پدر و مادرم را حتی کمی بجا بیاورم. من نتوانستم حتی ماهیانه ۵۰ هزار تومان به مادرم بدهم. نمی‌دانم باید چه کار کنم. این پول کثیف که می‌توانست جلوی شرمنده بودن من را بگیرد و من ندارم. من مانده‌ام تنهای تنها ...از این ناراحتم که پدرم در مورد من چه فکری می‌کند. از این ناراحتم که انتظار دارد و این حق اوست. از این ناراحتم که بارها خواستم که برای مادرم کاری بکنم و نتوانستم. از این ناراحتم که پدرم الآن آهی می‌کشد و من شرمنده نمی‌توانم به او بگویم که پدر به پیر، به پیغمبر من ندارم. خدایا برای او قرض کنم، زن و بچه‌ام را چه کنم. به بچه‌هایم فکر کنم، پدر و مادرم را چه کنم. خدایا تو که خزائن آسمان‌ها و زمین در دست توست. خدایا تو که کافی است بر انجام کاری اراده کنی، همان خواهد شد. خدایا تو می‌دانی ما نیازمندیم و دست به سوی تو دراز کرده‌ایم. خدایا تو که بی نیاز مطلقی و در قبال آنچه می‌دهی توقع انجام کاری را نداری. خدایا شرمنده از این‌که بنده خوبی برایت نیستم و نبودم. خدایا رحمی بر من بیچاره کن. کمکم کن که شرمنده پدر و مادر و خانواده‌ام نشوم. خدایا دستم به دامنت. خدایا پدرم را چه کنم.

بچه ها یک اعتراف بکنم. بابام برای من خیلی کارها کرد. یادم هست سالیان پیش که من کوچک بودم بابام من را خیلی دوست داشت. همیشه ناز من را می‌کشید و به من می‌گفت پروفسور! انصافاً خیلی کارها هم برای من کرد. زمانی که هیچ کس کامپیوتر نداشت برای من ۷۰۰ هزارتومن سال ۱۳۷۳ یک کامپیوتر قسطی خرید

که آن موقع پول یک پلاك زمین بود. وقتی که دانشگاه رفتم سال ۱۳۷۴ بود و پول دانشگاهم را البته به سختی داد. ولی اواخر دانشگاه بود که کم کم تغییر کرد. آخر، خواهر بزرگم هم دانشگاه رشته صنایع فرش می‌رفت که خیلی گران‌تر از رشته من بود (حدود ۱۲۰ هزار تومان برای هر ترم). و مجبور بود که پول هر دوی ما را بدهد. یادم هست که یک روز به من گفت برو و خودت کار کن دیگر پول ندارم برای دانشگاهت بدهم. من با یکی از هم کلاسی‌هایم می‌رفتیم ایزوگام خانه‌ها را انجام می‌دادیم. من به هیچ عنوان ناراحت نیستم. مطمئن هستم که اگر داشت می‌داد. از وقتی که بابام بعد از بازنشسته شدن از شرکت نفت رفت توی کار باغ‌داری، از آن روز، هم خودش را و هم ما را بیچاره کرد. هر چه داشت را خرج آن‌جا کرد. حتی می‌خواست خانه راهم بفروشد که این بار با مخالفت همه اعضاء خانواده روبرو شد و این یک کار را دیگر نکرد! باید بگویم یک جورایی ورود پدر من به کار باغ‌داری باعث بدبختی خانواده‌اش شد. آن قدر قرض و بدهی بالا آورد که خواهر کوچکترم بیچاره مجبور شد برای او بارها وام بگیرد. برایش وام می‌گرفت و اقساط وام را خودش می‌داد و به خاطر همین بدهی‌هایی که به خاطر پدرم بالا آورد، خیلی دچار دردسر شد. هر روز یک طلبکار زنگ می‌زد. اقساط بدهی وام‌هایش را که نمی‌داد، از ضامن‌هایش برداشت می‌شد و هر روز با آن‌ها جنگ و دعوا داشت. من هم کاری نمی‌توانستم بکنم. اصلاً مشکل بیماری که برای خواهرم اتفاق افتاد به خاطر همین مشکلات عصبی بود که با آن مواجه شد. بابام هم فقط قرض می‌کند و کاری‌ندارد که چه طور باید پس بدهد! همین اتفاقات و شرایط باعث شد که رفتارش هم با دیگران بد بشود.

ولی باتمام این اوصاف، این موضوع چیزی از حق پدر و مادر بر گردن فرزند را کم نمی‌کند. خدایا چه کنم. ای کاش داشتم و می‌توانستم کمی از زحماتی را که برایم کشیدند را جبران کنم. خدایا از تو خواهش می‌کنم، به تو التماس می‌کنم، اسباب کمک کردن به پدر و مادرم را برایم مهیا کن. خدایا من اکنون ۳۸ ساله هستم و هنوز نتوانستم برای پدر و مادرم کمک باشم. من هنوز نتوانستم یک سقف برای خانواده خودم مهیا کنم. خدایا من را شرمنده آن‌ها نکن. خدیا هیچ وقت من را محتاج اولاد نکن که خدای نکرده به خاطر احتیاج در مورد آن‌ها فکر بد بکنم. خدایا جواب پدرم را چه بدهم ...

اعتقادات شخصی ما

درود بر فرزندان عزیزم

گل‌های زندگی من، هر بار که شما را نگاه می‌کنم مخصوصاً وقتی که خواب هستید، از خدا می‌خواهم همیشه سالم و سر حال باشید و چه نعمتی بهتر از این که پدری ببیند بچه‌هایش سالم و صالح هستند و در راه کسب علم و خدمت به بشریت قدم می‌گذارند. عزیزانم، هیچ‌وقت امیدتان به خدا ذره‌ای کم نشود و از صمیم قلب به خدای متعال ایمان داشته باشید و مطمئن باشید که اگر با ایمان واقعی از خدا چیزی بخواهید و آن چیز به صلاحتون باشد با تلاش و کوشش حتماً آن را به دست خواهید آورد.

برای آن کس که ایمان دارد، ناممکن وجود ندارد.

"انجیل"

به حرف‌های نادرستی که این روزها خیلی‌ها حتی اطرافیان ما هم در کتمان خدا و روز حساب می‌گویند، اهمیت ندید و سعی کنید با علم و منطق، این موضوعات را برای خودتان اثبات کنید تا ایمان شما محکم و واقعی باشد. دیگر این‌که اگر از کسانی که به ظاهر سمبل دین هستند و آن را ترویج می‌کنند، کار زشت و ناپسند دیدید این موضوع را به خداوند ارتباط ندهید، آن‌ها نماینده خدا نیستند. بچه‌ها حرف پدر را گوش بدید و در مورد آن فکر کنید اگر منطقی بود، قبول کنید و تحت تأثیر چرندیات بعضی افراد حتی در قالب فرهیخته و استاد دانشگاه قرار نگیرید.

هیچ وقت از گفتن حرف حق و اظهار ایمان به خدا خجالت نکشید و با سر بلندی و افتخار بگویید.

فاش می‌گویم و از گفته خود دل شادم   بنده عشقم از از هر دو جهان آزادم

حافظ

شاید زمانی که به امید حق شما به دبیرستان یا دانشگاه بروید خیلی چیزها عوض شده باشد. شاید به واسطه ظلم‌هایی که این بی‌خبر از خداها در لباس دین می‌کنند، وقتی که این حکومت ظلم عوض بشود، مردم هم دین زده شده و دیگر به هیچ چیز ایمان نداشته باشند. چون این حکومت را نماد دین می‌دانستند. ولی شما از راه خدا پرستی هیچ وقت برنگردید و اعتقادتان راسخ باشد و بدانید که این موضوع به نفع شماست.خداوند منشاء خیر و لطف در جهان هستی است. او انسان را عقل و شعور داد تا در مورد هر عملی فکر کند و خوب و بد آن را تشخیص دهد. بنابراین هر گفته‌ای که به خدا منسوب می‌شود برگرفته از عقل و منطق است و هر جا که نتوانستید آن گفته را با عقل و منطق مرتبط کنید، آن را کلام خداوند ندانید. آن که انسان را آفرید و از او خواست که به حق دیگران تجاوز نکند (انه لایحب المعتدین) و به خاطر این همه امکانات که در اختیار انسان‌ها نهاد از آن‌ها خواست که در زمین فساد نکنند (لاتفسدوا فی الارض بعد اصلاحها)، چگونه ممکن است که حرفی بزند که باعث ظلم و تضییع حقوق گروهی از مردم شود؟

هر سخنی که واقعاً به دستور و خواست خداوند نسبت داده می‌شود، در قوانین امروزه بشریت و دنیای مدرنیته هم به عنوان یک رفتار درست شناخته شده و طبق این قوانین هم کسی که این دستورات را انجام بدهد، یک رفتار درست انسانی محسوب می‌شود. قوانین بشری اگر برگرفته از عقل و منطق باشند با نظر خداوند هیچ منافاتی نخواهند داشت. هر دوی آن‌ها در تأیید سه اصل پندار و گفتار و رفتار نیک هستند. به هیچ کس کورکورانه اعتقاد نداشته باشید. خودتان فکر کنید و ببینید که چه گفتند و بعد درمورد نوع زندگی‌شان مطالعه کنید تا بفهمید که چه شخصی بودند و چه عملکردی داشتند. ضمن این‌که متأسفانه تاریخ در بسیاری از موارد تحریف شده و درست و غلط بودن آن به سادگی قابل اثبات نیست. به نظر من بهترین رفتار، رفتار مبتنی بر عقلانیت ضمن اعتقاد بر وجود خداوند متعال و جهان پس از مرگ است. منطقی نیست بعداً کسی شما را به خاطر اعتقاد نداشتن به شخص یا اشخاصی مؤاخذه کند. آنچه از شما انتظار می‌رود، رفتار مبتنی بر انسانیت و ایمان به خداوند یکتا است و لاغیر. البته انسان‌های بزرگی در سال‌های گذشته می‌زیستند که رفتار و گفتار آن‌ها می‌تواند سرمشق زندگی ما باشد ولی اختلافات فرقه‌ای به خاطر اعتقادات کورکورانه بر سر این موضوعات و این‌که‌چه کسی بر حق است و چه کسی نیست، منجر به جهل مرکب بسیاری از مردم شده است و منشا فسادی است که خداوند آن را نفی کرده است. اگر کسی برای ما بزرگ و مورد احترام است، قرار نیست دیگران هم مثل ما به او اعتقاد داشته باشند و اگر اعتقاد نداشتند پس از نظر ما کافر و مرتد شناخته شوند! و این اختلافات عقیده‌ای باعث جنگ و خونریزی و نا امنی گردد! مثل اختلاف شیعه و سنی. مثل اختلاف حکومت‌های دینی که هر حاکمی خود را بر حق و نماینده خدا می‌داند و

دیگران از نظر او مشرک شمرده می‌شوند! مهم نیست که در ۱۴۰۰ سال پیش علی بر حق بود یا ابوبکر یا عمر. اگر واقعاً آن زمان حق خلافت علی را از او گرفتند، این اختلافات امروز برای چیست؟ آیا علی باز زنده می‌شود که حق او را بستانیم و به او بدهیم. بعد از این همه سال دنبال چه هستند؟ اینکه شیعه بر حق است یا سنی؟ اینکه من کافر هستم و تو مسلمان چه تأثیری در زندگی امروز ما دارد؟ اگر به عقیده بعضی‌ها، کسانی که مثلاً به فرزندان پیامبر ایمان ندارند در آخرت مجازات می‌شوند و مورد خشم خداوند قرار می‌گیرند، به ما چه ارتباط دارد. چرا باید با آن‌ها برخورد شود؟ اگر هم واقعاً در آن دنیا کسی را به خاطر اعتقاداتش مجازات کردند، به خودش مربوط است و بس. اعتقادات دیگران به ما ربطی ندارد. قرار نیست که ما را به خاطر اعتقادات دیگران مورد مؤاخذه قرار بدهند، پس این همه جنگ و دعوا بر سر چیست؟ آنچه مهم است رفتار همه انسان‌ها، شیعه و سنی، مسیحی و یهودی و کافر باید بر مبنای انسانیت باشد. فقدان این رفتار می‌تواند بر زندگی و آینده دیگران تأثیر منفی بگذارد و این موضوعی است که باید با آن از طرف کل جامعه بشریت مخالفت شود. انسان اختیار دارد به هر چه می‌خواهد اعتقاد داشته باشد. مادامی که اعتقاد او بر حقوق دیگران تأثیر منفی نداشته باشد، هیچ‌کس حق مخالفت با آن را ندارد اگر ما خیلی دوست داریم تا دیگران هم پیرو فلان شخصی باشند که ما به او اعتقاد داریم، باید آن‌چنان رفتار خوب و پسندیده‌ای در جامعه داشته باشیم تا بتوانیم دیگران را به گروه خود جذب کنیم نه این‌که اسلحه برداریم و خود را برحق دانسته و دیگران را مهدور الدم.

به جان بابا! خیلی دلم می‌خواهد که شما در زندگی‌تان به گونه ای عمل کنید که
باعث افتخار من بشوید. هیچ وقت خودتان را دست کم نگیرید و همیشه با ایمان
به خدا کاری‌که فکر می‌کنید درست است را انجام دهید. هیچ وقت خودتان را با
کسی مقایسه نکنید. شما فقط شبیه خودتان هستید، شبیه هیچ کس دیگری
نیستید و قرار هم نیست باشید. فکری که از شما سر می‌زند یا عملی که انجام
می‌دهید لازم نیست حتماً شبیه دیگران باشد. اگر هزاران نفر سالیان سال در مورد
کاری یا حرفی یک جور فکر می‌کنند و به آن اعتقاد دارند ولی شما برداشت دیگری
داشتید، باتوجه به برداشت خودتان عمل کنید و کاری‌به دیگران نداشته باشید.
قاطع و سرافراز.

هفتم تیرماه ۱۳۹۳

تا خدا یار است بر سلطان مپیچ

سلام بچه‌های گلم

امشب ۲۴ دی‌ماه ۱۳۹۳ است. از آخرین صحبت‌هایم با شما تا این لحظه یک‌سری اتفاقات جدید در زندگی مان افتاد. برایتان بگویم که من از اول مهرماه بعد از ۱۱ سال از شرکت بیرون آمدم. فردی که به تازگی به عنوان مدیر مالی انتخاب شده بود و البته من با این موضوع مخالفت کرده بودم و او هم این کینه را به دل داشت بالاخره توانست به هدف خودش برسد با دسیسه و حرف‌های دروغی که بر علیه من گفت، موجبات عدم تمدید قرارداد من را فراهم کرد. این انسان‌های رذل و پست موقعی حرف‌های دروغشان به کرسی می‌نشیند که تصمیم گیرندگان بالادست نیز مثل خودشان رذل و پست باشند به نحوی که حاضر نباشند حتی در مورد دروغ‌های او کمترین تحقیقات را انجام دهند و در مورد من که سال‌ها برای ارتقاء شغلی در این کارخانه تلاش کردم و چه مشکلاتی را برای کار شرکت متحمل شدم، به این راحتی به نفع آن بی شرف تصمیم بگیرند. من تنها کارشناس ارشد حسابداری در امور مالی شرکت بودم و البته برای آن فرد وجود من در امور مالی یک مانع برای رسیدن به اهداف کثیفش بود. با بقیه تقریباً مشکلی نداشت چون مابقی پرسنل امور مالی به دلیل ترس از از دست دادن شغلشان با او مخالفتی نداشتند و برای سایر مقامات شرکت چون او به مسجد می‌رفت و در نماز جماعت شرکت می‌کرد، مورد قبول بود. متأسفانه جامعه به سمتی کشیده شده که دین‌داری معنی دیگری دارد. هدف از دین داری و به مکه رفتن، دیگر

نگه‌داشتن‌خود از گناه نسیت بلکه به معنی حفظ ظاهر و پنهان کردن کارهای کثیف پشت نقاب دین‌داری است.

دیگر افراد به کار زشتی که انجام می‌دهند فکر نمی‌کنند بلکه دنبال منافع مادی خود هستند. وجدان در جامعه به ظاهر مسلمان امروزی ما بسیار کم رنگ شده. دیروز طرف به حج رفته و فردا که آمد بر علیه من به ناحق قضاوت کرد و خود می‌دانست که دروغ می‌گوید. فردی که من باعث ارتقاء شغلی‌اش به سمت رئیس‌حسابداری شده بودم، چون من را مشکلی برای ارتقاعات بعدی می‌دید، برعلیه من به ناحق و به طرفداری از آن شخص پرداخت. درواقع اکثر کسانی که در امور مالی کار می‌کردند برای منفعت خود و ترس از تهدید مدیر مالی بر علیه من صحبت کردند. اینان دقیقاً افرادی بودند که قبل از آن که این فرد بیاید برای مدیر مالی شدن من اجماع کرده بودند و نزد مدیران ارشد رفته بودند. باورتان نمی‌شود که ظرف یک هفته مسیرشان را عوض کردند و چون دیدند که قدرت به دست دیگری افتاد به آن سمت رفتند. البته مشت نمونه خروار است و در جامعه دین دار امروز اکثراً این‌گونه‌اند. "جماعت نان به نرخ روز خور". این مشکلی است که برای دین پیش آمده و باعث افسوس گشته است. دینی که قرار بود مایه هدایت انسان شود، از آن به عنوان سرپوشی برای کارهای غیر انسانی استفاده می‌شود درهرصورت آن به ظاهر انسان، توانست با دروغهایی درخصوص کتمان توانایی‌های من و این‌که من موجب اختلال در جو مالی می‌شوم و یا باند و گروه بر علیه او تشکیل داده‌ام باعث شد قرارداد من تمدید نشود که این موضوع برای من خیلی گران بود. انتظار داشتم مدیریت ارشد ذره‌ای به سوابق کاری من نگاهی بکند و حرف‌های او را باور نکند ولی افسوس که او نیز دین دار بود.

جالب اینجاست که وقتی به مشاور عالی مدیریت گفتم که انتظار می‌رود شما در مورد حق یا ناحق بودن حرف دیگران تحقیق کنید و بعد تصمیم بگیرید، به من گفت که این کار از عهده ما خارج است و حق و ناحق بودن فقط در زمان ظهور حضرت مهدی مشخص خواهد شد! این فرد شاید حداقل ۱۰ بار به کربلا رفته بود و چند بار به مکه. وقتی که افراد به خاطر منافع مادی، انسانیت را زیر پا می‌گذارند اگر دین‌دار هم باشند باعث لطمه به دین نیز خواهد شد. چیزی که در جهان اسلام امروزی بسیار اتفاق می‌افتد. بچه‌ها، طرف صحبت من شما هستید و این مطالب را که می‌نویسم شما به امید خدا سال‌های بعد می‌خوانید ولی بدانید که تمام حرف‌های آن فرد بی‌اساس بود و آن‌ها را مطرح کرد تا من را از شرکت جدا کند. لزومی نمی‌دانم که بگویم من چه خدماتی را در زمان فعالیتم در آن شرکت انجام دادم ولی یک موضوع باعث دل‌گرمی من است و این‌که وجدانم راحت است که هر ارتقائی که داشتم فقط به واسطه کار و توانایی‌های مرتبط شغلی‌بوده و به هیچ وجه با روش‌های بی‌شرمانه‌ای که اکثراً انجام می‌دهند، سِمَت، گروه یا رتبه‌ای نگرفتم و طرز برخورد من با مدیران بالا دستی نیز در راستای همین طرز فکر بود چرا که به نظر من اگر کسی کارش را به درستی انجام دهد نیازی به تملق و چاپلوسی بالا دستی‌ها نیست. البته برای مدیران چاپلوس امروزی که تا بالاترین رده ها، همگی آن‌ها تملق بالادستی را سرلوحه ارتقاء خود قرارداده‌اند، این رفتار شرافتمندانه خوشایند نیست.

به دست آهن تفته کردن خمیر	به از دست بر سینه پیش امیر

سعدی شیرازی

احترامی که من برای مدیر عامل قائل هستم دقیقاً به اندازه‌ی احترامی است که من برای پایین‌ترین رده سازمانی قائلم. همه برای من از نظر احترام یکسان هستند و به نظر من جایگاه سازمانی یا مدرک تحصیلی باعث احترام نمی‌شود بلکه ادب فرد و رفتار او با دیگران است که احترام متقابل را باعث می‌گردد. در واقع سوادی که قدیمی‌ها می‌گفتند باعث احترام می‌شود منظور درس خواندن یا جایگاه بالای سازمانی یا ثروت نیست، بلکه منظور میزان درک و شعور افراد از رفتار و کردار خود در مقابل دیگران و طرز فکر او از واقعیت هستی است. چه بسیار افراد باسوادی که که حتی مدرک سیکل هم ندارند و چه بسیار افراد بی‌سوادی که دکتر و مهندس و استاد دانشگاه و مدیر عامل و رئیس جمهور و ... هستند.

روز ۳۱ شهریور ماه ۱۳۹۳ به من گفتند که قراردادم دیگر تمدید نمی‌شود، روز اول مهرماه از یک شرکت معتبر دیگر با من تماس گرفتند که برای مصاحبه به آن‌جا بروم! البته قرارداد من برای شش ماه دیگر با درخواست شورای کارکنان تمدید شد به شرط این که به تعاونی مصرف شرکت برم. بچه‌ها این را بدانید که هیچ‌وقت به امید کسی جز خدا نباشید و فقط از او کمک بخواهید. یکی از حرف‌هایی که من به مدیر مالی مذکور گفته بودم این بود که نه او، نه معاون مدیر عامل، نه مدیر عامل و حتی نه رئیس هیات مدیره نمی‌توانند یک ریال از درآمد من را کم کند که البته این حرف برایش بسیار سنگین بود. چون من معتقدم که رزق و روزی ما دست خداست. به هر کس هر قدر که صلاح بداند می‌دهد و هیچ کس نخواهد توانست آنچه را که او مقدر کرده، کم یا زیاد کند.

تا خدا یار است بر سلطان مپیچ   گر خدا برگشت، صد سلطان به هیچ

سعدی شیرازی

البته این را هم بدانید که تمکن مالی نیز خود آزمایشی است که باید از آن سربلند بیرون آمد. گاهی اوقات قرار است روزی دیگران به دست متمکنین رقم بخورد. این آزمایشی خطیر است و البته اکثراً مردود می‌شوند.

سالم و تندرست باشید و خدا را فراموش نکنید حتی اگر همه انسان‌های روی زمین او را فراموش کنند.

امشب جمعه ساعت ۲۱:۳۸ دقیقه روز ۲۹ اسفند ۱۳۹۳ و تحویل سال به امید خدا ساعت ۲:۱۵ دقیقه بامداد است. امسال نوروز به شنبه افتاد. امیدوارم سال جدید سالی خوش و پر برکت برای همه مردم همراه با سلامتی و همچنین برای شما عزیزانم، مادرتان و خانواده‌ام باشد. آرزو می‌کنم دختر عمه‌تان که قرار است در سال جدید پیوند کبد داشته باشد به سلامتی عمل کند و خوب بشود و همیشه در کنار پدر و مادرش خوش و خرم باشد. به امید خدا. اگرچه قرارداد من به مدت شش ماه دیگر در شرکت قبلی تمدید شد ولی من دو روز پیش بالاخره از آن شرکت خودم را بازخرید کردم. جایی که ۱۲ سال عمرم را در آن‌جا سپری کردم. چه رفتن و آمدن‌هایی بود. ولی خوشحال و راضی‌ام و مشتاق تغییر در زندگی. امیدوارم زندگیم به سمت کمال و پیشرفت،دائماً در تغییر باشد و به امید خدا این تغییر هم آغاز حرکت به سوی زندگی بهتر برای شما عزیزانم باشد. سعی کردم وقایع تلخ زندگی را با هر بدی که داشته، فراموش کنم و هیچ کینه‌ای از کسی در دلم باقی نماند و فقط به آینده بنگرم. نمی‌دانم برایتان گفتم یا نه ولی درست همان روزی که در ۳۱ شهریور ۹۳ قرارداد من در آن شرکت تمدید نشد، از یک شرکت معتبر با من تماس گرفتند (رزومه کاری‌من را در اینترنت دیده بودند) و خواستند با سِمَت مسول مالی واحد اصفهان با آن‌ها همکاری کنم. در ۲۷ مهر ماه ۹۳ در شرکت جدید مشغول به کار شدم و چون در تعاونی مصرف کار خاصی نداشتم و بیشتر جنبه تبعید داشت با مدیر تعاونی هماهنگ کردم که فقط بعضی از روزها را به آن‌جا برای بازرسی بروم و از مرخصی‌هایی که طلب کار بودم استفاده کردم. من استخدامم را در شرکت جدید خواست خدا می‌دانم و به این موضوع که آنچه برایم

اتفاق می‌افتد ،خیری در آن نهفته است اعتقاد کامل دارم. به امید حق سال جدید را به همراه شما عزیزان و همسر عزیزم آغاز می‌کنیم.

قرار است که تا نیم ساعت دیگر به خانه پدرم، که تازه رسیدند اصفهان، برویم. امروز مادرتان ما را مجبور کرد که ظهر بخوابیم تا برای تحویل سال بیدار باشیم. ما هنوز در خانه اجاره‌ای هستیم و تصمیم دارم با پولی که از بازخریدی می‌گیرم و وامی که قراره از بانک بگیرم ساخت خانه خودمان را در زمینی که قبلاً خریده‌ایم شروع کنم تا به امید حق قبل از پایان سال جدید در خانه خودمان باشیم.

لاحول ولا قوت الا بالله ولله علی العظیم

بسم الله الرحمن الرحیم

یا مقلب القلوب و لابصار

یا مدبر اللیل و النهار

یا محول الحول و الاحوال

حول حالنا الـی احسن الحال

خدایا شکر به خاطر هر آنچه به من "به این بنده ناتوانت" عطا کردی. اگرچه در زندگیم تا کنون اتفاقات ناگوار زیادی افتاده و مقصر برخی از آنها هم خودم بودم، ولی هر بار که از این مشکلات و حوادث بیرون می‌آمدم، دست کمک تو را می‌دیدم. خدایا تو را شکر می‌گویم که مرا به حال خود رها نکردی. خدایا تو را شکر می‌گویم که به من اجازه دادی از داشتن خدایی چون تو لذت ببرم و هیچگاه احساس غربت نکنم. می‌دانم که همیشه و همه جا مرا می‌بینی و بر رفتارم ناظری و هیچگاه من را تنها نمی‌گذاری. خدایا شکر که به من نعمت داشتن بچه‌های خوب، همسر خوب، و پدر و مادر و برادر و خواهر عطا کردی. از درگاهتان تقاضا دارم که این نعمت‌ها و همچنین نعمت سلامتی برای خانواده‌ام را بر من ببخشید. خدایا تو توانا و بی نیاز مطلقی. قطعاً در ازای این همه نعمت که به بندگانت عطا فرمودی، هیچ نمی‌خواهی. شاید تنها انتظارت از ما انسان‌ها رفتاری است در خور انسانیت.

شاد باشید

راه و رسم تنبیه

امروز صبح سه شنبه چهارم فروردین ۱۳۹۴، آخرین روز تعطیلات عید نوروز است. دیشب قرار بود که به همراه مادر و خواهرم به منزل یکی از اقوام برای عید دیدنی برویم. ساعت ۸ بود و مادرتان پشت میز آرایش و من هم داشتم آماده می‌شدم که گوشی موبایل زنگ خورد و دخترم تو رفتی و جواب دادی. عمه بود که می‌گفت دیر شده و بیایید بریم. بعد دوباره که زنگ زدند، مامانتون گفت: "گوشی را بر ندار" ولی تو گوشی را جواب دادی. همین باعث شد که مادرتان تو را تنبیه کند. وقتی من آن صحنه و بغض چهره تو را دیدم انگار که دنیا روی سرم خراب شد. تو گوشی را با گریه به من دادی و من آنقدر ناراحت شدم که به مادرم گفتم ما نمی‌آیم. وقتی مادرتان دید که من جایی نمی‌روم، او هم لباسش را عوض کرد. بچه ها من با تنبیه مخالف نیستم ولی تنبیه راه و رسم دارد. من مخالف این هستم که پدر یا مادر بچه را کتک بزنند. اگر واقعاً بچه کار اشتباهی کرد، نه کاری‌که ما دوست نداشتیم، ابتدا باید با خوش‌رویی کار درست را به او یاد داد اگر باز تکرار کرد، به او تذکر داد و بعد از دو یا سه بار تذکر اگر باز هم آن کار بد که قابل تحمل نباشد را انجام داد، می‌شود تنبیه دیگری برای او در نظر گرفت مثل محرومیت از چیزی. تنبیه بچه روش‌های مختلفی دارد که آخرین آن‌ها شاید، تنبیه بدنی باشد. فقط خواستم بدانید هیچ وقت به‌خاطر کاری‌که شما دوست ندارید و در واقع آن کار، کار بدی نیست، فرزندتان را تنبیه نکنید. مثلاً اگر کسی بخواهد که بچه‌اش، جواب تلفن را به گونه‌ای بدهد که دروغ باشد و آن بچه راست بگوید، چون حرف پدر یا مادرش را اجرا نکرد مستحق تنبیه است؟ خیر به هیچ وجه. ما باید به کودکانمان رفتار صحیح را آموزش بدهیم حتی اگر به نفع ما نباشد.

لذت واقعی

امروز جمعه، چهارم اردیبهشت ۱۳۹۴ و ساعت ۸:۵۰ دقیقه صبح. دیروز دختر عمه‌تان ساعت ۴ بعد از ظهر برای پیوند کبد عمل شد. من، عزیز(مادرم)، عمو، عمه‌ها، خلاصه همه دست به دعا برداشتیم و به خدا التماس کردیم که از این عمل موفق بیرون بیاد. بالاخره بعد از ۴ ساعت، شکر خدا پیوند کبد با موفقیت انجام شد و الان او در بخش مراقبت‌های ویژه هست. این را می‌خواهم برای شما بگویم که ما تا وقتی که هیچ اتفاقی برایمان نیفتاده است، یادمان به خدا نیست. هرکار که دلمان می‌خواهد، می‌کنیم و هیچ اهمیتی به کار خیر و اجتناب از گناه و تشکر از خداوند نمی‌دهیم. اما وقتی اتفاقی خدای ناکرده برایمان میافتد، طلب‌کار خدا می‌شویم. البته خداوند بی نیاز مطلق است و هیچ احتیاجی به پرستش و احترام ما ندارد. اگر بحث عبادت خدا و تشکر از خدا مطرح می‌شود، برای نشان دادن انسانیت و شعور خود ماست. وقتی به ما یاد داده‌اند که در قبال لطف و محبت شخصی، ادب حکم می‌کند که از او تشکر کنیم، آیا نباید در قبال این همه لطف بی‌نهایت که خداوند در حق ما انسان‌ها در این کره خاکی عطا کرده، حداقل سپاس را بجا بیاوریم! خداوند تنهاترین، بزرگوارترین، مهربان ترین، عاشق‌ترین، داناترین و قدرتمندترین موجود هستی هست و یکی مثل من، نادان‌ترین، کوچک‌ترین، خارترین و ناتوان ترین دربرابر خداوند. ایشان از من انتظاری ندارد. این من هستم که دائماً چشم به رحمت و مغفرت او دوخته‌ام. این من هستم که دائماً چشم به درگاه او دوخته‌ام. آیا ادب حکم نمی‌کند که او را سپاس گویم و شکر نعمت‌هایش را بجا آورم؟

قطعاً روابط خداوند بزرگ با بندگانش مثل روابط بین ما انسان‌ها نیست. من هر گناهی و هر نافرمانی و هر خیره سری که بکنم حق تعالی با این صفات، هیچ وقت مرا در سختی ها فراموش نمی‌کند چرا که از مادر مهربان‌تر است و به گفته‌ای از رگ گردن به من نزدیک‌تر. حالا اگر جایی زندگی بر من سخت گذشت، حکمت خداست، برای رقم زدن آینده‌ای که از آن بی اطلاعیم. البته این سختی ناشی از روابط علت و معلولی است که یا ما خودمان در آن دخیل بودیم یا نبودیم. اگر کمی به درون خودمان دقت کنیم، می‌بینیم که خداوند چه سیستم خارق العاده‌ای در وجود ما انسان‌ها بنا نهاده. در این سیستم فوق العاده پیچیده، فقط کافیست تا یک بخش بسیار ناچیز و کوچک دچار اختلال شود تا زندگی راحتمان را زیر و زبر کند یا نهایتاً باعث مرگمان شود. فکر می کنید دختر عمه تان‌چه مشکلی داشت؟ از این میلیاردها سیستمی که با هم و به صورت هماهنگ و به درستی کار می‌کردند، فقط، فقط و فقط کبدش یک آنزیم، فقط یک آنزیم را، به خوبی تولید نمی‌کرد. نسبت این اختلال در برابر تمام عملکرد درست سیستم بدن، آن‌قدر کوچک است که شاید به سمت صفر میل کند ولی این مورد به این کوچکی می‌توانست خدای ناکرده زندگی او را دچار مشکل کند.

خوب، حالا خدایی که این سیستم عظیم و پیچیده را در وجود ما نهاده تا ما زندگی کنیم و از زندگی خود لذت ببریم، آیا سزاوار پرستش نیست؟ آیا نباید ساعاتی یا دقایقی از عمرمان را صرف تشکر از مهرباترین و بزرگوارترین کسی بکنیم که چنین لطف بزرگی را به ما کرده؟

به نظر من اگر انسان به دنبال کشف عجایب خلقت در جهان هستی است، ابتدا به این سیستم پیچیده درون خود نگاه کند. سیستمی که شاید پیچیده و هماهنگ بودن میلیاردها اجزاء آن کم از اسرار و پیچیدگی‌های جهان خلقت و کهکشان‌ها نباشد. این سیستم خارق‌العاده که برای پرورش روح و نمایش توانایی‌های انسانی خلق شده، آیا حیف نیست که از این سیستم فقط برای برآورده‌کردن نیازهای جسمانی استفاده کرد؟ منظور از پرورش روح، عبادت نیست. پرورش روح هر کار خوبی است که انسان انجام می‌دهد. حالا اگر این کار خوب همراه با برآوردن نیازهای دنیایی هم باشد که چه بهتر. این موضوع در مورد کسانی که از علمشان برای کمک به بشریت استفاده می‌کنند، هم صدق می‌کند. کسانی‌که هدفشان کمک به دیگران هست، حالا اگر در این مسیر به تمکن مالی هم رسیدند چه بهتر. اما کسانی که علم را فقط برای کسب ثروت می‌خواهند و این علم هیچ فایده‌ای برای نمایش انسانیت ندارد، مصداق همان برآورده کردن نیازهای جسمانی است و آن فردهیچ ارزشی ندارد، خواه دکتر باشد یا دانشمند.

علم سرمایه هستی است نه گنج زر و مال   روح باید که از این راه توانگر گردد

پروین اعتصامی

پس در واقع انسان باید به دنبال کسب علم باشد تا روحش توانگر شود (پرورش‌روح). در اصل هدف خلقت انسان، پروش روح هست. این سیستم عجیب به نام بدن و این همه امکانات برای ما در نظر گرفته شد تا بتوانیم روح را پرورش بدهیم. نه دنبال آسایش جسم و برآورده کردن نیازهای جسمی باشیم. آن تیم

پزشکی که دختر عمه را عمل کردند، در واقع به دنبال پرورش روحشان هستند. چون ارزش لذت و آن احساس خوشایندی که از نجات جان یک بیمار به آن‌ها دست می‌دهد، از میلیاردها تومان پول، بیشتر است. آن‌ها اول پول یا زیر میزی نخواستند تا بعد به کسی کمک کنند. پس درس خواندند و به خودشان سختی دادند، از نیازهای جسمی‌شان کم کردند تا بتوانند به آن درجه علمی برسند تا در نهایت به لطف خدا بتوانند جان کسی را نجات بدهند. حالا در این کار پر ارزش اگر مالی هم گیرشان بیاید که چه بهتر (خیرالدنیا و الاخرت). این چیزی است که من از شما می‌خواهم. این کاری است که من می‌خواهم شما انجام دهید. کسب علم برای پرورش روح . من نمی‌گویم که درس بخوانید تا وضعیت مالی تان خوب شود.نه اصلاً. درس بخوانید تا به روش‌های جدید و بهتر پرورش روح دست پیدا کنید. یک آدم بی‌سواد فقط شاید بتواند با عبادت کردن و کمک‌های معمولی به دیگران روحش را پروش دهد (ابزارهای کمی برای پرورش روح دارد). ولی کسی که درس خواند و کسب علم کرد، ابزارهای بسیار بیشتری برای پرورش روحش دارد. این موضوع مثل کسی است که فقط یک یا دو کلید دارد تا درهای پیش رویش را باز کند. ولی کسی که کلیدهای زیادی دارد به مراتب درهای بسیار بیشتری را می‌تواند باز کند و به آن چیزهایی که پشت آن درهای بسته هست دست پیدا کند.

من آرزو می‌کنم که شما به این مرحله برسید عزیزانم.

خداوند در قالب روابط علت و معلولی نیازهای ما انسان‌ها را برآورده می‌کند. شاید خیلی وقت‌ها ما فکر می‌کنیم که اگر خدا خواست به ما کمک کند باید حتماً یک

معجزه اتفاق بیافتد. حالا از تعریف معجزه که بگذریم که به نظر من تمام این چیزهایی که الان داریم و این زندگی و روابط و ... در واقع کمتر از معجزه نیست، ولی شاید ما از معجزه انتظار اتفاقی را داریم که نتیجه یک رابطه علت و معلولی نباشد. اما درواقع تمام این روابط علت و معلولی جز لطف خدا نیست. چون اگر می‌خواست که به بشر در خارج از روابط علت و معلولی کمک کند آن موقع هیچ وقت بشر دنبال کسب علم و پی بردن به روابط علت و معلولی نبود.

در چرخه عظیم اتفاقات این جهان که دارای یک معادله n مجهولی است، بسیاری از مجهولات، به مرور زمان معلوم خواهد شد برای حل مجهولات دیگر. و این قدرت لایزال خداست که در فکر بشر نمی‌گنجد. مثل اتفاقی که دیروز افتاد و مرگ مغزی یک کودک ۱۱ ساله و رضـــایت پدر و مادر باشعور او منجر به اهداء کبد به یک کودک دیگر شد.

خدایا بنازم به قدرت تو، بنازم به شوکت تو، بنازم به حکمت تو و شکر و سپاس می‌گویم ترا که مرا آفریدی تا وجود خدایی چون تو را احساس کنم هرچند که ذره‌ای از لطف تو را جبران نتوانم کرد.

شاد و متفکر باشید

عقده احترام

عزیزانم

همان‌طور که قبلاً برایتان گفتم، من نزدیک هشت یا نه ماه پیش از شرکت قبلی خود بیرون آمدم و در شرکت جدید مشغول به کار شدم. مسئولیت مالی کارخانه واحد اصفهان بر عهده من هست. البته متأسفانه اینجا هم تا این لحظه اتفاقاتی رخ داد که دوست ندارم هیچ وقت شما در موقعیتی که من بودم یا هستم قرار بگیرید. این متنی را که می‌نویسم براساس دست خطی است که چند روز پیش درپی احساسی که در برخورد با یکی از مدیران شرکت داشتم، نوشتم.

فرزندانم

شما را به خدا، آن‌قدر درس بخوانید که به امید خدا وقتی وارد بازار کار شدید اگر برای خودتان کار می‌کنید مثل پزشکان متخصص یا اگر در یک سازمان یا شرکت وارد شدید، در بالاترین پست آن سازمان باشید تا هیچ وقت مجبور نشوید احیاناً زیر دست یک بی همه چیز کار کنید. تا هیچ وقت مجبور نباشید اگر بالادست شما چیزی به شما گفت یا حرف مفتی زد به خاطر تعهدی که در قبال خانواده خود دارید، صبور باشید و هیچ نگویید آن‌قدر درس بخوانید و شغلی انتخاب کنید تا اگر احتمالاً بالا دستی هم داشتید درصورتی‌که به شما حرفی ناخوشایند زد، با خیال راحت و به دور از هر دغدغه و ناراحتی از دست دادن شغل، جوابش را آن‌طور که دلتان می‌خواهد بدهید و آن شرکت را ترك کنید چرا که هزار جای دیگر شما را به خاطر دانش و تخصص منحصر به فردتان می‌خواهند به گونه‌ای باشید که مدیر ارشد سازمان، اگر بین شما و بالادستی تان اختلافی پیش آمد، شما را انتخاب کند چون می‌داند که منافع سازمانش بیشتر از هر کس دیگر به وجود شما وابسته است. به گونه‌ای باشید که هیچ‌گاه به خاطر خانه و فرزندانتان، مجبور نباشید یک سری افراد بی خرد را تحمل کنید.

شما را به جون بابا قسم می‌دهم، درس بخوانید تا به سختی که امروز من به خاطر شما تحمل کردم، دچارش نشوید. چند روز پیش، به خاطر یک مسئله‌ای مدیر کارخانه با من بد حرف زد. نه این‌که بی‌احترامی کند، اما به روش دستوری بدی حرف زد. شاید فکر کنید که چرا من اینجا هم با مدیریت دچار مشکل شدم. متأسفانه در ایران، بسیاری از مدیران ارشد،ضمن این‌که واقعاً بیشعور هستند،

عقده احترام دارند. دوست دارند زیرمجموعه به آن‌ها سلام کنند. همیشه به احترام آن‌ها بایستند یا هرچه دستور می‌دهند حتی اگر اشتباه باشد، دیگران بی‌درنگ تایید کنند و کسی مخالفت نکند یا ایراد نگیرد. دقیقاً این چیزی است که من در جایگاه زیرمجموعه یک مدیر، خلاف آن را همیشه انجام داده‌ام. یعنی احترامی که می‌گذارم در حد متعارف است، اگر سن مدیر از من کمتر باشد دلیلی نمی‌بینم که به او سلام کنم مگر در مواقعی که من وارد اتاق او شوم. (به طور کلی اگر من وارد هر اتاقی شوم، اول من سلام می‌کنم مهم نیست که در آن اتاق، چه کسی باشد، کارمند باشد، مدیر باشد یا حتی بچه‌ای نشسته باشد) و اگر دستوری اشتباه بدهد، یا اجرا نمی‌کنم یا از او درخواست کتبی می‌گیرم. احترام همیشه متقابل است. یعنی اگر کسی به شما احترام گذاشت شما وظیفه دارید بیشتر از او متقابلًا احترام بگذارید. همیشه به دیگران با احترام برخورد کنید حتی در اولین برخوردها. اگر در جواب احترام شما، بی‌احترامی دیدید، دیگر لزومی ندارد که به آن فرد احترام خاصی بگذارید.

در فضای کاری هم، هیچ‌گاه از کارمندان انتظار نمی‌رود که احترامی مازاد بر آن‌چه تعریف شده به مدیران شرکت بگذارند. البته رفتار محترمانه مدیران می‌تواند باعث این احترام مضاعف کارمندان شود ولی در حالت عادی هیچ مدیری نمی‌تواند از کارمند خود انتظار احترام مضاعف داشته باشد. وظیفه کارمندان اجرای دستورات مدیر طبق آیین نامه شرکت و رعایت شئونات اخلاقی است.

بله داشتم می‌گفتم که مدیر کارخانه با من بد حرف زد. به خدا دلم می‌خواست به روش خودم، جوابش را بدهم. ولی تا می‌خواستم اولین پاسخ را مطابق میلم بدهم، یادم افتاد به شما، به آینده شما و بدهی‌هایی که دارم، خانه نیمه کاره‌ای که خیلی پول لازمه تا تکمیل بشود، اقساط وام و...

بعد مجبور شدم که هیچ چیزی نگویم. دلم می‌خواست که طوری جوابش را بدهم که برود و پشت سرش را هم نگاه نکند اما نشد. حالا با این حسی که الان دارم، شما را قسم می‌دهم که آن‌چنان درس بخوانید تا هیچ وقت، هیچ وقت در این وضعیت قرار نگیرید. آرزو می‌کنم سربلند و آزاد زندگی کنید و شغلتان به گونه‌ای باشد که مجبور نشوید از کسی دستور بگیرید. بعضی ها فکر می‌کنند چون مدیر هستند هر غلطی که دلشان می‌خواهد، می‌توانند انجام دهند. از آن‌جایی که ما نمی‌توانیم شعور مردم را اصلاح کنیم، پس باید زیر دست نباشیم بلکه بالا دست باشیم.

موفق باشید.

سی‌ام مردادماه ۱۳۹۴

انسان یا نهایت پستی

دیشب در اخبار صحنه‌هایی از کشتار مردم توسط سلاح‌های شیمیایی در سوریه را دیدم. خدایا باور نمی‌کنم. آن کودکانی که به خاطر شیمیایی شدن در حال جان دادن بودند. آه خدایا چگونه ممکن است انسانی این اعمال را انجام دهد. مگر این قدرت چیست که به خاطر آن تا این حد فردی به رذالت تن می‌دهد. خدایا دیگر نمی‌توان این اعمال را حیوانی خواند که حیوان صدها بار بر این به اصطلاح انسان شرف دارد. خدایا مگر این فرد فکر می‌کند که عمرش جاودانه است یا این‌که چه مزایایی از این قدرت کوچک خود خواهد برد که این چنین انسان‌هایی که هیچ تأثیری در این جنگ‌ها ندارند و هیچ کاره هستند را به کشتن می‌دهد. آخر این بچه‌های بی‌گناه را چگونه می‌خواهند بعداً در محکمه الهی پاسخ دهند. این قدرت کثیف چیست که در دست مسلمان یا غیر مسلمان، شیخ یا کشیش که می‌افتد، هر دو را به این درجه پستی می‌رساند. حتی آنان که زمانی به آخرت هم اعتقاد داشتند، چون به این قدرت می‌رسند دیگر هیچ چیز را به خاطر نمی‌آورند. نه، باورم نمی‌شود که این‌ها به اراده خود این‌گونه جنایت می‌کنند. شاید توسط چیزی که در این قدرت نهفته است، تسخیر می‌شوند. نه، انسان هر چه باشد نمی‌تواند تا این حد پست شود. وای خدایا من با دیدن این جنایات بشر علیه بشر، از خودم بدم می‌آید. چگونه اینقدر اختیار به ما انسان‌ها داده‌ای که تا این حد پیش برویم انسانی که او را به نوعی نماینده خدا بر روی زمین خوانده‌اند و آن‌چنان ارزش بالایی برای او تعریف شده است که در کتب مذهبی گفته شده است، خداوند به خاطر خلقت او به خود آفرین گفت.

انسان با این مسئولیت سنگینی که برای او تعریف شده، که حتی اگر رفتار بد والدینی را با کودکانشان ببیند نیز مسئول است که کاری بکند، انسانی که تا این حد نه تنها در قبال سایر انسان‌ها که در قبال سایر جانداران و حفظ محیط زیست نیز مسئولیت دارد، چگونه از این اختیار در جهت عکس آن استفاده می‌کند و این چنین جرم و جنایت می‌کند.

"گوییا باور نمی‌دارند روز داوری"

آری کمتر کسی است که چون قدرت در دست گیرد، ارزش انسان بودن خود را فراموش نکند.

مرداد ماه ۱۳۹۵

پدر

امروز پنجشبه، ۲۲مهر ماه ۱۳۹۵ چند وقتی بود که چیزی ننوشته بودم. البته وقت نبود و درگیر بسیاری از کارها بودم. دختر گلم که به لطف خدا کلاس دوم دبستان هست و درسش هم مایه افتخار من و مادرش هست. پسر عزیزم هم که اکنون پیش دبستانی می‌رود. البته هر دو شطرنج باز خوبی هم شدید و دخترم برای اولین بار بابا را کیش و مات کرد!

من از اردیبهشت ۹۴ ساخت خانه را شروع کردم و هم‌چنان دستم به ساختمان بند هست و ساختمان اکنون در مرحله نازك کاری است و به بی پولی شدیدی برخورد کردم و چک‌هایم دست مردم هست و می‌دانم که چک‌های آخر را با مشکل مواجه می‌شوم. خدا خودش کمک کند.

چند روز پیش که پدرم آمده بود اصفهان، من به مادرم زنگ زدم که به بابام بگو اگر برخی وسایل اضافه ساختمان را برای باغش لازم دارد بیاید و آن‌ها را ببرد. وقتی بابام آمد من آن‌جا نبودم با عمه آمده بود. شنیدم که خیلی بد اخلاقی کرد و علی‌رغم تصور من که هر پدری اگر پسرش خانه بسازد با اشتیاق می‌رود آن‌جا تا خانه پسرش را ببیند، وقتی پدرم آمد اصلاً پایش را داخل ساختمان نگذاشت و فقط کمی نق زد و بعد وسایلی که قبلاً آماده کرده بودم را بار وانت کرد و رفت. وقتی این موضوع را شنیدم خیلی ناراحت شدم خیلی احساس تنهایی کردم. دلم می‌خواست که با وجود این همه مشکلات مالی و فشار بدهی‌ها لااقل پدرم من را دل‌داری بدهد. می‌دانستم که از نظر مالی نمی‌تواند به من کمک کند. من هیچ چیزی از او نمی‌خواستم فقط یک دل‌گرمی و مهربانی و خوشحالی پدرانه برایم

کافی بود! ولی دریغ از یک‌کلمه. اصلاً رفتارش جوری بود که من احساس کردم شاید ناراحت هست که من این ساختمان را دارم می‌سازم! اصلاً باورم نمی‌شود. دلم می‌خواست گریه کنم. وقتی پدرهای مردم را می‌بینم که چه احساسی به موفقیت‌های فرزندانشان دارند، برای خودم خیلی ناراحت می‌شوم. می‌خواستم به مادرم بگویم ولی برای این‌که ناراحت نشود، چیزی نگفتم. از خدا می‌خواهم که هیچ وقت مثل پدرم نشوم و تا آخرین لحظه مرگم فقط به فکر شما باشم و بس. البته بابام همیشه این‌گونه نبود. ده پانزده ساله که رفتارش این طور شده است. شاید آن هم به خاطر مشکلات مالی و سختی زیادی هست که کارهای کشاورزی دارد یا به خاطر ضرر و زیان‌های زیادی که برای این کار متحمل شده و از طرفی انتظاراتی که از من داشت تا کمکش کنم. من قبلاً هر چه در توانم بود از نظر مالی به او کمک کردم. ارزش آن مبالغی که قبلاً به پدرم دادم امروز برای تکمیل این ساختمان حتی دو واحد دیگر هم کافی بود. البته من بیش از حد توانم دیگر نمی‌توانستم به او کمک کنم، حالا اگر از من ناراحت شده، واقعاً بی انصافی است. وقتی یکدیگر را می‌بینیم یک کلمه با هم حرف نمی‌زنیم فقط سلام و خداحافظ. من از پدرم خیلی انتظارها داشتم، ولی وقتی دیدم که نمی‌تواند آن‌ها را برآورده کند دیگر فراموش کردم و هیچ انتظاری از او ندارم ولی او از من انتظار داشته و دارد و با این‌که می‌داند من چقدر درگیر مخارج ساختمان هستم، مستاجرم، فرزند مدرسه ای دارم... باز انتظار دارد برایش پول بفرستم! من اواخر دانشگاه بود که با چند نفر از هم کلاسی‌ها با ایزوگام کردن پشت بام مردم، خرج خودم را در می‌آوردم تا این‌که رفتم خدمت سربازی و بعد سر کار.

حتی خرج مراسم ازدواجم را هم خودم دادم. آن موقع که من ازدواج کردم نزدیک شش میلیون تومان خرج عروسی، تالار و غذا و خریدهای عروس و ... شد.

بچه ها، علی‌رغم این اتفاقاتی که برایتان تعریف کردم، از شما می‌خواهم همیشه احترام بزرگتر خودتان مخصوصاً پدر و مادر را داشته باشید. حتی اگر رفتارشان مورد پسند شما نباشد. امیدوارم خداوند توفیق بدهد تا بتوانم به پدر و مادرم خدمت کنم. هم برای آن‌ها فرزند خوبی باشم و هم برای شما پدری خوب. از خدا می‌خواهم اگر زمانی حتی یک لحظه بخواهم منافع خودم را بر منافع شما مقدم بدانم، به من اجازه ادامه زندگی ندهد.

دوستتان دارم

سخنی دیگر

آن کس که بداند و بداند که بداند — اسب شرف از گنبد گردون بجهاند
آن کس که بداند و نداند که بداند — بیدار کنیدش که بسی خفته نماند
آن کس که نداند و بداند که نداند — لنگان خرك خویش به منزل برساند
آن کس که نداند و نداند که نداند — در جــهل مرکب ابدالدهر بمـــاند
آن کس که نداند و نخواهد که بداند — حیف است چنین جانوری زنده بماند

مولانا

اخیراً جنگ وحشیانه‌ای که بین اسرائیل و شبه نظامیان حزب اله رخ داده است، باعث کشته شدن کودکان بی‌گناه بسیاری در فلسطین شده که این موضوع اذهان عمومی جهان را به خود جلب کرده تا جایی که حتی طرفداران اسرائیل نیز به‌گونه‌ای، از عملکرد وحشیانه نیروهای نظامی آن کشور در این جنگ ابراز نارضایتی می‌کنند.

سؤال: آیا واقعاً مقصر اصلی در این جنگ کشوری است که این‌گونه وحشیانه کودکان بی‌گناه را قتل عام می‌کند؟

حکایت: در یک روستا که مردم آن‌جا همگی کشاورز بودند، کدخدایی ظالم و ستمگر بود. کدخدا به واسطه یکی از اهالی آن روستا که دارای هیکلی تنومند بود به مردم آبادی ظلم می‌کرد و از آن‌ها خراج می‌گرفت. این مرد در قبال خوش خدمتی‌هایش به کدخدای ده و اطاعت بی‌چون و چرای دستورات ظالمانه او از کدخدا گله‌ای گوسفند هدیه گرفت و گوسفندانش را خیلی مراقبت می‌کرد تا این‌که روزی چند گرگ گرسنه به گله او حمله کردند و تعدادی از گوسفندانش را

بردند. این اتفاق روزهای بعد هم تکرار شد و هر دفعه آن مرد تعدادی از گوسفندانش را از دست می‌داد. ناچار از مردم آبادی برای کشتن گرگ‌ها کمک خواست ولی کسی به او کمک نکرد.

سوال: اگر آن مرد به قصد کشتن آن گرگ‌های گرسنه و خطرناک عازم محل زندگی آن‌ها شود و با این‌که می‌داند که از عهده این کار برنمی‌آید، سه کودک خردسال خود را که به هیچ عنوان توانایی دفاع از خود را هم ندارند، نیز با خود ببرد و این کار او منجر به کشته شدن آن سه کودک شود، مردم که را لعنت می‌کنند؟ آن مرد یا گرگ‌ها را؟ مسلماً از هر که بپرسید جواب خواهد داد که آن مرد به دلیل به خطر انداختن جان سه کودک بی‌گناه، مورد لعن قرار می‌گیرد وگرنه کسی از گرگ‌های درنده انتظاری جز دریدن و کشتن ندارد.

اگر آن مرد قصد کشتن آن گرگ‌ها را داشت، نباید کودکان را که توانایی هیچ دفاعی از خود ندارند را با خود به آن‌جا می‌برد. پس هدف آن مرد در واقع کشتن گرگ نبود بلکه هدف کشته شدن کودکان بی‌گناه بود تا به واسطه آن باعث ناراحتی و انزجار مردم از گرگ شود و مردم آبادی را برای کشتن گرگ ترغیب کند.

سؤال: آیا برای شکست دادن دشمن، می‌توان از کودکان به عنوان طعمه استفاده نمود؟

سؤال: با این فرض که استفاده از کودکان به عنوان طعمه، باعث شکست دشمن و نجات حکومت شود، آیا این کار توجیه پذیر است؟

عامل کشته شدن آن کودکان بی‌گناه که جز بازی و شادی به چیز دیگری فکر نمی‌کردند و اصلاً معنی دشمن، جنگ و صلح، توپ و تانک و موشک و مسلسل را نمی‌دانند، چه کسی است؟ این قدرت و مال دنیا چه قدر کثیف است که به خاطر آن، انسان هر کاری می‌کند. از هر وسیله‌ای برای رسیدن به هدف خود استفاده می‌کند. جان این فرشتگان کوچک را می‌گیرد تا به اهداف کوتاه مدت خود برسد! اگر این‌گونه نبود، آیا نمی‌شد قبل از جنگ، زنان و کودکان را به محلی امن خارج از منطقه جنگی انتقال داد. آیا این روش در همه جای دنیا از زمان‌های قدیم تا کنون مرسوم و جزء اصول شرافتمندانه جنگ نبوده است؟ علی‌رغم گذشت سالیان دراز از جاهلیت انسان‌ها، عملکردهایی از انسان به اصطلاح مدرنیته امروز که یعنی خوب و بد را بسیار بهتر از گذشتگان می‌شناسد، می‌بینیم که روی همه وحشیان گذشته را سفید می‌کنند. یکی از ابزارهای مدرنیته و پیشرفت جوامع بشری امروز، تبلیغات و رسانه‌ها هستند. سیستم تبلیغاتی آن‌چنان قربانی شدن این کودکان معصوم را به سرار جهان مخابره می‌کند که دل همه را به درد می‌آورد. ولی آیا کسی می پرسد این کودکان بی‌گناه در وسط آن کارزار چه می‌کردند؟

به نظر من بهتر است ابتدا به جای شماتت آن سرباز وحشی اسرائیلی که به راحتی محل کودکان بی‌گناه را هدف گلوله‌های اسلحه مدرن خود قرار می‌دهد، آن کسانی که از این کودکان بی‌گناه به عنوان طعمه برای رسیدن به مقاصد خود استفاده کردند و ذره‌ای حق به آن‌ها برای داشتن زندگی ندادند را لعنت کرد. می‌گفتند جنگ برای دفاع از ناموس و افراد بی‌گناه است. نشنیدیم به کشتن دادن زنان و بچه های خردسال خودی، برای پیروزی در جنگ است که اگر پیروزی این چنین به دست آید، چقدر باعث سرافرازی است!!!

ایران من

آن که هفت اقلیم عالم را نهاد / هر کسی را آنچه لایق بود داد
گر توانایی و گر کوتاه دست / هر کسی باید چنین باشد که هست
مرد دون همت اگر قادر شود / بس خیانت‌ها از او صادر شود
گربه مسکین اگر پر داشتی / تخم گنجشک از جهان برداشتی
آن دو شاخ گاو اگر خر داشتی / یک شکم در آدمی نگذاشتی

سعدی

تقریباً بیشتر اوقات به این موضوع فکر می‌کنم که چگونه می‌شد ایران را آباد کرد. واقعاً کار سختی نیست. اگر و فقط اگر شخصی ایرانی دل‌سوز بر مسند حکومت بود. اگر امروز گروهی، دین‌داری را علت نابودی کشور می‌دانند سخت در اشتباه‌اند. علت نابودی کشور جهل مردم است. دین‌داری به هیچ عنوان با آبادانی یک کشور منافات ندارد به شرطی که فقط در حیطه زندگی شخصی قرار گیرد. هر کس می‌تواند هر دینی را برای خود انتخاب کند و به آن پایبند باشد اگر و فقط اگر این اعتقاد شخصی او به ضرر آزادی و حقوق دیگران نباشد. اگر قوانین اصلاح شوند، دیگر کسی دنبال فرقه گرایی و بحث شیعه و سنی، بهایی و مسیحی نمی‌رود و کشور آباد و انسانیت متبلور خواهد شد. البته حکومت‌های دینی با توجه به تاریخ سیاه این نوع از حکومت‌ها، به هیچ عنوان قابل قبول نیستند. به دلیل این‌که در اغلب این‌حکومت‌ها، حاکمان آن‌ها معمولاً با فریب مردم و وعده اجرای عدالت الهی بر سر کار می‌آیند و سپس فساد خود را در قالب دین، بر مردم تحمیل می‌کنند و مخالفان خود را مخالف خدا قلمداد کرده و آن‌ها را به جرم مفسد

فی‌الارض به شدیدترین وجه ممکن مجازات می‌کنند. این‌گونه حکومت‌های برگرفته از دین بسیار خطرناک بوده که درواقع هم دین مردم و هم آزادی آن‌ها را بر فنا می‌دهند. از هر انسان منصفی می‌پرسم، آیا جامعه ژاپن بیشتر رفتار آن‌ها به انسان‌های متدین شبیه است یا مردم شریف دین پرور کشورهای اسلامی از جمله ایران؟ چگونه است ما مردم با این دین و مذهبی که داریم، دائم باید نگران امنیت خود باشیم. امنیت چیست؟ آیا امنیت فقط به این معنی است که کسی از خارج از مرزهای ایران نمی‌تواند به کشور ما حمله کند؟ بنابراین به قول برخی از افراد نادان، چون حکومت به نحوی فعلاً و ظاهراً از هرگونه ورود دشمن خارجی به مرزهای کشور ممانعت کرده، بنابراین ما امنیت داریم!

خیر. تعریف امنیت بسیار فراتر از این حرف‌هاست. حتی تصور امکان حمله بیگانگان به کشور هم نوعی ناامنی است و چون این احتمال حداقل در شرایط فعلی برای کشور ما دور از ذهن نیست و با شرایطی که حکومت فعلی در جهان علیه ایران به وجود آورده، امکان حمله خارجی هم به کشور وجود دارد. بنابراین حتی همان تعریف ابتدایی از امنیت هم در مورد مردم ایران مصداق ندارد. ولی در کل، فقدان امنیت را علاوه بر مشکل مذکور، می‌توان این‌گونه بیان کرد:

این‌که دائماً باید نگران باشیم به خانواده‌مان تعرضی نشود، اینکه جرأت نمی‌کنیم زن یا دختر یا حتی پسر خود را روز روشن به یک مکان یا خیابان خلوت، آن هم در شهرهای مرکزی ایران بفرستیم، اگر چند دقیقه درب خانه یا ماشین باز باشد نگران این باشیم که نکند مورد سرقت قرار بگیریم، این‌که در یک معامله باید چندین تضمین و شاهد بیاوریم چون هیچ اعتمادی به یکدیگر نداریم، این‌که دروغ

نقل زبان حکومت و تقریباً همه مردم شده، این‌که در هنگام مسافرت در جاده‌ها نگران مشکلات جاده‌ای و فرهنگ بد رانندگی دیگران یا حتی مشکل استاندارد نبودن خودروی شخصی خود باشیم که هر لحظه می‌تواند جان ما و خانواده‌مان را به خطر بی‌اندازد، این‌که وقتی به مسافرت می‌رویم دائماً باید نگران احتمال سرقت خانه باشیم، این‌که از آینده شغلی خود مطمئن نباشیم و هر زمان امکان عدم تمدید قرارداد کاری‌مان به دلیل مشکلات اقتصادی کشور وجود دارد، این‌که به دلیل فقدان سیاست‌های درست اقتصادی که البته ریشه در نحوه حکومت و روابط بین المللی دارد، به دلیل تورم روزانه یا حتی ساعتی، نگران تامین معیشت خانواده خود باشیم، این‌که جوانان به دلیل عدم توانایی تامین مخارج اجاره مسکن یا سایر مخارج زندگی تن به ازدواج یا فرزند آوری نمی‌دهند، این‌که اگر کسی از قبل نتوانسته باشد خانه بخرد، به دلیل تورم روز افزون قیمت‌ها در همه زمینه ها از جمله قیمت مسکن دیگر نخواهد توانست، این‌که تلاش در کسب درجات عالی دانشگاهی و بالابردن رتبه علمی نیست که می‌تواند ما را در یک موقعیت خوب شغلی قرار دهد، بلکه داشتن ارتباط یا پارتی است که افراد را به سمت‌های بالای مدیریتی می‌رساند، این‌که ارزش‌ها کاملا عوض شده‌اند، تزویر و ریا بیداد می‌کند، فاسدان داعیه حق دارند و در مسند قضاوت و تامین امنیت مردم نشسته‌اند، کسی با دیدن گرسنه‌ای ناراحت نمی‌شود، کسی اگر کمک بخواهد، یا او را کمک نمی‌کنند یا دروغگو می‌پندارند، رعایت حق دیگران برای هیچ کس اهمیت ندارد و هر کس به فکر منافع شخصی خود است و اگر فرد آزاده‌ای هم در این خصوص اعتراضی بکند به شدت با او برخورد خواهد شد،این‌که دائماً این

تصور را در ذهن مردم ایجاد کردند که شرایط از این هم می‌تواند بسیار بدتر باشد، بنابراین باید این وضعیت را پذیرفت، این‌ها تعریف فقدان امنیت است.

بله تعریف امنیت بسیار گسترده‌تر از آن چیزی است که در ذهن گروهی نادان بوده و داعیه آن را دارند.

عجب پیش بینی کرد پهلوان دانشمند ایران زمین، رستم فرخ زاد، اوضاع ایران را پس از حمله تازیان:

چو با تخت منبـر برابر شود	هـــمـه نام بوبکرو عمر شود
تبه گردد این رنج‌های دراز	نشیبی دراز اســت پیش فراز
نه تخت و نه دیهیم بینی نه شهر	کز اختر همه تازیان راست بهر
چو روز انـدر آیـد بروز دراز	شودشان سر از خواســـته بی نیاز
بپوشند از ایشان گروهی سیاه	ز دیبا نهـــند از بر سر کلاه
نه تخت و نه تاج و نه زرینه کفش	نه گوهر نه افسر نه رخشان درفش
برنجـــد یکی دیگـــری برخورد	بداد و به بخشش کسی ننگرد
شب آید، یکی چشم رخشان کند	نهفته کســـی را خروشان کند
شتابان همه روز و شب دیگر است	کمر بر میان و کله بر سر است
ز پیمان بگـــردند و از راستی	گرامی شود کژی و کاستی
پیاده شود مـــردم رزمجوی	سوار آنکه لاف آرد و گفتگوی
کشاورز جنــگی شود بی هنر	نژاد و بزرگی نیــاید به بر
رباید همی این از آن، آن از این	ز نفرین ندانند باز آفرین
نهانی بتــر ز آشکارا شود	دل مردمــان سنگ خارا شود

بد اندیش گردد پدر بر پسر   پسر همچنین بر پدر چاره گر

شود بنده بی هنر شهریار   نژاد و بزرگی نیاید به کار

بگیتی نماند کسی را وفا   روان و زبان‌ها شود پر جفا

از ایران و از ترک وز تازیان   نژادی پدید اید اندر میان

نه دهقان نه ترک و نه تازی بود   سخن‌ها به کردار بازی بود

همه گنج‌ها زیر دامن نهند   بکوشند و کوشش به دشمن دهند

چنان فاش گردد غم و رنج و شور   که رامش به هنگام بهرام گور

نه جشن و نه رامش نه گوهر نه نام   بکوشش ز هرگونه سازند دام

زیان کسان از پی سود خویش   بجویند و دین اندر آرند پیش

نباشد بهار از زمستان پدید   نیارند هنگام رامش نبید

ز پیشی و بیشی ندارند هوش   خورش نان کشکین و پشمینه پوش

چو بسیار از این داستان بگذرد   کسی سوی آزادگان ننگرد

بریزند خون از پی خواسته   شود روزگار بد آراسته

فردوسی

چگونه است در یک حکومت دینی مسلمان با مذهب شیعه دوازده امامی، فساد این‌گونه بیداد می‌کند. مردم تقریباً به هیچ چیزی اعتقاد ندارند و فقط حفظ ظاهر است که این حکومت را دینی نشان می‌دهد. چگونه است در یک حکومتی که الگوهای رفتاریش را برگرفته از دستورات پیامبر و امامان شیعه می‌داند، این چنین رفتارهای غیرانسانی در جامعه فراوان است؟ مگر می‌شود الگوی رفتاری شما انسان‌های شریف و درست‌کار باشند ولی رفتار شما بی شرمانه و غیرانسانی؟ این

نوع رفتار حکومت اگر به راستی الگو برداری شده از رفتار و دستورات پیامبر و امامان شیعه باشد، آیا نباید در مورد شرافت آن‌ها هم شک کرد؟! از طرفی در جوامع دیگر که دین حاکمیت ندارد و فقط قانون حکومت می‌کند، رفتار انسانی در آن‌جا به مراتب بسیار بیشتر از کشورهای دارای حکومت دینی است. چرا؟ چرا مثلاً دروغ که پایه و اساس بسیاری از پلیدی هاست در این‌چنین جوامع دینی آن‌قدر فراوان است ولی در یک جامعه دیگر اگر کسی دروغ بگوید کلًا از جامعه ترد می‌شود؟ آنچه می‌توان دلیل این موضوع دانست، نحوه ترویج دین است. اگر شما انسان فاسدی را در مسند قضاوت قرار دادید، قضاوت او ناعادلانه است. به همین صورت اگر شخصی ریاکار، در مسند ترویج دین قرار گیرید نه تنها دین رعایت نمی‌شود که باعث ضربه به اصول دین هم می‌گردد. همیشه دین ابزاری برای ظلم و کسب قدرت و خواسته‌های شخصی حاکمان بوده است. بنابراین بهترین کار برای حفظ دین، خروج آن از حکومت و سیاست است. به نحوی که مبلغان آن هیچ‌گونه ارتباطی با حکومت نداشته باشند.

چگونه است که مردم این چنین شدند؟

اگر در جامعه‌ای اختلاف طبقاتی به گونه‌ای باشد که به جای این‌که اکثریت جامعه در سطح متوسط باشند، جامعه به دلایل متعدد که البته ریشه اصلی آن ناشی از نوع حاکمیت وقت است، تقریباً به دو گروه فقیر و ثروتمند تقسیم شود، در این صورت فساد شکل می‌گیرد. این یک اصل است که دو چیز باعث فساد می‌شود: فقر و ثروت. هر دو با توجه به دلایل خود به این سو کشانده می‌شوند. ثروتمند به دلیل داشتن ثروت بی حد و باد آورده که قاعدتاً نوعی قدرت را به همراه می‌آورد، به دنبال سوء استفاده از دیگران و قوانین است و فقیر به دلیل نیاز به تامین مخارج زندگی به ناچار به این مرحله کشیده می‌شود.

وقتی در جامعه‌ای نوع حاکمیت باعث شود که از ثروت اکثریت جامعه به انحاء مختلف کاسته و ثروت گروهی خاص به صورت بی‌حد و حساب افزایش یابد، افزایش فقر در جامعه از طرفی و بی‌اعتنایی حکومت به نحوه اجرای قوانین و تخلفات و ضعیف شدن قانون به دلیل عدم اجرای صحیح آن، هم توسط حاکمان و هم توسط قضات از طرف دیگر باعث خواهد شد که توده مردم به مرور به بی‌قانونی عادت کرده و این موضوع کم کم در بین مردم طی سالیان سال به فرهنگ تبدیل شود. دیگر کسی از دروغ گویی، اختلاس، کلاهبرداری، دزدی، تعرض به زن و فرزند دیگری شرم نداشته و این موضوعات به جای این‌که در بین جامعه نکوهش شوند و با خاطیان به شدت برخورد شود، به دلیل فقدان قانون یا ضعف اجرای قوانین، به نوعی زرنگی و توانایی و در نهایت فرهنگ تبدیل

می‌شوند. به نحوی که بعد از گذشت سال‌ها اگر موردی از اختلاس یا امکان دزدی از بیت المال برای تقریباً ۹۰ درصد از جامعه پیش بیاید از آن دریغ نمی‌کنند.

در این زمانه دیگر کسی به فکر کسی نخواهد بود و هر کس به‌هر نحو ممکن سعی در تأمین منافع خود دارد و ضایع شدن حق دیگران به هیچ عنوان اهمیت نخواهد داشت. در این جوامع وقتی گروهی از مردم حقشان توسط دولت یا کسانی دیگر ضایع شود اگر اعتراضی بکنند هیچ کس به پشتیبانی از آن‌ها سخنی نخواهد گفت و اعتراضی نخواهد کرد و آن عده معدود آزادی‌خواه هم که در این خصوص اعتراض کنند اگر اعدام نشوند، بقیه عمر خود را مجبورند در زندان‌ها بگذرانند.

چگونه می‌توان فرهنگ را اصلاح کرد؟

همان‌گونه که فرهنگ طی سالیان سال به اندازه یک یا دو نسل به انحراف کشیده شد، قاعدتاً سالیان سال یعنی یک تا دو نسل هم نیاز دارد تا اصلاح شود. بدین صورت که ابتدا باید پس از وضع قوانینی جدید، حکومتی که خود آغشته در فساد و جنایت نباشد، اجرای قانون را برای همه بلااستثناء ملزم بدارد و با خاطیان طبق قوانین و بی کم و کاست به شدت برخورد کند. در این حالت مردم که بی‌قانونی تا کنون به نحوی جزئی از فرهنگ و زندگی آن‌ها شده بود، برای عدم برخورد قانون با آن‌ها مجبورند علی‌رغم میل باطنی حتی المقدور قوانین را اجرا کنند. با مرور زمان و اجرای محکم قانون در همه زمینه‌ها توسط حاکمان و سیستم قضائی کشور، اجرای قوانین برای مردم بعد از گذشت یک یا دو نسل به یک عادت و کم کم به فرهنگ تبدیل خواهد شد. بعد از این دیگر عدم انجام یک فعل بد و غیر انسانی به خاطر ترس از قانون نیست بلکه به دلیل قبیح بودن آن در نظر مردم است که اجرا نمی‌شود و این فرهنگ جدید جامعه است. بنابراین اولین مرحله اصلاح فرهنگ یک جامعه، اصلاح قانون و اجرای محکم آن است.

چگونه می‌توان ایران را آباد کرد؟

چندی پیش گزارشی از ناسا در مورد تغییر اقلیم زمین شنیدم که تغییر وضعیت کشورهایی مانند ایران را به دلیل گرم شدن هوا از حالت نیمه خشک به خشک نشان می‌داد. به نحوی که پیش بینی شده مناطقی مانند جنوب تا مرکز ایران تا ۵۰ سال دیگر به دلیل خشکسالی قابل سکونت نخواهند بود. برای رفع این مشکل شاید بشود از هم اکنون پروژه بزرگ انتقال آب دریا را به فلات مرکزی ایران با کمک کشورهای دیگر اجرا کرد. سپس با نصب تجهیزات پیشرفته تصفیه آب، آب شور دریا را به آب شیرین تبدیل و در کل کشور از آن استفاده نمود. همچنین با توجه به امکان ایجاد صنعت کشتی‌رانی تا مرکز ایران، سیستم حمل و نقل را در ایران متحول نمود. می‌توان با ایجاد سیل بندها و سدهای مناسب و پیش بینی سیل‌های سهمگین که هر ساله هزاران نفر را آواره و زندگی آن‌ها را ویران می‌کند، از این به اصطلاح عامل ویران کننده به عنوان یک فرصت استفاده کرد و این آب شیرین آماده را به بهترین نحو ممکن به محلی دیگر برای بهترین استفاده منتقل نمود. چند شب پیش در یکی از شبکه های خبری در مورد دستاوردهایی صحبت شد که می‌توان با کمک آن‌ها نقشه بناهای تاریخی که هزاران سال پیش تخریب شده‌اند را مشخص و امکان بازسازی آن‌ها را فراهم آورد.

با این فن آوری و با مشارکت سایر کشورها، می‌توان بنای تخت جمشید و بسیاری از بناهای دیگر را مجدداً مثل روز اول بازسازی کرد و از درآمد توریسم آن به نفع کشور استفاده کرد می‌توان در امور حمل و نقل با استفاده از سوخت‌های پاک، انقلابی بزرگ ایجاد کرد. به نحوی که تحقیق برای استفاده از سوخت‌های اتمی یا

سایر سوخت‌ها را به تمام دنیا ارسال و برای آن سرمایه گذاری بزرگی انجام شود. می‌توان ماشین‌هایی مانند پهپادها به تعداد هزاران هزار با سوخت‌های پاك یا اتمی در آسمان کشور رها کرد به نحوی که با کنترل همه نقاط کشور، از جرم و جنایت جلوگیری شود. می‌توان سیستم خطوط آب و فاضلاب، برق، گاز و تلفن و... را از حالت پوشیده شدن با خاک با ایجاد یک مکان مشخص که به سادگی قابل دستیابی باشد، در زیر زمین بنا کرد به نحوی که با اشکال در هرکدام از آن‌ها نیازی به کندن مجدد زمین نباشد. می‌توان با امکان بازیافت نخاله‌های ساختمانی و تحقیق وسیع در نحوه ساخت ساختمان‌های مقاوم و ارزان، نحوه ساخت فعلی را کلاً تغییر داد. می‌توان با تغییر نحوه مدیریت شهرها، شهرسازی را دگرگون کرد. می‌توان سیستم مونوریل و مترو را به‌گونه‌ای طراحی کرد که با کمترین مسافت به آن‌ها دسترسی پیدا کرد. می‌توان به جای فروش نفت، این دارایی ارزشمند، درآمد کشور از صنعت توریسم، حمل و نقل، تولید علم و... تامین شود و نفت فقط از منابع مشترك با کشورهای همسایه برداشت شود و این ماده‌با ارزش را برای سال‌های بعد نگه‌داری کرد که مسلماً به جای تولید محصولات بی‌ارزش امروزی مانند بنزین، در آینده محصولاتی به مراتب ارزشمندتر از آن تولید کرد. می‌توان صنعت خودرو سازی را با همکاری کشورهای دیگر متحول کرد و سوخت همه خودروها به جای گازوئیل و بنزین به سوخت‌های اتمی یا برقی و غیره تبدیل شود. می‌توان با استفاده از فناوری‌های جدید در صنعت حمل و نقل، از سفرهای سریع با استفاده از سیستم‌های هایپرلوپ استفاده کرد. می‌توان صنعت تسویه آب فاضلاب را به گونه‌ای متحول کرد که بتوان تمام آب مصرفی را دوباره و حداقل برای تمام مصارف به غیر از شرب استفاده کرد. می‌توان در یکی

از بیابان‌های ایران طرحی جامع برای احداث کلان شهری عظیم و فوق مدرن با کمک متخصصین داخلی و خارجی و سرمایه‌گذاری سایر کشورهای جهان پیاده نمود به نحوی که از هر لحاظ پیش بینی‌های لازم درآن تا سال‌های سال انجام شده باشد و مردم سایر کشورها ترجیح دهند در این شهر زندگی کنند. که البته احداث آن نه تنها کل بیکاری در کشور را از بین خواهد برد بلکه نیاز به جذب نیروی کار از خارج نیز فراهم خواهد شد.

می‌توان ایران را به بهترین کشور دنیا برای زندگی تبدیل کرد؟ آری می‌توان. در این صورت با تغییر همزمان قوانین، رفتار انسان‌ها هم تغییر می‌کند و چندی بعد این رفتارها در همه جامعه نهادینه شده و به فرهنگ تبدیل می‌گردد.

گر تو سبزی، سبزم ... گر تو شادی، شادم ...
من ز شیرینی تو فرهادم ... وطنم، ایرانم ...
عید آن روز مبارك بادم ... که تو آبادی و من آزادم ...

مجتبی کاشانی

چرا حاکمان فعلی این چنین نمی‌کنند؟

چرا حاکمان فعلی این تغییرات را ایجاد نمی‌کنند. با این‌که می‌دانند این تغییرات باعث دوام حکومت آن‌ها بوده و آن‌ها ضمن کسب قدرت و ثروت بیشتر، با این کار رضایت عامه مردم را نیز تا حدودی جلب خواهند کرد. چرا چنین نکرده و در واقع نوع حکومت آن‌ها به دلیل ایجاد فشار هرچه بیشتر بر مردم و ایجاد رعب و وحشت در داخل و خارج از کشور باعث شده تا هر روز نظر اکثریت مردم نسبت به آن‌ها منفی شده و خواستار تغییر رژیم شوند. آنچه منطق می‌گوید تنها به یک علت است که حکومتی با داشتن قدرت، ثروت و امکان جذب مشارکت کشورهای خارجی به فکر این چنین کارهای سازنده در ایران نباشد و به‌گونه‌ای غیر عاقلانه عمل کند. در واقع این حاکمان، دست نشانده قدرت‌های دیگر بوده و تنها برای کسب منافع آن‌ها بدون هیچ‌گونه نگرانی از ویرانی کشور و ناامن نمودن آن اقدام می‌نمایند. بنابراین از خود اختیاری ندارند که بخواهند صرفاً به منظور جلب نظر مردم برای ادامه حکومتشان چنین تصمیمات کلان در جهت پیشرفت کشور اتخاذ نمایند. آنان در واقع دستورات را اجرا می‌کنند. معمولاً این قبیل حکومت‌ها از افرادی که عمدتاً اصالت ایرانی ندارند تشکیل شده و کمترین احساس نگرانی نسبت به ویرانی کشور و فرهنگ ندارند. این افراد گروهی مزدور هستند که از هیچ به این قدرت رسیده اند و درصورت مخالفت با دست‌نشانده‌های خود، احتمالاً با سخت‌ترین مجازات ممکن برای خود و خانواده‌شان روبرو خواهند شد. این افراد با توجه به سناریویی که قبلاً نوشته شده در نقش مبلغان دینی سعی در جذب مردم اقلیت نادان و ادامه حکومت داشته و با جو امنیتی که ایجاد کرده‌اند بدون

نگرانی از اعتراض اکثریت مردم دستورات قدرت‌هایی که آن‌ها را جایگزین حکومت قبل نموده، به انحاء مختلف اجرا می‌کنند. بنابراین منطقی نیست در چنین شرایطی انتظار آبادانی کشور و فرهنگ را داشته باشیم. احتیاج به داشتن اسناد و مدارك نیست. لازم نیست خودمان را فریب دهیم. مگر می‌شود آن زمان که دولت شاهنشاهی ایران که به قول این حکومت با دول غرب رابطه بسیار خوب و نزدیکی داشت و از حمایت آن‌ها برخوردار بود، فردی به ظاهر مذهبی که از مخالفین سرسخت آن‌ها بود را به همین راحتی آزاد بگذارد تا هر چه می‌خواهد بگوید و هر کاری‌که می‌خواهد برعلیه آن‌ها انجام دهد. آن‌ها هم مثل حاکمان فعلی می‌توانستند خیلی وقت، پیش از انتشار نام آن فرد در بین عوام، او را به انحاء مختلف سربه نیست کنند و مرگش را مثل یک حادثه جلوه دهند. البته اجازه این کار را نداشته تا جایی که بعد از انتشار نام او در بین مردم تنها توانستند او را به عراق تبعید کنند که بعداً هم به یک کشور غربی فرستاده شد و بعد از این‌که به حد کافی نظر عوام در خصوص تغییر رژیم جلب شد و تبلیغات مورد نظر توسط قدرت‌های مربوطه انجام گردید این فرد با هواپیمای اختصاصی به ایران برای حکومت فرستاده شود. مگر می‌شود کسی بدون پشتوانه قدرت و ثروت باعث تغییر حکومتی مثل حکومت شاهنشاهی ایران شود. در واقع این نظر که انقلاب ۵۷،صرفاً حاصل خواست مردم و بوسیله مردم بوده به نظر من چرندیاتی بیش نیست. قدرت و ثروتی از قبل این انسجام و مبارزات احزاب و توده ها و تبلیغات گسترده را در سراسر ایران و جهان به راه انداخت تا درنهایت ظاهر آن را با هدایت مردم به سوی خیابان‌ها به شکل انقلاب جلوه دهد. ولی در سیاست اگر این

موضوع مطرح شود به دلیل عدم ارائه مدارک، تکذیب شده و هیچ دولتی البته بر آن صحه نخواهد گذاشت.

لازم نیست مدارکی مستند برای علت واقعی تغییر رژیم در ایران ارائه شود تا ما باور کنیم که کشورهای ابر قدرت وقت باعث تغییر رژیم شده‌اند. آیا به این فکر کرده‌اید که چگونه مردم با این هماهنگی گسترده به خیابان‌ها آمدند. چه کسی این تبلیغات بزرگ علیه رژیم را برنامه‌ریزی می‌کرد آن هم زمانی که شبکه‌های اجتماعی به صورت امروزی وجود نداشت و تنها راه انتقال اخبار و تبلیغات رسانه‌ها مانند تلویزیون و رادیو بودند که آن هم در اختیار حکومت بود. چگونه یک دفعه حکومت تصمیم به آزادی تجمعات گرفت. چقدر هزینه لازم است تا بتوان علی‌رغم کنترل شدید سازمان امنیت ایران، آن تحرکات گسترده علیه رژیم را انجام داد. چگونه به عقل شاه نرسید که زمانی که هنوز خمینی در بین مردم مشهور نبود و قطعاً سازمان امنیت در مورد خطر وجود او اطلاع رسانی کرده بود، او را به نحوی در یک حادثه ساختگی ترور کند. چگونه حکومتی که ارتشی آن چنان قدرتمند و منظم داشت، یک دفعه پشت حاکمیت را خالی می کند و بعد از تغییر رژیم چه اتفاقاتی در جهان افتاد. چه کشورهایی از این میان سود بردند. چگونه عربستان و کشورهای حاشیه خلیج فارس بعد از انقلاب ایران این‌چنین پیشرفت کردند. اسرائیل با وجود اظهار دشمنی آشکار این حکومت به اصطلاح اسلامی، مظلوم جهانی شناخته شد و چگونه توانست با این ترفند خود را به راحتی و بدون اعتراض دیگر کشورها آن‌چنان مسلح کند که امروز هیچ مخالف نظامی به راحتی قادر به رویارویی با او نیست.

اگر واقعاً حکومت اسلامی ایران از نظر آمریکا و غرب، محور شرارت است و باعث بسیاری از تنش‌های موجود در منطقه است، چرا آن زمان که به راحتی می‌توانستند جلوی آن را بگیرند هیچ اقدامی نکردند. چرا آن زمان که سپاه هنوز سازمان یافته نشده بود و تنها بچه ماری کوچک بود، هیچ اقدامی برای از بین بردن این بچه مار خطرناك نکردند. چرا این همه جنایت و کشتار در زندان‌های این رژیم اسلامی اتفاق افتاد، هیچ کشوری اعتراض جدی نکرد. حتی با وجود این‌که بسیاری از این جنایت‌ها در خاك همان کشورهای اروپایی هم انجام شد، ولی تنها در آن زمان با احضار سفیر و اعلام ناخورسندی به این موضوع، مسئله خاتمه یافت و چندی بعد ارتباط تجاری مجدداً با حکومت ادامه یافت. آیا قدرت‌های غرب از جنایت‌های اتفاق افتاده توسط این حکومت خبر ندارند. وقتی یک شهروند عادی در ایران در این مورد خبر دارد، آیا سازمان‌های اطلاعاتی این کشورها از این موضوع بی‌خبر هستند؟ متأسفانه افرادی با شرف که امروز به دنبال محکوم کردن این جنایت‌ها هستند، ناچارند برای آن مدارك مستدل ارائه کنند!

شما اگر راست می‌گویید، آن زمان که دنیا فهمید که این حکومت چه جنایت‌ها بر علیه مردم خود انجام داده و چه خطر بالقوه‌ای برای جهان خواهد بود، با این‌که از همان اول نظر خود را برای گسترش عقایدشان به نام اسلام در سراسر جهان اعلام کردند، چرا آن وقت که به راحتی می‌توانستید جلوی این ناهنجاری بزرگ را بگیرید، هیچ اقدامی نکردید. شما کشوری را با آن‌چنان ثروت بی‌حدی در اختیار گروهی تبهکار قرار دادید تا به طور غیر مستقیم از نابودی این کشور، بهره‌مند شوید. امروز آن مار کوچک با ثروت بی‌حدی که در اختیارش قرار گرفت و اکنون تبدیل به اژده‌ها شده، مهار آن برای شما چقدر هزینه خواهد داشت. ببینید با سر

کار آمدن این حکومت به اصطلاح اسلامی چه تغییراتی در جهان رخ داد و چه جنایت‌هایی در سطح جهان اتفاق افتاد. از شکل گیری شبه نظامیان اسلام گرا و متعصب تا بوجود آمدن خلافت اسلامی داعش. تصاویری که من از این جانوران در شبکه‌های اجتماعی دیدم، برایم غیر قابل باور بود. در زمانی که انتظار می‌رفت بشر بعد از این همه پیشرفت نسبت به ۱۴۰۰ سال قبل، به گونه‌ای دیگر عمل کند. قطعاً این منفعتی که حکومت‌های ابر قدرت از آشوب و درگیری در دیگر کشورها می‌برند، کوتاه مدت خواهد بود و این ناهنجاری ایجاد شده که علاوه بر نقض آشکار حقوق بشر، باعث تخریب محیط زیست در این کشورهای جهان سوم شده است، دامن برنامه ریزان آن را هم خواهد گرفت.

این بازی اسلام گرایی هم بازی غرب است. معتقدم این جانوران حاکم دست نشانده در حکومت‌های اسلامی، خود ذره‌ای به خداوند باور ندارند. اینان دین را وسیله‌ای برای حفظ قدرت و ثروت می‌دانند و آن را برای رسیدن به اهدافشان هر طور بخواهند، تعریف می‌کنند و هر کس که مخالف با آن‌ها باشد را مرتد و مخالف دین و احکام خدا دانسته و از این طریق یا او را به اتهام محاربه با خدا می‌کشند یا به شدیدترین وجه ممکن مجازات می‌کنند. در این حکومت‌ها حتی اصول دین هم جابجا می‌شود و برای آن که از حفظ قدرتشان مطمئن شوند، اوجب واجبات را حفظ نظامشان اعلام می‌کنند. هر حکومتی که ادعای حکومت دینی کرد، قطعاً حکومت شیطانی است و این موضوع با بررسی رفتار حکومت‌های فعلی و گذشته اسلامی به وضوح پیداست. از آن‌جا که لزوم حکومت دینی، وجود حاکمی پرهیزکار و به دور از هر گناه می باشد، بنابراین طبق تعریف خودشان هم کسی

حق اعلام حکومت دینی ندارد و اگر کسی چنین ادعایی کرد قطعاً دروغ محض است و هدفی جز رسیدن به قدرت و ثروت ندارد. استثمار و بدبختی همیشه ناشی از جهل است. متأسفانه در سیاست کثیف امروز از جهل مردم بسیار استفاده می‌شود. همان‌گونه که تیر خلاص را قدرت‌های غربی از طریق جهل مردم در سال ۵۷ به ایران وارد کردند، بدانند که جهل خودشان از شرایط و مسائل پیرامون با سیاست ویرانی سایر کشورها و استفاده از آشوب در منطقه برای حفظ منافع در نهایت دامن آن‌ها را هم خواهد گرفت.

سیاست در واقع توانایی در اختیار گرفتن نظر مردم به منظور کسب منافع شخصی از طریق تفسیر عمدتاً عامدانه غلط اتفاقاتی عینی است که در هر نقطه این جهان اتفاق می‌افتد. بنابراین سیاست کاری به منطق و تفکر و شعور انسان‌ها ندارد بلکه بیشتر بر افراد بی‌منطق و بی‌شعور تکیه دارد تا هرگونه می‌خواهد اتفاقات پیرامون را تفسیر و توجیه کرده تا کار خود را پیش ببرد. از آن‌جا که از قدیم گفته‌اند سیاست پدر و مادر ندارد، بنابراین برای آن‌ها اهمیتی ندارد که در جهت پیش‌برد اهداف خود حتی اعتقاد به خدا را هم فدا کنند. بارها در داستان‌ها شنیده‌ایم که گفته شده فلان شخص سیاست کرد تا فلان چیز را به دست بی‌آورد. یعنی حیله نمود حال سؤال من این است آن کس که سال‌ها پیش گفت "سیاست ما عین دیانت ماست" و اکنون یکی از بزرگان مورد تمجید حکومت فعلی است که نام او را در بسیاری از خیابان‌ها و مجسمه او را در بسیاری از مکان‌های این سرزمین قرارداده‌اند، آیا نباید در مورد دیانت این فرد و حامیان او تردید نمود! چرا حاظر نیستیم کمی فکر کنیم؟

سال‌ها پیش که نفت ایران در شرف ملی شدن بود و البته پایگاه اصلی استخراج آن در مناطق بختیاری بود، استعمار هیچ راهی برای خروج ایران از این خواسته پیدا نکرد مگر نقطه ضعف دینی مردم ایران. تا جایی که یک نفر را در مقام مبلغ دینی آن‌چنان تعلیم داد که بعد از سرشناس شدن، مخالفت با ملی شدن صنعت نفت را در بین مردم ترویج می‌داد.

هرکه مهــر عــلی مــن دلــسه   نفـــت ملــی ســی چنسه

بله تاریخ به صورت‌های مختلف تکرار می‌شود و سیاست هم‌چنان از این جهل و فراموشی تاریخی مردم به روش‌های مختلف به منظور نیل به اهداف شخصی خود استفاده می‌کند. عمر انسان محدود است و امکان زندگی طولانی در این دنیا حداقل در این زمان برای او فراهم نخواهد بود. چه عمرها که هدر رفت و چه جان‌ها که بی‌گناه گرفته شد. کسانی که حامی این گونه حکومت‌ها هستند آیا وقت آن نرسیده تا به اتفاقات پیرامون خود و نقشی که آن‌ها در این شرایط ایفا می‌کنند کمی فکر کرده و با اندک وجدان در مورد این اتفاقات قضاوت کرده و تصمیم بگیرند که حق با چه کسی است و آیا اندک منافعی که از طرف این‌گونه حکومت‌ها نصیب‌شان می‌شود، ارزش آن را دارد تا وجدان، شرف، آخرت و عاقبت خود را بفروشند. حداقل کاری که می‌توان از این افراد انتظار داشت این است که اگر با نظری متفاوت مواجه شدند، در خصوص آن کمی تعمل کنند.

۱۳۹۵/۰۷/۲۵

فراز و نشیب‌های زندگی

درود

امشب ۱۲ مهر ۱۳۹۶ ساعت یک بامداد، از آخرین باری که برای شما نوشتم حدود یک سال می‌گذرد. بچه‌ها من سه ماه و نیمه که بی‌کارم. تقریباً دو ماه پیش واحد خودمان را تکمیل کردم و اسباب کشی کردیم به خانه جدید. نمی‌دانم چه بگویم که برخلاف انتظار همه که باید خوشحال باشم، بسیار ناراحت و پریشان حالم. به اندازه موهای سرم به مردم و بانک‌ها بدهکارم. این ماه هیچ کدوم از اقساط وامم را ندادم. این مدت هم که بیکار هستم خدا خیر به عمه‌تان بده خیلی زحمت کشید و کمک کرد. خیلی از بدهی‌های من را داد. ولی می‌دانم که بیشتر از این نمی‌تواند به من کمک کند. شاید تاحالا حدود ۴۰ میلیون تومن به من پول قرض داده باشد. کاش بتوانم برای او جبران کنم.

من قبلاً برای شما گفته بودم که در آن شرکت با چه مشکلاتی مواجه هستم و با مدیرانی کار می‌کنم که بعضی از آن‌ها متأسفانه شایستگی این سمت‌ها را ندارند. بالاخره این اختلاف نظرها به جایی رسید که باعث شد من از آنجا جدا بشوم. وقتی که اواخر پارسال دوتا محموله از محصولات شرکت، بدون مجوز خارج شد من بعد از باخبر شدن، این موضوع را سریع به مدیران ارشد تهران اطلاع دادم. خلاصه بگیر و ببند شد و دو نفر مقصر هم معرفی شدند. بعد قرار شد شرکت بر علیه آن‌ها شکایت کند و بعداً آن دو نفر به من گفتند که با مدیر کارخانه هماهنگ بودند. من این موضوع را به تهران اطلاع دادم و باعث شد که مدیر کارخانه هم دو ماه معلق بشود. بعد از گزارش من آن مدیر کارخانه مثل یک مار زخمی شده بود

و از همان روز تمام تلاش خودش را کرد که به نحوی به من ضربه بزند. خلاصه اواسط ماه خرداد بود که از امور مالی مرکزی در تهران شروع کردند به ایراد گرفتن به من و این‌که پرسنل آن بخش زیاد هستند و باید کم بشوند و فقط کنترلر برای آنجا می‌خواهیم و از این چرت و پرت‌ها که البته این‌ها تمام نقشه آن شخص بود که از طریق ارتباطاتش داشت انجام می‌داد. من می‌دانستم که این‌ها نمی‌گذارند من در آن کارخانه بمانم و دنبال بهانه می‌گردند. روزی که دادگاه آن دو نفر بود و شرکت هم همه شاهدهای ساختگی خودش را بر علیه آن دو نفر برده بود، من رفتم و شهادت دادم که کار این دو نفر به احتمال زیاد با هماهنگی مدیر کارخانه بوده و فقط این دو نفر مقصر نیستند بلکه مدیر کارخانه هم مقصر است. این قضیه خیلی برای آنها بسیار گران تمام شد و ظرف نیم ساعت همه شرکت در تهران و آمل را به دروغ پر کردند که من بر علیه شرکت و به نفع آن‌ها شهادت دادم. خلاصه جوری شد که روز شنبه اول تیر که من رفتم سر کار، دیدم کارتم را از دستگاه ساعت‌زن برداشتند. من هم مدارک مربوط به شرکت را تحویلیشان دادم و رفتم. همزمان یک کاری‌که قبلاً برای آن کار رزومه داده بودم و با آنها توافق کردم که از همان اول تیر مشغول بشوم. شرکت به ظاهر دارای پرستیژ و مدیری به ظاهر متدین و مذهبی. نمی‌دانستم که این کار آینده‌ای ندارد. برای همین خیلی اصرار نکردم که قرارداد کاری را همان موقع امضاء کنند. بعد از یک ماه و نیم که از آن‌ها خواستم که قرارداد من را امضا کنند گفتند که با این حقوق نمی‌توانند ادامه بدهند، حقوقی که قبلاً در موردش باهم توافق کرده بودیم! خلاصه ازآنجا هم بیرون آمدم. بچه‌ها من اگر این شرکت اخیر را نمی‌رفتم می‌توانستم بیمه بیکاری بگیرم و این همه مشکل که الان دارم را نداشتم. با توجه به حقوق نسبتاً خوبی که از شرکت قبلی

می‌گرفتم، عدد بیمه بیکاری می‌توانست مبلغ قابل توجهی باشد. اصلًا فکر نمی‌کردم که ادامه کارم در این شرکت جدید به مشکل بخورد. حالا که فرصت یک ماهه درخواست بیمه بیکاری تمام شد من نه حقوقی گرفتم و از طرفی بیمه بیکاری را هم از دست دادم.

بچه ها باور کنید دارم دیوانه می‌شوم. اصلاً شب‌ها خواب ندارم. بعضی وقت‌ها ساعت ۲ یا ۳ نصفه شب از خانه بیرون می‌روم یا سر پشت بام می‌روم و خودم را سرزنش می‌کنم. از فرط ناراحتی و فشار بدهی‌ها نمی‌دانم چه کار کنم. من الان مثل یک قمار بازم که همه چیزش را باخته است. بعضی شب‌ها به اتاق شما می‌آیم و شما که خواب هستید را نگاه می‌کنم و با خودم می‌گویم به خاطر شما باید تحمل و تلاش کنم تا از این بحران نجات پیدا کنم. نمی‌دانم چرا اما به هر دری که می‌زنم به بن بست می‌رسم. مثل این که یک دستی نمی‌خواهد مشکل من حل بشود. هر شب به خدا التماس می‌کنم که من را از این وضعیت نجات بدهد تا آبرویم جلوی مردم و طلبکارا و ضامن‌هایم نرود. شب‌ها برای این‌که امیدم را از دست ندهم، می‌نشینم و برای خودم وجود خدا را بارها و بارها اثبات می‌کنم. تا نکند این فکر بر من غلبه کند که استغفرالله خدایی وجود ندارد. تنها چیزی که من را هنوز سر پا نگه داشته است امید به خدا و شما بچه ها هستید. نمی‌دانم چطور بگویم ولی باور کنید خیلی دارم، فشار زندگی را تحمل می‌کنم. نمی‌دانم، نمی‌دانم...

"ای خدایی که می‌گویند از رگ گردن به من نزدیک تری. ای خدایی که در قرآن صفت بخشنده‌ای و مهربانیت بارزتر از سایر صفات نیکویت عنوان شده. خدایا به تو التماس می‌کنم. دستم را بگیر. به تمام خوبی‌های عالم قسمت می‌دهم که

کمکم کنی. دیگر نمی‌توانم تحمل کنم. خدایا من به تو ایمان دارم تو را به همه خوبی ها قسم، نگذار که از این درگاه نا امید بشوم. خدایا تنها امید من تویی. به‌خاطر بچه‌هایم کمکم کن. اگر خطایی از من سر زده که مستحق این مشکلات شدم من را ببخش و کمکم کن تا جبران کنم و اگر چشم زخم و جادوی دیگران هست که من اگر چه با وجود قدرت لایزال تو به این چیزها باور ندارم، ولی باز به تو پناه می‌برم از شر نفاسات فی العقد، از شر حاسد اذا حسد و از شر جن و ناس."

خدایا همیشه از تو خواهش کردم تا کمکم کنی دستم به جز تو جلوی کسی دراز نشود. خدایا همیشه از تو خواهش کردم که کمکم کنی تا بتوانم به دیگران کمک کنم. خدایا اگر کاری مرتبط با تخصص من تا کنون برایم پیدا نشد، تو نخواستی. خدایا من در این شش هفت ماه و مخصوصا در این شرکت اخیر چقدر نامردی و بی شرفی از بندگانت دیدم. خدایا دیدم که این دنیا پر از جانورانی هست که به انسانیت خیلی بدهکارند. دیدم که مال دنیا باعث می‌شود به راحتی دست روی قرآن بگذارند و قسم دروغ بخورند. آن هم نه برای مبالغ بالا بلکه برای مبالغ اندک و ناچیز. دیدم که همه چیز شده تزویر و ریا. هم در مراسم محرم دیدم هم در ریش و پشم گذاشتن و حفظ ظاهر.

در می‌خانه ببستند خدایا مپسند   که در خانه تزویر و ریا بگشایند

حافظ

حالم دارد از این دنیا و این مردمش به هم می‌خورد. حالم دارد از این انسان نماهای کثافت بهم می‌خورد. به هیچکس نمی‌شود اطمینان کرد. بعضی از افرادی که نماز می‌خوانند و دائم روزه می‌گیرند و ادعای دیانتشان می‌شود از همه

بدتراند. شرف دارد آن بی‌دین عرق خوری که حداقل ظاهرش مثل باطنش هست.

ببخشید که شما را ناراحت کردم ولی دلم می‌خواست با شما درد و دل کنم تا کمی راحت بشوم. روزی که شما این جملات را می‌خوانید مطمئناً درك می‌کنید که من چقدر تحت فشار بودم.

به یارب یارب شب زنـــده‌داران به امـــید دل امیـــــدواران
به آب دیده طفلان محـــروم به یارب یارب صـــاحب گناهان
به محتاجان در بـــر خلق بسته به مجروحان خون بـــر خون نشسته
به وردی کـــز نو آموزی برآیـــد به آهی کـــز سر سوزی برآیـــد
به هر طاعت که نزدیکت صواب است به هر دعوت که پیشت مستجاب است
به آن آه پسین کز عـــرش پیشست به دان نام مهین کز شـــرح بیشست
که رحمی بر دل پـــر خونم آور وزین غرقاب غـــم بیرونم آور
خداوندا شبم را روز گـــردان چو روزم بر جهان پیروز گـــردان

نظامی گنجوی

آرزو می‌کنم هیچ وقت محتاج خلق نشوید.

دوستتون دارم

ساعت ۱۱:۳۰ شب مورخه ۲۶ بهمن ۱۳۹۶ برای شما بگویم که به لطف خدا درست ۱۰ روز بعد از آن شرایطی که قبلاً تعریف کردم، روز ۲۳ مهر ۹۶ در سازمان معتبری با سمت رئیس‌حسابداری استخدام شدم. همان‌طور که قبلاً گفتم و از صمیم قلب هم به آن اعتقاد داشتم و دارم، خدای متعال بنده‌های خودش را، مخصوصاً وقتی که از صمیم قلب صدایش کنند، رها نمی‌کند و به یاری آن‌ها میاید (بخوانید مرا تا اجابت کنم شما را).

من تصمیم داشتم صبر کنم فعلاً چیزی ننویسم برای اینکه که احتمالاً تا چند وقت دیگر از نظر کاری اتفاقات دیگری شاید برام بیافتد که البته نسبت به خوشایند یا ناخوشایند بودنشان مطمئن نیستم. ولی می‌خواستم برای شما از دست قدرتمند خدا بگویم که هیچ قدرتی بالاتر از آن نیست (یدالله فوق ایدیهم). خیر و صلاح بندگانش را خودش خوب می‌داند و آن‌ها را در ورطه آزمایش قرار می‌دهد تا معلوم بشود کی چه کاره هست. نه این‌که برای خدا معلوم بشود نه، که خداوند خودش بر علم غیب آگاه هست و البته می‌داند کی چه کاره هست (یا من لا یعلم الغیب الا هو). فقط چون تمام هستی بنیانش بر اساس منطق نهاده شده، زمانی هم که قرار باشد انسان‌ها در پیشگاه الهی سنجیده بشوند، بر اساس افکار و کارهایی که انجام دادند این اتفاق می‌افتد.

خوب از کارم برای شما بگویم که بعد از آن سختی ها یک روز از آن سازمان به من زنگ زدند و گفتند برای مصاحبه به آنجا بروم. مدیر مالی آن شرکت با من کمی صحبت کرد و گفت که بعداً با من تماس می‌گیرند. بعد از چند روز از من خواستند که دوباره به آنجا بروم. این دفعه همان شخص شروع کرد به صحبت‌هایی که من

از تو انتظار دارم که فقط از من دستور بگیری و شروع کرد به منت نهادن که مثلاً "نبینم یک روز تو به کسی بدون هماهنگی من گزارشی دادی و ..." من از این طرز صحبت او بدم آمد ولی به خاطر شما حرفی نزدم و با یک سری جواب‌های کلی صحبت را تمام کردم و بعدش رفتیم دفتر رئیس سازمان و او البته خیلی به ظاهر خوش برخورد بود ولی در میان صحبت‌هایش دائم تأکید می‌کرد که اینجا نمی‌دانم چطوری هست و سعی کن در حرف‌هایی که زده می‌شود وارد نشوی و ... مثل این‌که می‌خواست یک چیزی بگوید ولی نه واضح.

چند روز بعد مدیر مالی به من زنگ زد که ما نمی‌خواهیم که تو از طرف ما معرفی بشوی و الکی به هیات رئیسه می‌گوییم که تو از طرف یکی دیگر از اعضای هیأت ریسه معرفی شده‌ای. من منظورش را نفهمیدم و نپرسیدم برای چه. خلاصه روزی که قرار بود من با هیأت رئیسه مصاحبه کنم رفتم و یکی از آن‌ها هم جوری وانمود کرد که یعنی او من را معرفی کرده است. رزومه کاری من را دیدند و بعد هم با خزانه‌دار سازمان آشنا شدم که البته برخلاف مدیر مالی، آدمی خوش برخورد و منطقی بود. بالاخره من ۲۳ مهر استخدام شدم. در اولین برخورد من با مدیر مالی و صحبتی که با من داشت، فهمیدم که اینجا هم جایی نیست که بی دغدغه کار کنم. فهمیدم که با یک فرد بسیار بی شعور رو برو هستم. آن فرد در اولین روز کاری حرف‌هایی زد که ظاهراً نشان می‌داد از چیزی می‌ترسد یا نگران است. خیلی اصرار داشت که خلاف نظر آن کاری نکنم یا بدون هماهنگی با او به کسی گزارش ندهم ولی او هم نمی‌دانست که من‌هیچ گاه حاضر نمی‌شوم صرفاً به خاطر حفظ موقعیت شغلی خودم با هر کاری‌که تخلف و مغایر با قوانین و آئین نامه‌های شرکتی باشد موافقت کنم.

بعداً فهمیدم که چه مشکلی دارد و این اصرار او برای چه بود. فهمیدم که به دلیل انجام تخلفات متعدد و عدم توانایی او به عنوان مدیر مالی در انجام وظایف محوله و رفتار ناشایست با پرسنل و اعضاء سازمان خیلی‌ها دنبال این هستند که او را برکنار کنند. برای همین می‌ترسید. البته رئیس سازمان و برخی از اعضای هیأت مدیره از او حمایت می‌کردند. همان‌طور که انتظار می‌رفت یک هفته نشده بود اختلافات من با او بیشتر شد و من این موضوع را به رئیس سازمان اطلاع دادم و بعد کلاً اختلاف من با او برای همه علنی شد تا حدی که دو ماه بعد، در مورد یک موضوع کاری با هم به‌صورت لفظی درگیر شدیم. در این فاصله من با افرادی که او خیلی از آن‌ها می‌ترسید ارتباطم بیشتر شد و البته برای من مهم نبود که او خبر دارد یا نه. یک بار، هم به خودش و هم به رئیسش گفتم که من‌قبلاً هیچ کسی را اینجا نمی‌شناختم و شما براساس رزومه کاری، من را انتخاب کردید و هیچ منتی سر من ندارید و من نان بازویم را می‌خورم و به کسی هم باج نمی‌دهم. من نه آشنای این آقا بودم نه فامیلش که بخواهد من را معرفی کند. سازمان احتیاج به یک نیروی کاری متخصص داشت من را استخدام کرد. بعدها که صورت جلسات قبلی هیأت رئیسه را دیدم، متوجه شدم نظر هیأت رئیسه، استخدام من به عنوان مدیر مالی بود نه رئیس‌حسابداری و این هم یکی دیگر از دلایلی بود که او خیلی احساس خطر می‌کرد. خلاصه برای شما بگویم همین الان که دارم این اتفاقات را می‌نویسم، تغییرات زیادی در راه هست و هیأت رئیسه دارد عوض می‌شود. من هم بعد از آن درگیری لفظی که داشتم الان دو ماهی هست‌که اختلاف من با او برای همه آشکار شده است. اگر از دستش بر می‌آمد من را همان روز اول اخراج می‌کرد. اکنون بحث‌ها در مورد برداشتن مدیر مالی فعلی هست و ...

در هر صورت تا اول سال آینده معلوم می‌شود آیا من دیگر در سازمان هستم یا نیستم. تا ببینیم خدا چه می‌خواهد. یاد داستان حضرت موسی افتادم که در قصر فرعون بزرگ شد.

بچه‌ها نمی‌دانم ولی در این شرایط نابسامان، این برخوردهای من با مسائل و اتفاقات اطرافم شاید درست نباشه. ولی من نمی‌توانم زیر بار حرف زور بروم و در محیط‌های کاری رفتارهای غیر قانونی را نمی‌توانم تحمل کنم. با این‌که می‌دانم این تصمیم من در مخالفت با مدیران ممکن است به ضرر من منجر بشود ولی هرچه سعی می‌کنم، نمی‌توانم با این موضوع کنار بیایم. به حول و قوه الهی، به کسی جز خدا متکی نیستم. خودش من را اینجا آورد، خودش هم می‌داند که من را در چه مسیری قرار بدهد. فقط از خودش می‌خواهم که لحظه‌ای من را به حال خودم رها نکند.

یار تویی، غار تویی، خواجه نگه‌دار مرا

مولانا

"خدایا مرا نگه‌دار، مرا رها نکن، مرا به حال خود رها نکن، خدایا به تو التماس می‌کنم لحظه‌ای مرا به حال خود رها نکنی که من توانایی حفظ خود را در مسیر مستقیم ندارم. آن‌قدر ضعیفم که بادهای گزنده مرا به هر سو می‌توانند بکشند و بر زمینم بزنند. خدایا مرا در برابر تند بادهای زندگی، آفت‌های موجود نگه‌دار و کمکم کن که بر زمین نخورم. مرا به حال خود رها مکن که تو تنها توانای مطلق و در عین حال مهربانی. تنها تو را می‌پرستم و تنها از تو یاری می‌جویم".

موفق و پیروز باشید

ساعت ۵ بعد ازظهر مورخه ۶ شهریور ۱۳۹۷

از بهمن ماه پارسال تا حالا اتفاقات زیادی افتاد. برای شما بگویم که ارتباط من با مدیر مالی آن‌قدر متشنج شد که کار به درگیری لفظی شدید کشید. نهایت کار آن‌جا بود که یک روز من یکی از سندهایی که به دستور او صادر شده بود را تأیید نکردم. او پیغام داد که سند را تأیید کنم. من گفتم سند از نظر قانونی اشکال دارد و من تأییدش نمی‌کنم. خلاصه وقتی رفتم توی اتاقش به من گفت تو درحدی نیستی که بخواهی در مورد اشکال قانونی سند به من ایراد بگیری من هم پاسخ دادم "تو که سهلی، رییس سازمان هم بگوید من تأیید نمی‌کنم" در آخر به او گفتم حرفش مادامی که خلاف قوانین باشد برای من ارزشی ندارد! و با همین لحن از اتاقش آمدم بیرون و آن هم تهدید کرد که قرارداد من را آخر سال تمدید نمی‌کند. چند دقیقه بعد هم او پرسنل مالی را جمع کرد و به آن‌ها گفت که از این به بعد هیچ کس حق ندارد با من هیچ هماهنگی و همکاری بکند و ...

از آن روز به بعد من با این آدم دیگه حتی یک کلام هم حرف نزدم و حتی وقتی باهم روبرو می‌شدیم به هیچ عنوان اهمیتی به او نمی‌دادم. دیگر آخرای سال بود و من هم گزارشات زیادی از تخلفات او به هیأت رییسه جدید داده بودم. اولین روز کاری‌سال بعد دیدم که اسم من را از سیستم حضور غیاب برداشته و وقتی رفتم داخل اتاق کارم، دیدم که سیستم کامپیوتر من را هم برداشته است. یک نامه هم داده که با سازمان تسویه حساب کنم. من این موضوع را به خزانه‌دار و چند نفر از اعضای هیأت مدیره گفتم ولی آن‌ها از من خواستند که به هیچ وجه سازمان را ترک نکنم. خلاصه یک ماه فروردین، من بدون قرارداد می‌آمدم و می‌رفتم و از آن

طرف خزانه‌دار سازمان هم می‌گفت که بدون تأیید من سندهای سازمان را امضاء نمی‌کند. بالاخره سازمان قرارداد من را تمدید کرد. در نهایت آن فرد به خاطر تخلفات زیادی که داشت و رفتار زشت و بی‌ادبانه‌اش با مردم، اعضای سازمان، کارمندان و با بعضی از اعضاء هیأت مدیره، اوایل خرداد ماه از سازمان اخراج شد. از اردیبهشت‌ماه که قرارداد من تمدید شد، می‌دانستم که چند نفر از اعضاءهیأت رئیسه به واسطه رییس قبلی سازمان به دنبال این بودند که به نحوی به من ضربه بزنند. با این‌که حتی رییس وقت سازمان از من خواست که با سمت مدیر مالی در سازمان بمانم ولی دیگر آن‌جا برای من مناسب نبود، جو آن‌جا خیلی سیاسی بود. برای همین دنبال یک کار دیگر می‌گشتم. یک روز به همراه یکی از همکاران مالی که قبلاً با مشاور مالیاتی سازمان درباره من صحبت کرده بود، به دفتر او رفتیم و ایشان هم من را به یک شرکت تولیدی برای سِمت مدیر مالی معرفی کرد. در نهایت بعد از گفتگو با مدیرعامل شرکت، قرار شد که از اول خرداد آن‌جا مشغول به کار شوم و الان که خدمت شما دارم صحبت می‌کنم مدیر مالی آن شرکت هستم و از سازمان هم جدا شدم. البته بعداً سازمان از من خواست که به صورت پاره وقت به عنوان مشاور مالی با آن‌ها همکاری داشته باشم و چند ماهی هم بعدازظهرها در قالب مشاور مالی اسناد و مدارك آن‌ها را بررسی می‌کردم.

حاجت موری به علم غیب بداند　　　در بن چاهی به زیر صخره سماء

سعدی شیرازی

فعلاً در محل کار جدید راضی‌ام و مدیریت اینجا هم فرد باشخصیت و مورد احترامی است. امیدوارم که در آینده هم مشکل خاصی پیش نیاد تا حداقل بتوانم در محیط کارم کمی آرامش داشته باشم. البته بگویم که بدهی‌ها امانم را بریده‌اند. از اردیبهشت دوباره اوضاع مملکت بهم ریخت. دلار از ۳۵۰۰ تومن شروع به بالا رفتن کرد. الان دلار ۱۱۰۰۰ تومن شده است. باورتان می‌شود ظرف سه چهار ماه، تورم در مملکت بیش از سه برابر بشود. تاریخ چک‌هایم تقریباً بیشترشان در مهرماه هست و هنوز نمی‌دانم چه بکنم. خلاصه اینکه پدرتان یک خانه ساخت و بدهی‌های بسیار او را به دردسر انداخت. به امیدخداوند، که این مشکل هم به زودی حل بشود.

از اتفاقات دیگر در این مدت برای شما بگویم که یکی از روزهای تیر ماه قرار بود ما شب به خانه مادرم برویم. من که با دوچرخه می‌رفتم سرکار، موقع برگشتن مستقیم به آنجا رفتم و شما هم با مادرتان قبل از من رسیده بودید. موقع برگشتن ساعت دو بعد از نصفه شب بود و من هم که با دوچرخه آمده بودم می‌خواستم با همان دوچرخه برگردم پسرم هم خواست با من بیاید و من قبول کردم. در خیابان سرعت من زیاد بود احساس کردم که نکند پای بچه برود توی اسپک چرخ. برای همین از پسرم خواستم پایش را بالاتر بگیرد تا داخل اسپک چرخ نرود. بعد کمی که رفتیم جلوتر باز این موضوع را تکرار کردم و از او خواستم که مواظب پاهایش باشد. او گفت "بابا اگر پایم برود داخل اسپک چرخ چی می‌شود؟" گفتم "بابا بیچاره می‌شیم. خدای نخواسته پاهات آسیب شدید می‌بینند". هنوز دو سه دقیقه از این حرف نگذشته بود که یک دفعه وسط خیابان من دیدم که تایر جلوی

دوچرخه قفل شد و ما با سر روی زمین افتادیم. البته من با زانویم خوردم زمین و آن‌قدر نگران پسرم بودم که قبل از این‌که بلند بشم و نگاه کنم و ببینم او در چه حالی هست فقط هی داد می‌زدم "یا ابوالفضل"

متأسفانه اتفاقی که نمی‌خواستم بیافتد، افتاده بود و پای پسرم رفته بود داخل اسپک دوچرخه و با سر هم خورده بود روی زمین. من همین طور که داد می‌زدم و از خدا کمک می‌خواستم و سعی می‌کردم پای پسرم را از داخل میل فرمان دوچرخه بیرون بیاروم یک دفعه دیدم پیشانی‌اش خیلی متورم شده. نمی‌دانید آن موقع چه به سر من گذشت. فقط هی داد و فریاد می‌کردم. پایش را هم به راحتی نمی‌توانستم در بیاورم. دست و پایم را گم کرده بودم. بالاخره به هر نحوی بود پای خون آلود پسرم را درآوردم. هرچه به مادرتان که به همراه دخترم با ماشین رفته بود خانه، زنگ می‌زدم گوشی را جواب نمی‌داند. زنگ زدم به عمو که بیاد و بالاخره به مادرتان هم گفتم که بیاید. خدا می‌داند دلم می‌خواست من بجای پسرم این اتفاق برایم می‌افتاد. نمی‌توانستم خودم را ببخشم. سریع رفتیم بیمارستان و تا فردا ظهر ما آن‌جا بودیم. پای پسرم را آتل بستند. دیگر ظهر شده بود که از بیمارستان برگشتیم. من وقتی رسیدم آن‌قدر برای پسرم ناراحت بودم که بی اختیار شروع کردم به گریه کردن. نمی‌دانستم چه بگویم. خودم را مقصر می‌دانستم.

ناراحت بودم نکند خدای ناکرده بلایی سر پسرم آورده باشم. از خودم خیلی بدم می آمد. دلم می‌خواست می‌مردم و آن روز را نمی‌دیدم. الان بعد از گذشت تقریباً دو ماه شکر خدا پای پسرم تقریباً خوب شده ولی هنوز نمی‌تواند خوب بدود و کمی هم پایش ورم دارد. دکتر گفت استخوان رشدش آسیب دیده که انشاا.. خودش

خوب می‌شود. خداوند مهربان پسرم را از آن حادثه ناگوار محافظت کرد و قسم می‌خورم این یکی از بزرگترین لطف‌هایی بود که خداوند در حق من عطا فرمود.

اگرچه خداوند متعال بارها و بارها بر من مسکین درگاهش منت گذاشته است و این بنده گناه کارش را مورد لطف و مرحمت خود قرار داده ولی همین یک موضوع که به راستی معجزه‌ای بود برای من کافی است تا همیشه شکر خداوند متعال را بجا بیاورم. منت خدای را عز و جل که طاعتش موجب قربت است و به شکر اندرش مزید نعمت. هر نفسی که فرو می‌رود ممد حیات است و چون برمی‌آید مفرح ذات. پس در هر نفسی دو نعمت موجود است و بر هر نعمتی شکری واجب.

از دست و زبان که برآید   کـــز عهده شکرش به در آید

بنده همان به که ز تقصیر خویش   عذر به درگاه خـــدا آورد

ورنه سـزاور خداوندیـش   کس نتواند که بجـــای آورد

سعدی شیرازی

انشاا.. به لطف حق دیگر هیچ وقت، هیچ اتفاق بدی برایتان نیافتد.

دیگر برای شما بگویم که هفته پیش رفته بودیم باغ پدرم. نمی‌دانم ولی احساس می‌کردم که بابام از آمدن من خوشحال نبود. نمی‌دانم چرا اینقدر از من دلسرد شده است. نمی‌دانم شاید انتظاراتی داشت که من به عنوان پسر بزرگش نتوانستم آن‌ها را برآورده کنم. این حالت در رفتارهایش کاملاً مشهود بود. دیشب به دلیل موضوعی با یک نفر بحثم شده بود، هنگام برگشتن توی ماشین، یادم افتاد به کار

بابام. ناخودآگاه به خاطر این همه سختی که توی زندگی می‌کشم و این احساسی هم که بابام به من دارد می‌خواستم گریه کنم. خیلی احساس تنهایی کردم. با وجود این همه مشکل مالی که من در زندگی دارم یک بار بابام به من نگفت که مشکلت چیست. حداقل اگر کاری برایم نمی‌تواند انجام بدهد، می‌توانست کمی من را آرام کند.اما برعکس حتی در این موقعیت سخت از من انتظاراتی هم داشت. شاید حق داشته باشد. ولی شاید نداند که بعضی اوقات من برای ۵۰۰۰ هزار تومن لنگ شدم. یک شب عمه‌تان به خانه ما آمد و حال و روز ما را فهمید. خودش رفت و برای شام خرید کرد و مقداری هم پول داد برای خرجیمان. هر دو خواهر من خیلی مهربان هستند ولی انصافاً این خواهر کوچکترم توی مشکلات مالی خیلی به من کمک کرد و من مدیونش هستم. شاید باورتان نشود که از وقتی که من این خانه را ساختم بابام‌حتی یک بار هم اینجا نیامد. من شرم دارم این را به کسی بگویم ولی همین موضوع نشان می‌دهد که چقدر به فکر من است! شاید انتظار من بیجا باشد. بالاخره او هم مشکلات خودش را دارد. البته این موضوع خدای نکرده باعث نمی‌شود که من قدردان زحماتش نباشم. درعوض مادرم که "خدایا به سلامت دارش"، کاری نبود که از دستش بر بیاد و برای من انجام ندهد و همیشه با مهربانی‌هایش برای من یک قوت قلب است. خدایا کمکم کن بتوانم کمی از زحمات مادر و پدرم را جبران کنم.

بچه ها، خدا را شکر می‌کنم که شما را به من داد. به خدا به خاطر این‌که پدر شما هستم، هیچ منتی بر سر شما ندارم. مطمئن باشید تا جایی که در توانم باشد به امید و لطف خدا از کمک به شما در هر شرایطی دریغ نخواهم کرد تا انشاا.. به آن آرزویم که خوشبختی شماست، برسم. سعی می‌کنم هیچ وقت در مسیر زندگی

شما به عنوان یک مانع نباشم بلکه همیشه به عنوان یک کمک کننده و کسی که بتوانید هر زمانی روی کمکش حساب کنید باشم. سعی می‌کنم به خاطر هر آنچه در طول زندگی‌ام از پدرم انتظار داشتم و برآورده نکرد، برای شما فراهم کنم. تلاش می‌کنم همیشه با شما دوست باشم. از خدا می‌خواهم اگر روزی قرار باشد رفتار من در آینده به گونه‌ای شود که فرزندانم از من راضی نباشند، یک لحظه من را زنده نگذارد.

همیشه و از صمیم قلب برای شما آرزوی سلامتی و موفقیت دارم.

به نام ایزد یکتا

ساعت ۹ صبح روز چهارم فروردین ماه ۱۳۹۸

ما دیشب تازه از باغ برگشتیم. سه روز اول عید را آنجا گذراندیم. برای شما بگویم که شکر خدا مشکلات مالی کمی حل شده است. من هنوز در همان شرکت هستم. توانستم کمی از بدهی‌ها را تسویه کنم و البته مقدار زیادی از آنها هنوز باقی مانده‌اند. یک ماه پیش بالاخره بابام به خانه مان آمد. خوب همانطور که انتظار داشتم خانه‌ای که ساخته بودم، خیلی برایش جالب توجه نبود. مقداری هم گوشت خریده بود و با خودش آورده بود. دستش درد نکند. از تعطیلی‌های عید بگویم که بچه ها از یک هفته قبل از پایان سال تعطیل شدند و این تعطیلی تا بیستم فروردین هم ادامه دارد. بچه ها بابا خیلی دوستتون دارد. الان هم من توی اتاق شما نشستم و دارم این خاطرات را می‌نویسم و شما خواب هستید.

در این سال جدید من بهترین آرزوها را از خدا برای شما دارم. از خدای بزرگ و مهربان به عنوان یک پدر می‌خواهم که فرزاندانم را در پناه خودش مراقبت کند. از خدای مقتدر و مهربان می‌خواهم که شما را در مسیر خیر و سعادت و خوشبختی قرار بدهد. در مسیری که با ایمان راسخ به خدا و تلاش و کوشش در راه کسب علم و دانش به مرحله‌ای برسید که با یک دیدگاه قوی و عالی از انسانیت، به جامعه بشری خدمت کنید و از کسانی باشید که معنی انسان بودن را به درستی به همه نشان بدهید و باعث افتخار من و مادرتان، عزیز و آقاجون و دیگران بشوید. بچه‌های عزیزم اگر بخواهید و تلاش کنید، به شما قول می‌دهم که به این مرحله خواهید رسید. شکر خدا شما توانایی این را دارید. به خدا قسم، نهایت تعالی

انسان در این دنیا همین است. با اتکاء به خداوند و اطمینان از این موضوع که هیچ کس و هیچ چیز نمی‌تواند در برابر اراده حق تعالی مقاوت کند و همیشه حواسش به شما هست و البته در این مسیر به شما کمک می کند، نهایت تلاشتان را بکنید. با درس خواندن و کسب علم و دانش به مقامی برسید تا بتوانید ابزار قوی‌تری در انجام این هدف مهم یعنی نمایش جلوه انسانیت به دست بیاورید. انسان‌ها در هر موقعیتی می توانند انسانیت را نشان بدهند ولی وسعت این نمایش با موقعیت اجتماعی هر فرد فرق دارد. یک کشاورز، یک کارمند، کسی که تحصیلات مختصری دارد، اگر یک انسان واقعی باشد فقط شاید بتواند به چند نفر در محیط کوچک اطراف خودش خدمت کند و تمام. ولی کسی که درس خواند و به درجات عالی علمی دست پیدا کرد، به مقام بالایی رسید که بین گروه زیادی از مردم شناخته شد، آن وقت تأثیری که می‌تواند بگذارد البته بسیار زیادخواهد بود. بخواهید تا بتوانید.

کنون گرد خویش اندر آور گروه — سواران و مردان دانش پژوه
دگر با خردمند مردم نشین — که نادان نباشد بر آئین و دین
که دانا تو را دشمن جان بود — به از دوست مردی که نادان بود
تو فرزندی و یادگار منی — به هر کار دستور و یار منی
امیدم به دادار روز شمار — که از بخت و دولت شوی بختیار
ز خورد و ز بخشش میاسای هیچ — همه دانش و داد دادن بسیچ
بیاموز و بشنو ز هر دانشی — بیابی ز هر دانشی، رامشی

فردوسی

بچه ها! من قدرت و کمک خدا را بارها و بارها در زندگی‌ام دیده‌ام و این فقط یک اعتقاد نیست. من این را احساس کردم. شما آن‌قدر برایم عزیز هستید که من هیچ وقت نمی‌خواهم در مورد موضوعی که مطمئن نیستم حتی در موردش با شما حرف بزنم تا نکند خدای نکرده در مسیر زندگیتان تأثیر منفی داشته باشد. بنابراین اگر اینقدر مطمئن برای شما می‌گویم چون مطمئن هستم. موفق و پیروز باشید و تحت تأثیر هیچ تبلیغاتی قرار نگیرید تا وقتی که خودتان به یک موضوعی به درستی واقف شوید.

ساعت ۹:۳۰ صبح روز جمعه سوم مهرماه ۱۳۹۸

شما هنوز خواب هستید. البته به خاطر زحمتی که برای درس و مشق می‌کشید حق دارید که توی تعطیلات بیشتر بخوابید. تا حالا توانستیم بخش دیگری از بدهی‌هایمان را تسویه کنیم. شکر خدا دیگر آن فشار سابق را روی زندگی ندارم. ولی هم‌چنان بدهکاری تمام نشده است.

دخترم به مدرسه جدید که همان گروه مدرسه‌های فردوسی هست رفته است و ظاهراً خیلی بهتر از مدرسه قبلی است در این مدرسه جدید مصمم با بچه‌ها کار می‌کنند بعضی اوقات دخترم خسته می‌شود.و من به او می‌گویم "خدا قوت قهرمان". البته مامان شما برای این‌که مدرسه دخترم را جابجا کند با مدیر و ناظم مدرسه قبلی خیلی جر و بحث کرد.

شما هفته‌ای دو روز کلاس زبان می‌روید و من روی این موضوع تأکید دارم که زبان انگلیسی را خوب و زود یاد بگیرید. چند ماهی است که تصمیم گرفتیم به کانادا مهاجرت کنیم. شرایطش را پرسیدیم گفتند بهترین راه ممکن برای ما درخواست اقامت از طریق تحصیل فرزندان هست. برای اینکار حداقل باید صد هزار دلار کانادا برای یک سال اول داشته باشیم. تصمیم گرفتم خانه را بفروشم. ولی متأسفانه به قیمت نمی‌توانم بفروشم. کمی نگرانم‌که نتوانم یک کار بدرد بخوری در کانادا پیدا کنم.

نگرانم، نکند تمام این امکاناتی را که بعد از این همه سال تلاش و زحمت به دست آوردم یک بار خدای ناکرده بر باد بدهم و در کانادا موفق نباشم. البته یکی از

مواردی که تصمیم من را برای رفتن به آن‌جا جدی‌تر می‌کند، امکانات بهتر تحصیل برای شما و آزادی تفکر و اظهار عقیده هست. من مقاله‌ای نوشته‌ام در مورد مشکلاتی که حکومت‌ها به‌خاطر سیاست‌های اشتباهشان در کشورهای مختلف برای خودشان و دیگران بوجود آورده و باعث از بین رفتن محیط زیست و حقوق بشر شده و در نهایت راه حل برون رفت از این مشکلات را توضیح دادم ولی به دلیل فقدان آزادی بیان در ایران تا حالا نتونستم آن را در اینترنت منتشر کنم.

بعضی از مشکلاتی که برای مردم پیش می‌آید معمولاً ناشی از عملکرد خودشان است. بعضی اوقات ما خودمان باعث اتفاق‌های بد اطرافمان می‌شویم ولی گاهی هم واقعاً خود شخص باعث آن اتفاق نیست و تقدیرش بوده که آن اتفاق برایش رخ بدهد. سه روز پیش پدرم در شهر دلیجان درحالی که در یک نیسان نشسته بود، ماشینشان چپ می‌کند و از شیشه ماشین به بیرون پرت می‌شود و خیلی آسیب می‌بیند. سرش شکست و حدود ۲۰ بخیه خورد. استخوان زیر چشمش شکست، چشمش آسیب دید و یکی دوتا از دنده‌هایش هم ظاهراً شکسته است و تمام بدنش کوفتگی دارد. من سر کار بودم که عمویتان به من خبر داد و سریع رفتیم دلیجان. از اصفهان تا آنجا ۱۸۰ کیلومتر راه هست. وقتی رسیدیم، بابام را دیدم که سرش را بستند و روی تخت دارد از درد داد و فریاد می‌کند. نمی‌دانستم برای او ناراحت باشم یا او را سرزنش کنم. آخر کدام آدم عاقلی برای دو تن سیب که بخواهد دو ریال گران تر بفروشد با این سن در یک ماشین غیر استاندارد می‌نشیند و مسافتی حدود ۵۰۰ کیلومتر تا شهر قم را می‌رود. هنگام برگشتن که کمی بارون میاید و جاده خیس می‌شود، راننده نمی‌تواند ماشین را کنترل کند و چپ می‌کند. البته شکی نیست که لطف خدا شامل حال پدرم شد که آسیب بدتر ندید. حساب کنید

یک پیرمرد ۷۰ ساله از ماشین با این سرعت پرت بشود بیرون. خدا خواست که بیشتر از این ما دچار مشکل نشیم. خدایا شکر.

دلم بیشتر برای مادرم می‌سوزد که با این همه ناراحتی و مریضی که خودش دارد چقدر باید از همه طرف از اولاد و از شوهر استرس بگیرد و ناراحت بشود. حرف من این است که یک نفر با بی‌فکری، هم خودش و هم یک خانواده را دچار مشکل می‌کند. پس از یک انسان عاقل انتظار میرود که قبل از این که کاری انجام بدهد، در مورد آن کار خوب فکر کند. آن تصمیمی را که می‌خواهد بگیرد را سبک و سنگین کند، و ببیند ارزش انجام دادن دارد یا نه. اگر حتی درصد کمی از احتمال وقوع حادثه‌ای خطرناك توی آن کار ببیند، حساب کند چقدر آن حادثه می‌تواند بر کل زندگی خودش و دیگران اثر بگذارد و بعد تصمیم بگیرد که آن کار را انجام بدهد یا نه. حتی در مورد حرف زدن هم این قضیه صادق هست و انسان قبل از این‌که‌حرفی بزند باید در مورد خوب یا بد بودن آن حرف، بجا یا بیجا بودن، اثر داشتن یا نداشتن حرف و سنجیده یا نسنجیده بودنش فکر کند و بعد سخن بگوید. چون بعد از گفتن این سخن آخر دیگر از کنترل شخص خارج می‌شود و باید منتظر تبعاتش باشد چه خوب چه بد.

اول اندیشه کند مرد که عاقل باشد   سخن گفته دگر باز نیاید به دهان

سعدی شیرازی

فاجعه

ساعت ۹ صبح روز جمعه، ۸ فروردین ماه ۱۳۹۹

آنچه را که در این نیم ساله دوم سال اتفاق افتاد را برایتان تعریف می‌کنم. متأسفانه در این مدت اتفاق‌های ناخوشایندی برای ما و کل مردم ایران رخ داد. بعد از اتفاقی که برای پدرم افتاد مادرم باز هم مجبور شد به‌خاطر گرفتگی عصب در مهره‌های پشت گردن، یک عمل جراحی دیگر انجام بدهد. بنده خدا تا حالا شاید بیش از ۱۰ بار عمل‌های سنگین داشته که همه آن ناشی از کار و مشقت زیاد در دوران جوانی بوده است.

اواخر آبان ماه بود که دولت تصمیم گرفت نرخ بنزین را سه برابر کند. مردم اعتراض کردند و این اعتراض در همه شهرها گسترش یافته و شدید شد. طبق معمول حکومت با خشونت تمام علیه مردم ایستاد و ظرف سه چهار روز طبق گزارش رویترز، ۱۵۰۰ نفر از مردم به دست حکومت کشته شدند. شما هم در همین ایام به دلایل ناامنی و آلودگی هوا هر هفته چند روز مدرسه نمی‌رفتید. هنوز از واقعه آبان خیلی نگذشته بود که به دلیل حمله‌های پی در پی که بعضی شبه نظامیان مزدور وابسته به حکومت به مواضع آمریکا در عراق داشتند، یکی از فرماندهان اصلی سپاه توسط آمریکا با شلیک پهباد کشته شد. این موضوع بهانه‌ای شد تا حکومت به یکی از پایگاه‌های آمریکا در عراق حمله موشکی داشته باشد. اضطراب همه مردم را در بر گرفته بود. همه نگران از جنگی دوباره بودند. هنوز یک روز از حمله موشکی ایران نگذشته بود که شنیدیم یک هواپیمای مسافربری به مقصد کانادا با ۱۷۲ مسافر در تهران سقوط کرد و همه سرنشینان آن کشته شدند.

اول اعلام شد که سقوط هواپیما ناشی از نقص فنی یا اشکال از خلبان بوده. ولی شواهد و اخبارهای خارجی خبر از هدف قرار گرفتن هواپیما توسط نیروی نظامی می‌داد.

تا این‌که بالاخره بعد از چند روز سپاه اعلام کرد که این هواپیما را به اشتباه هدف قرارداده و به آن شلیک کرده است! همه در شک فرو رفتیم. کودکان بی‌گناه، جوانانی که برای ادامه تحصیل در کانادا با هزاران آرزو ناگهان بدین سادگی کشته شدند و این همه خانواده و مردمی که در غم از دست رفتن آن‌ها عزادار شدند و هیچ کس نمی‌توانست اعتراضی بکند. هنوز غم این حادثه بزرگ بر دل مردم بود که شایعه انتشار یک ویروس جدید در ایران که از چین انتقال یافته گسترش یافت. ابتدا حکومت کتمان کرد ولی بعداً دیگر همه چیز آشکار شد. تا این ساعت بیش از ۲۵۰۰ نفر در ایران به دلیل گرفتار شدن به این ویروس در گذشتند. این ویروس که کووید ۱۹ نام گرفته از خانواده ویروس‌های گروه کرونا است. کشور به ظاهر در قرنطینه است. مدارس که قبلاً به دلایل اعتراضات مردم و به بهانه آلودگی هوا در هفته دو یا سه روز تعطیل بودند، از بهمن تا کنون کلاً تعطیل شدند و قرار هم نیست که تا یک ماه آینده هم باز شوند. البته بسیاری از کشورها در قرنطینه کامل هستند. آن‌ها بلافاصله اقدام به این کار کردند ولی در کشور ما این مورد ابتدا خیلی جدی گرفته نشد و بعد از دو ماه و نیم تصمیم گرفتند که شرایطی شبیه قرنطینه اجرا کنند. ولی ادارات و کارخانه ها هم‌چنان به فعالیت خود ادامه می‌دهند و کارمندان آن‌ها هم مجبورند که در محل کار خود حاضر شوند. این همه اتفاقاتی که در طی این مدت کوتاه افتاد همگی دال بر پایداری ناامنی و احتمال

اتفاقات ناگوار دیگر در این کشور است. ما مدارك لازم را برای انجام مراحل اخذ اقامت کانادا به وکیل دادیم و منتظر جواب آن‌ها هستیم.

فعلاً هم که این موضوع بیماری همه گیر که در کل کشورها پخش شده باعث به تعویق افتادن این موضوع شده. خدا به خیر کند. امیدوارم مشکلات ما و مشکل همه مردم بزودی حل بشود. به مدیر شرکت گفتم که تا خرداد بیشتر نمی‌آیم سر کار. ولی با توجه به شرایط پیش آمده احتمالا مهاجرت ما تا قبل از شهریور صورت نگیرد. در یک حالتی هستم که هیچ ذهنیت روشنی از آینده نمی‌توانم داشته باشم خدا به خیر کند.

گر بود عمر به می‌خانه روم بار دگر — به جز از خدمت رندان نکنم کار دگر
خرم آن روز کزین منزل ویران برم — تا زنم آب در می‌کده یکبار دگر
معرفت نیست در این قوم خدایا سببی — تا برم گوهر خود را به خریدار دگر
یار اگر رفت‌و حق صحبت دیرین نشناخت — حاش لله که روم من ز پی یار دگر
گر مساعد شودم دایره چرخ کبود — هم بدست آورمش باز به پرگار دگر

حافظ

موفق و پیروز باشید.

توجیه

انسان چه موجودی است. واقعاً خوب بودن در این دنیا چقدر سخت شده است. به نظر می‌آید از این همه توانایی که خداوند در وجود انسان قرار داده متأسفانه انسان بیشتر در جهت منفی از آن‌ها استفاده کرده است. امروز از توانایی عقل و قدرت تکلم بیشتر برای توجیه کارهایی استفاده می‌شود که واقعاً درست نبودند و انسان از این روش سعی در درست جلوه دادن آن دارد.

خداوند انسان را آفرید و انسان توجیه را. توجیه به میزان انصاف و وجدان افراد بستگی دارد. هرچه انصاف و وجدان کسی کمتر باشد توجیه او در انجام کارها غیر قابل قبول تر خواهد بود. همه به نحوی کارهای خود را توجیه می‌کنند. اگر انسان‌ها در این جهان با استفاده از سلاح توجیه اعمال زشت خود را درست جلوه می‌دهند، قطعاً در جهان پس از مرگ، راه توجیه بر آن‌ها بسته خواهد بود.

امروز از جنایات بزرگ گرفته تا کوچک‌ترین کارهای ناپسند، توسط عاملان آن توجیه می‌شوند. امروز کشتن انسان‌ها و تجاوز به خانواده آن‌ها به دست حکومت‌ها و شبه نظامیان هم توجیه می‌شود که به دستور فلان شیخ بوده و این‌که او صلاح آن‌ها را در جهاد دانسته و با این‌جنایت‌ها ظاهراً به بهشت هم می‌روند! این افراد هم امیال حیوانی خود را به حد کمال رسانده‌اند و هم توجیه بر انجام آن را این‌گونه عنوان می‌کنند و چقدر نادانند که فکر می‌کنند اگر هم در جهان پس از مرگ از آن‌ها در این مورد سؤال شد، آن را تکلیفی دانسته که فلان شیخ بر گردن آن‌ها نهاده و فقط اطاعت امر کردند و اگر هم اشتباه بوده مقصر کسی است که دستور جهاد را به این شکل صادر کرده است. زهی خیال باطل. آن که انسان را

آفرید در وجود او قدرت تشخیص خوب از بد و خیر از باطل را هم قرار داد. معمولاً همه در مورد درست بودن یا نبودن کارهای خود اطلاع دارند ولی اگر با علم به نادرست بودن کاری، باز آن را انجام می‌دهند سعی می‌کنند برای آن رفتار، توجیه‌ای داشته باشند. گروهی که هنوز تا حدودی شرافت را برای خود نگه داشته‌اند توجیه رفتار نادرست خود را برای آرام کردن وجدانشان به کار می‌برند و گروهی که هیچ بویی از انسانیت نبرده‌اند و چیزی بنام شرف و وجدان در آن‌ها نیست، توجیه جنایات و کارهای شنیع خود را برای گمراه کردن دیگران و اذهان عمومی به‌کار می‌برند. مثل جنایاتی که امروز به نام اسلام در حال انجام است. جنایاتی که با شعار جهاد انجام می‌شود. جنایاتی که براساس یک روایت و فتوای دینی انجام می‌شود. جنایاتی که معمولا در حکومت‌های اسلامی برای حفظ قدرت و ثروت، گسترش دامنه حکومت و ... به نام دین و نایب خدا و امام زمان انجام می شود. خود را خلیفة الله می‌نامند تا مخالفین خود را مخالف خدا معرفی کرده و ریختن خونشان را مباح. حتی اگر کسی هیچ اعتقادی به خدا و روز قیامت هم نداشته باشد باز این دلیلی بر انجام کارهای غیر انسانی نیست. انجام کارهای خوب و شرافتمندانه ذاتاً برای انسان لذت‌بخش است و لذت آن بسیار بیشتر از سایر لذات دنیوی است. البته تا زمانی که ما انسان‌ها کمی از خواسته‌های جسمی و سایر لذت‌های دنیوی فاصله نگیریم نمی‌توانیم میزان لذت ناشی از رفتارهای به واقع انسانی را درک کنیم.

وفا و عهد نکو باشد ار بیاموزی   وگرنه هر که تو بینی ستمگری داند

حافظ

اگر چه خیلی‌ها به جهان پس از مرگ اعتقاد ندارند ولی وجود روح که همان ماهیت اصلی انسان است بالاخره روزی به صورت علمی هم اثبات خواهد شد و این‌که روح با مرگ جسم از بین نمی‌رود. این روح است که مسبب همه اعمال انسان بوده نه جسم او. این روح است که با استفاده از قدرت جسم، رفتارهای خوب یا ناپسند را انجام می‌دهد. این‌که انسان از نظر علمی فعلاً قادر به اثبات وجود جهان‌های دیگر برای زندگی پس از مرگ نیست، نباید دلیل بر رد این مسئله باشد. توازن و عدالت در این جهان پهناور که خداوند متعال آن را بنا کرده از اصول بنیادی این جهان هستی است بنابراین اگر کسی حقی از کسی ضایع کرد اگر جبران نشود، توازن برقرار نخواهد بود. با توجه به زنده بودن روح پس از مرگ جسمی، اگر این توازن در جهان ماده برقرار نشده باشد، قطعاً در جهانی دیگر برقرار خواهد شد.

کرونا ویروس

در کره خاکی، تنها موجودی که انتظار می‌رفت علی‌رغم سایر جانداران به صورت ارادی در حفظ و سلامت زمین کوشا باشد، انسان بود آن هم به واسطه قدرت عقل در تحلیل رفتارهای خود و دیگران، سایر جانداران و محیط زیست و بررسی تأثیر آن‌ها بر سایرین .چرا با وجود این‌که امروزه جمعیت انسان‌ها نسبت به بسیاری از جانداران، بیشتر است واحتمال هرچه بهتر شدن وضعیت زندگی برای همه ساکنان آن در کل این کره خاکی می‌رفت، هر روز اوضاع وخیم‌تر و شرایط زندگی سخت‌تر می‌شود. به جای این‌که انسان در طول تاریخ به عنوان یکی از مهره‌های اصلی طبیعت در حفظ محیط زیست عمل کند، هم چنان عامل اصلی تخریب محیط زیست بوده و هست. به جای این‌که از انقراض بسیاری از جانداران و گیاهان در این سیاره جلوگیری کند، نه تنها خود او باعث انقراض آن‌ها شده حتی باعث کشتار بسیاری از انسان‌های دیگر هم بوده و بسیاری دیگر را هم در معرض خطر و مرگ قرار داده است. تنها عاملی که یک انسان را با وجود این قدرت عقل در پیش‌بینی نسبی آینده و توانایی حفظ محیط زیست وادار به اعمالی خلاف عقل و شان انسان می‌کند، جهل و میل به اندوختن ثروت و حفظ منافع شخصی زودگذر بدون توجه به هر گونه نگرانی از آینده تاریکی است که در انتظار اوست.

کرونا ویروس یک مثال واضح از جهل گروهی از انسان‌هاست که متأسفانه در مسند حاکمیت قرار دارند. امروز معضل این بیماری مثل یک غده سرطانی است که دیگر به راحتی قابل درمان نیست. شاید کنترل این بیماری با قرنطینه کردن سریع منطقه شیوع و جلوگیری از انتشار آن در همان مراحل اول با اندك هزینه‌ای به راحتی دست یافتنی بود ولی سیاست حاکمان نادان برای حفظ منافع شخصی

و سیاسی خود باعث شد که با پنهان کردن آن این بیماری آن‌چنان گسترش یابد که امروز زندگی کل جامعه جهانی را تحت اثرات ناگوار خود قرارداده و علاوه بر صرف هزینه‌های سنگین برای کنترل آن، منجر به مرگ صدها هزار انسان شود. طبیعت هم‌چون یک سیستم کاملاً برنامه‌ریزی شده است و همه جانداران در آن از زمان پیدایش حیات در طی میلیون‌ها سال به نحوی تکامل یافته‌اند تا این‌که شرایط به گونه‌ای شد که امکان زندگی بشر در آن فراهم گردد. تا قبل از تأثیرگذار بودن انسان‌ها، طبیعت همیشه با ایجاد تغییرات مختلف، تعادل حیات را برقرار کرده و از خود نگهداری می‌کرد. ولی زمانی که گونه انسان به وجود آمد به علت داشتن توانایی‌های متفاوت از سایر جانداران تأثیر او بر تعادل طبیعت خارج از حد مقرر تعیین شده توسط طبیعت بود. این یکی از دلایلی است که پیدایش انسان را نمی‌توان فقط حاصل چرخه حیات و تکامل دانست. اکثر انسان‌ها گاه به جای تأثیر مثبت بر این سیاره، هم چون یک غده سرطانی عمل کرده و کل زندگی جهانی را در معرض خطر قرارمی‌دهند.

جامعه جهانی هم‌چون بدن یک انسان است. زمانی که دچار یک بیماری مختصر می‌شود بدین معناست که عامل بیماری زا در حال رشد است (یک گروه شرور در حال شکل گرفتن است) اگر به این موضوع توجه شد سریعاً با مختصر دارو و تحمل اندک سختی، بیماری قابل درمان است (اگر جامعه جهانی سریعاً وارد عمل شود با اندک هزینه و تلفات کم می‌توان این گروه شرور را از میان برداشت). اگر به دلایلی برای درمان این بیماری اقدامی صورت نگیرد، این بیماری به مرور و در طی سال‌ها بیشتر و بیشتر شده تا جایی که تبدیل به یک غده سرطانی می‌شود. (اگر

برخی از کشورها به دلایل سیاسی و برای حفظ منافع کوتاه مدت خود، نسبت به از بین بردن این گروه شرور ممانعت کرده، این گروه به مرور تبدیل به حکومت شده و حاکمیت خود را مانند داعش و برخی حکومت‌های اسلامی اعلام می‌کند. در این حالت باز گروهی از کشورها با استناد به قانون بین المللی مسخره‌ای که وجود هر حاکمیتی را هر چند خطرناك صرفاً چون به انتخاب ظاهری مردم همان کشور است، آن حکومت ضد بشر را به رسمیت می‌شمارند. با به رسمیت شمردن یا اجازه بقا به این حکومت‌ها، آن گروه شرور سابق سازمان یافته می‌شود) در این مرحله هم اگر اقدام جدی صورت نگیرد این غده سرطانی به مرور بزرگ و بزرگ‌تر می‌شود و کم کم عامل ایجاد سایر غدد سرطانی دیگر در نقاط مختلف بدن می‌شود.

با این شرایط بدن در یک حالت به شدت خطرناك و در معرض مرگ قرار می‌گیرد. دیگر شاید امکان مداوای بدن وجود نداشته باشد یا اگر هم مداوا شود این مشکل پس از آن که کل بدن به کما رفته و خسارات جبران ناپذیری بر آن وارد شد با صرف هزینه‌های گزاف، بهبود نسبی یابد. (با گذشت زمان، این حکومت که بستر رشد آن سال‌ها مهیا بوده به قدرتی تبدیل می‌شود که اقدام به ایجاد گروه‌های شرارت و تغییر حاکمیت سایر کشورها در نقاط مختلف جهان می‌کند. اکنون همان حکومتی که وجود آن زمانی برای برخی از کشورها منافع زودگذری داشته امروز تبدیل به یک معظل اساسی برای آن‌ها شده و امنیت آن‌ها را هم در معرض خطر قرار داده است. سایر کشورها هم که سال‌ها بدون نگرانی از این موضوع با روش دیپلماسی، سعی به هم زیستی با آن و کسب منافع مختصر داشتند، هم اکنون در معرض خطر قرار گرفته‌اند. جای تعجب است که با وجود این غده سرطانی و خطراتی که در آینده نه چندان دور کل جامعه جهانی را تهدید می‌کند، اگر

کشوری هم سعی در مقابله با آن را داشته باشد، بسیاری از کشورهای دیگر باز برای حفظ منافع خود او را به آرامش دعوت می‌کنند. اگر زمانی این حکومت فقط باعث نابودی محیط زیست و کشتن مردم خودش می‌شد، اکنون محیط زیست و مردم کل جهان را تهدید می‌کند. زمانی از بین بردن این گروه توسط جامعه جهانی با صرف اندك هزینه‌ای آسان بود ولی امروز مهار آن نه تنها هزینه‌ای گزاف برای کل جامعه جهانی خواهد داشت حتی خسارات جبران ناپذیری هم به آن وارد خواهد کرد) این تاوان سیاست نوشیدن الکل برای فرار از واقعیت‌ها است.

این مشکلات تنها ناشی از سیاست‌های متفاوت حاکمیت‌های مجزا است. که به دلیل فقدان فهم و درك لازم از شرایط موجود، باعث ایجاد این مشکلات جبران‌ناپذیر می‌شوند) تنها راه حل، گذار از قوانین و سیاست‌های فعلی جهانی و ایجاد یک حاکمیت یکپارچه متعهد برای کل جامعه جهانی است.

مرداد ماه ۱۳۹۹

ساعت ۶:۵۰ صبح روز جمعه آخرین روز مرداد ماه ۱۳۹۹

همان‌طور که قبلاً در مورد شیوع بیماری همه گیر جدید گفتم متأسفانه این بیماری در کل کشورها مشکل ساز شده و به دلیل عدم رعایت مردم وحکومت‌ها، بر تعداد جان باختگان آن هم روز به روز افزوده می‌شود. تا امروز آمار کشته شدگان ناشی از این بیماری در ایران طبق اعلام رسمی حکومت، به بیش از ۲۰ هزار نفر رسید! شرایط هم‌چنان خوب نیست و انتظار هم نمی‌رود بهتر بشود. تحصیل بچه‌ها بیشتر به صورت آنلاین شده که به نظر من خیلی فایده ندارد. در مورد شما این اتفاقات باعث یک افت شدید در درستان شد. کلاس‌های آنلاین هم خیلی، باعث مجبور کردن محصل به خواندن دروس و انجام تکالیف نمی‌شود. به نظر من تأثیر ارتباط مستقیم معلم و شاگرد در تلاش بچه‌ها برای انجام تکالیف و درس خواندن آن‌ها بسیار بیشتر است. من هم همان‌طور که پیش بینی می کردم، از اول مرداد از شرکت جدا شدم. به لطف خدا توانستم بسیاری از بدهی‌هایم را تسویه کنم. متأسفانه وضعیت معیشت مردم روز به روز بدتر می‌شود. سیاست‌های مبتنی بر ایدئولوژی رژیم، کشور را در انزوای جهانی قرار داده. تورم به صورت افسار گسیخته هم‌چنان رو به افزایش است. من دیروز مقداری دلار خریدم، قیمت ۲۲۵۵۰ تومان. همین دلار یک سال قبل همین موقع ۱۰۸۰۰ تومان بود. یادم است، آن موقع می گفتم مگر آدم دیوانه است که دلار را به این قیمت بخرد. ولی حالا خودم مجبورم دلار را به قیمتی بیش از دو برابر آن زمان بخرم. واقعاً برای خودم افسوس خوردم.

افسوس از این‌که در کشوری زندگی می کنم که از نظر اقتصادی هر چه تلاش کنی نه تنها به جایی نمی‌رسی بلکه با شرایط فعلی عقب‌گرد هم داری. مگر اینــــکه با

جایی ارتباطی داشته باشی یا وارد بعضی از این گروه‌های حکومتی بشوی. در واقع مردم عادی ایران محکوم به فنا هستند. چون هرچه تلاش بکنند باز هم‌چنان از نظر مالی یا درجا می‌زنند یا مثل اکثریت، بخشی از امکانات زندگی خود را روزانه از دست می‌دهند. وقتی درآمد مردم با افزایش تورم مطابقت نداشته باشد، مردم مجبورند یکی یکی برخی از الزامات زندگی خود را کاهش دهند یا حذف کنند مانند نوع تحصیل بچه ها، نوع خوراك، نوع پوشاك، مسافرت و تفریح.

افزایش فقر باعث افزایش رفتارهای غیر انسانی می‌شود. باعث افزایش ناامنی می‌شود. باعث افزایش بی‌اعتقادی مردم به خدا و دین می‌شود. مردم هیچ اعتمادی به این حکومت ندارند و هرکس فقط دارد سعی می کند به هر نحوی گلیم خود را از آب بیرون بکشد. دزدی بی‌داد می‌کند. کسی هم فعلاً جرئت اعتراض ندارد چون تنها اقتدار این حکومت در سرکوب مردم است و بس. واقعه آبان ۹۸ برای همه آشکار است. چه بسیار خانواده‌هایی که نان شب برای خوردن ندارند. چه بسیار کودکانی که از تحصیل به دلیل عدم توانایی والدین آن‌ها در تأمین هزینه آن باز ماندند. چه بسیار افراد بازنشسته‌ای که به دلیل عدم کفایت حقوق بازنشستگی مجدداً مشغول به انجام کارهای طاقت فرسا شده‌اند.

چه بسیاری از مردم که مجبور شده اند برای تامین مخارج زندگی به ناچار به سمت فحشا یا انجام کارهای خلاف بروند. امروز در ایران از اسلام فقط یک اسم باقی مانده و هرچه می‌بینی کفر است. همه دروغ می‌گویند. همه مال حرام می‌خورند. در واقع کسی به چیزی اعتقاد ندارد. فحشا بی‌داد می‌کند. ملاك ایمان داشتن از نظر حکومت، شرکت در نمازهای جمعه و مراسم دینی و التزام به نظام اسلامی‌شان

است، برای آن‌ها پندار و گفتار و رفتار نیک اهمیتی ندارد. بسیاری از نمازخوان‌های امروزی، چشم چران‌های خوبی هم هستند. بسیاری از آنان که در مراسم مذهبی شرکت می‌کنند، مال مردم خورهای خوبی هستند. بسیاری از مدیران حکومتی امروزی، اختلاسگران خوبی هستند. افرادی که ظاهرا از فیلترینگ قدرتمندی، هم از لحاظ التزام به نظام اسلامی و هم نداشتن سوء سابقه و تحقیقات گسترده در خصوص متدین بودن و رعایت شئون اسلامی عبور کرده‌اند، تا به این سمت‌های مدیریتی برسند. جالب اینجاست همین که به مرحله‌ای از قدرت و سمت‌های دولتی و حکومتی دست یافتند، بزرگترین اختلاس‌های قرن را انجام داده‌اند و اخبار آن بعد از این‌که از کشور خارج شدند شاید به گوش مردم برسد. آقایان یک روزه چفیه‌ای را که یک لحظه از گردن خود در انظار عموم باز نمی‌کردند را به کنار انداخته، ریش را از ته تراشیده و در کشورهای غربی با پولی که از مردم بدبخت ایران چپاول کرده‌اند، با بهترین امکانات ممکن زندگی می‌کنند واقعاً اجرای عدالت در این کشور چقدر عالی صورت می‌گیرد!!! من متعجبم که چطور هنوز خجالت نمی‌کشند که دم از دین و ایمان به خدا می‌زنند یا چقدر مردم را احمق فرض می‌کنند. تنها چیزی که برای اینان مهم است و باید سریعاً با شدیدترین وجه ممکن با آن برخورد شود، صدای اعتراض و انتقاد است.

دیگر کاری به چیزی ندارند. در این مملکت هرکاری می‌خواهی بکن. دزدی، فحشا، تجاوز، قسم دروغ، خلف وعده و ... تمام آن چیزهایی که حتی در قرآن‌شان هم جزء گناهان کبیره و نابخشودنی شمرده شده. فقط اجازه یک کار را نداری و آن هم اعتراض به نظام اسلامی فعلی است. در واقع مقوله دین جدا از مقوله

انسانیت نیست. اصلاً خود انسانیت است. خداوند از انسان‌ها انتظار دارد که پندار و گفتار و رفتار آن‌ها در خور یک انسان باشد که البته قابلیت آن در وجود همه انسان‌ها هم نهاده شده است. حال گروهی خود راساً، به شناخت این قابلیت دست می یابند و در این مسیر حرکت می‌کنند و گروهی دیگر که البته اکثر مردم هستند احتیاج دارند کسی یا گروهی که این توانایی را به وضوح از خود آشکار کرده، آن‌ها را در این مسیر هدایت و راهنمایی کند. این هدایت و راهنمایی تنها از طریق وضع قوانین لازم الاجرا توسط کسانی که ارزش انسانیت را درک کرده‌اند، میسر خواهد بود. با اجرای این قوانین کم کم ارزش انسانیت و انسان بودن مجدداً در جامعه متبلور خواهد شد. پس اگر شما در هر مسیری که حرکت می‌کنید، به نوعی نمایش انسانیت بود، این خود هدف واقعی دین است. نمایش انسانیت نه اعتقاد کورکورانه داشتن به کسی یا چیزی و فدا کردن همه درجات انسانی به خاطر آن، بلکه نمایش کمک به دیگران، صبر، خوش خلقی، احساس مسئولیت اجتماعی، اجرای عدالت، مبارزه با ظلم در هر سطحی و پروش افکار و انجام فعل نیک است.

هدف از دین این نبود که مسلمانان با مذهب شیعه، از نظر گروهی مثل داعش و برخی اسلام‌گرایان سنی محکوم به مرگ باشند و مال و فرزندان آن‌ها قابل تصاحب! یا اگر کسی از دین اسلام خارج شد، به مرگ محکوم شود! متأسفانه امروز از مبحث دین فقط همین موضوع نوع اعتقاد باقی‌مانده و اصل موضوع آن فراموش شده است. این‌که باید به چه کسی اعتقاد داشته باشی یا مبادا به فردی

توهین شود یا این‌که چرا قرن‌ها پیش فلان شخص حکومت را به فلان شخص نداد یا این‌که فلان دین یا مذهب بهتر از فلان دین و مذهب است یا ...

و همین موضوعات باعث بدبختی مردم مخصوصاً در کشورهای اسلامی شده است. چون اصل موضوع ادیان که رعایت انسانیت است و البته همه انسان‌های وارسته بر آن تأکید دارند فراموش شده و مباحثی در دین مطرح می‌شود که قطعاً ناشی از جهل مردم بوده و متأسفانه در همه کشورهای اسلامی هم به نوعی یکسان است. در کشور ما فقط کافی است که به دوازده امام شیعه اعتقاد داشته باشی و این‌که باور داشته باشی فاطمه دختر پیامبر به دست عمر به شهادت رسید، در مراسم امام حسین شور حسینی داشته باشی و خوب سینه بزنی. نمازهای جمعه و جماعت را شرکت کنی و حالا اگر بعد از این مراسم نیم نگاهی هم به زن همسایه داشتی اشکال ندارد. اگر چکی را در قبال بدهی به دیگری پاس نکردی، اشکال ندارد. اگر دروغ گفتی، قانون را رعایت نکردی، حقی از کسی ضایع کردی اشکال ندارد. این آموزش حاکمان دیروز و امروز دینی است.

در سایر کشورهای اسلامی سنی هم تعدادی شیوخ احمق به همین صورت نشسته و فتوا می‌دهند که اگر به فلان کس توهین شد یا فلان مراسم دینی اجرا نشد، این افراد مستحق مجازات هستند. از نظر اینان شیعیان کافر و مشرک مطلق هستند و محکوم به مرگ و مال و فرزندان آن‌ها جزء غنیمت محسوب می‌شود و متأسفانه به گونه‌ای این موضوع را بین مردم القاء می‌کنند که اگر کسی بتواند شیعیان را بکشد اعتقاد دارد به بهشت می‌رود و آغوش پیامبرشان برای این افراد باز است. جنایت‌هایی که در نتیجه این تفکرات مثل بمب گذاری‌های انتحاری رخ

داده کم نیست. بله دین واقعی را از مسیر خود منحرف کردند. آنچه که باید باعث تبلور رفتار انسان و حرکت او به سوی معنویت می‌شد، امروز به ابزاری برای دروغ، پنهان کاری، نفاق، کشتار، جنگ و خون ریزی و بی عدالتی و نابودی تبدیل شده است. امروز بدترین انسان‌ها از این ابزار برای پیش‌برد اهداف شوم خود استفاده می‌کنند. به خدای متعال قسم می‌خورم که به او اعتقاد راسخ دارم و از او طلب یاری می‌کنم تا مرا به حال خود رها نکند تا درست فکر کنم و رفتاری در خور یک انسان داشته باشم.

خدا نگهدار

پیمان نوین

درود

چند روز پیش بیانه‌ای از طرف پسر محمد رضا شاه پهلوی پادشاه فقید ایران با نام پیمان نوین صادر شد که در آن مردم را به اتحاد و مخالفت‌های مدنی برای رهایی از ظلم و جور حاکمان فعلی تشویق می‌کرد. بعد از این بیانیه شبکه‌های خبری متعدد خارج از کشور هریک با برگزاری برنامه هایی متعدد و دعوت افراد مختلف به عنوان منتقد و موافق سعی در نقد یا تایید این بیانیه داشتند. امشب در یکی از شبکه‌های خبری، شاهد یکی از این گفتگوها بودم و متأسف شدم برای خودم و مردم کشورم که افرادی که خود را تحصیل کرده و واقف به امور جامعه می‌دانند و حداقل در سطحی از دانش و سواد هستند که اظهار نظر آن‌ها از نظر شبکه‌های خبری حائز اهمیت است، این چنین نسبت به مسائل روز و تصمیم برای آینده کشور اظهار نظر می‌کنند.

روی سخنم به مخالفان این بیانیه است. من بی دلیل موافق هیچ شخص خاصی نیستم ولی موافق با انجام کار درست و منطقی هستم. منتقدان بیانیه مذکور در این برنامه، علت مخالفت خود را بی تجربگی نامبرده در مسائل سیاسی، عدم داشتن سابقه اجرایی لازم در مبارزه با نظام فعلی و یا شاغل نبودن نامبرده در هیچ ارگانی و این‌که پدر وی چگونه در آن زمان با مخالفان سیاسی خود برخورد می‌کرد را مطرح کردند و به نوعی عنوان می‌کردند که این بیانیه دروغی بیش نیست و فقط تلاشی برای رسیدن آن شخص به قدرت است و چون یک شخص مورد اطمینان وجود ندارد که هم سابقه مبارزه سیاسی داشته باشد و یا از طرف جامعه بزرگی از

مردم شناخته شده و مورد حمایت باشد و مردم بر صداقت و درستی او ایمان داشته باشند، پس نباید با این فرد همراهی کرد.

به نظر من به دو دلیل شاید شاهزاده رضا پهلوی مبارزه جدی سیاسی با حکومت وقت نداشته است. اول این که برای اکثر مردم ایران بعد از آن بدبختی حاصل از انقلاب ۵۷ که با فریب گروه‌های خائن به کشور بر سر خودشان آوردند، گذشت سال‌ها لازم بود تا علی‌رغم تبلیغات گسترده حکومت اسلامی علیه پهلوی، کاملاً درک کنند که چه اشتباهی را در ارتباط با پهلوی مرتکب شده اند و دلیل دوم هم عدم پشتیبانی غرب از ایشان به خاطر عقاید ملی‌گرایی و نظراتش در مورد آینده ایران است. آنچه او برای ایران می‌خواهد از قبیل تمامیت ارضی، بازگشت قدرت و شوکت ایران، با خواست غربی‌ها در تضاد است و به همین منظور هم شاید هیچ‌گونه حمایت خاصی از او تا کنون از طرف هیچ نهاد خارجی صورت نگرفته است! من بارها و بارها حمایت دولت‌مردان آمریکایی یا سناتورهای آن‌ها را از گروه به واقع منافقین خلق دیده‌ام، گروه خائن به کشور که به درستی از نظر مردم ایران هیچ جایگاهی ندارند .

ولی موضوعی که اهمیت دارد این است که تا زمانی که ما به دنبال یک پیامبر یا امام زمان دیگر می‌گردیم و انتظار داریم که سریعاً و در اولین مرحله به آن مدینه فاضله و حکومت ۱۰۰٪ بی عیب و نقص مورد نظر خود برسیم، هیچ گاه به هیچ نتیجه ای دست نخواهیم یافت. به قول معروف سنگ بزرگ علامت نزدن است. برای رسیدن به هدف، باید موضوع به صورت معقول و منطقی بررسی شود نه آرمانی. با فرض این که در حکومت سابق با مخالفان سیاسی به شدیدترین وجه

ممکن برخورد می‌شد، که اولا این موضوع و علت آن باید بررسی شود، ثانیاً کسی در مورد جرم این مخالفان سیاسی و خط و خطوطی که از جاهای دیگر برای براندازی حکومت می‌گرفتند نمی‌پرسد فقط پیگیر نحوه برخورد با این مخالفان هستند. شاید تنها ایراد این منتقدان به دوران سابق همان محدودیت آزادی‌های سیاسی بود ولی آیا سایر آزادی‌های انسانی محترم نبودند آیا نباید بپرسیم که حکومت فعلی در خصوص مخالفان سیاسی چگونه برخورد می‌کند. لازم نیست که بپرسیم ساواک مخوف‌تر بود یا واواك امروز یا اطلاعات سپاه. ولی آیا در حکومت قبل به جز این مورد سایر مسائل مردم و کشور در یک مسیر بهبود و رو به رشد قرار نداشت؟ آیا واقعاً می‌توان وضعیت فعلی مردم را با وضع مردم در آن زمان مقایسه کرد؟ در این خصوص صحبت‌های بسیاری شده و هر انسان نسبتاً منصفی، خود می‌داند که این دو به هیچ وجه قابل قیاس نبوده و همه قبطه آن دوران را می‌خورند. حالا با این شرایط و با این‌که ما می‌دانیم نامبرده ضمن این‌که محافظه کار بوده و اقدام خیلی خاصی تا کنون انجام نداده ولی چون حداقل بیش از دیگران در بین مردم شناخته شده است و حداقل نظرات او در خصوص آبادانی کشور با پدر و پدر بزرگش همسان است و این چیزی است که اکثریت مردم هم با آن موافق هستند، پس آیا منطقی نیست در مرحله اول با حمایت از او از این وضعیت نابسامان بیرون رویم و بعد از برون رفت از این وضعیت و رسیدن به وضع قبلی، بعداً به دنبال بهتر نمودن شرایط آرمانی خود باشیم؟

وقتی شما در یک محور مختصات از نقطه مثلاً ۱۵+ به نقطه ۲۰- نزول می‌کنید برای رفتن به نقطه ۲۰+ باید ابتدا به نقطه صفر و سپس همان مکانی که قبلاً از آن نزول کرده‌اید یعنی ۱۵+ رفته و بعد از آن تلاش کنید که به نقطه ۲۰+ بروید. پس

اگر شما سعی کردید از ۲۰- یک دفعه به ۲۰+ بروید این موضوع غیر ممکن است و این همان مصداق تکرار ضرب المثل قبلی است: "سنگ بزرگ علامت نزدن است". برای رسیدن به حداکثر موارد ایدهآل باید ساختار حکومتی از پایه به درستی بنا شود نه این که یک شبه انتظار داشته باشیم همه چیز به یک باره دگرگون گردد. این همان چیزی است که حکومت فعلی به نحوی با بازیگردانان خود که شاید بعضی از همین افرادی باشند که در شبکههای خبری خارج از کشور به عنوان منتقد حضور مییابند و این مسئولیت را ضمن انتقاد از حکومت فعلی بیان میکنند، انجام میدهد تا این پروسه همچنان غیر اجرایی گردد و اپوزیسیون خارج از کشور هم با این همه ادعا که دارند به جای تلاش برای سرنگونی این حکومت فاسد در مرحله اول، به دلیل اختلاف درخصوص نوع حکومت احتمالی آینده بعد از گذشت ۴۱ سال هنوز به یک اجماع نرسیدهاند و البته با این طرز فکر و عملکرد، هیچ امیدی هم به آنها نیست.

به نظر من بهترین نوع حکومت، در بین انواع حکومتهای قبلی و فعلی، حکومت پادشاهی مشروطه است. یعنی پادشاهی که دارای شرایط خاص باشد. حکومتها در ایران از گذشته تا کنون پادشاهی بوده با این تفاوت که زمانی پادشاهان آن ایرانی بودند و زمانی دیگر اعراب به عنوان خلیفه بر آن حکومت کردند. پادشاهان بزرگی همچون انوشیروان عادل، کورش و داریوش بزرگ که افتخار برای این سرزمین آوردند و پادشاهان دیگر همچون ضحاك تازی و خلفای عرب و این اواخر پادشاهان قاجار که باعث بدبختی مردم و نابودی این سرزمین شدند و بعد از گذشت سالها، پادشاهی پهلوی که انصافاً ایران را از یک وضعیت نابسامان از همه

شرایط به سطحی قابل قبول در دوران خود رساند که مورد توجه همه کشورهای دیگر قرار گرفت و بعد از آن، سلطنت فقها با اعدام‌های گسترده و شروع جنگ آغاز شد که نه تنها کشور در هیچ زمینه‌ای در این دوران ولایت فقها پیشرفت نکرد، که حتی حقوق اولیه انسانی مردم هم که پادشاهی قبلی طی نیم قرن برای آن‌ها پایه ریزی کرده بود از بین رفت و کشور را به گدا خانه‌ای تبدیل کرد که همه را مجبور کرده برای لقمه‌ای نان بدوند تا شب را به صبح سپری کنند. اگر کسی ادعا دارد که این حکومت فقها جمهوری است، در واقع علی‌رغم واقعیتی که خود او هم بر آن واقف است، صحبت کرده. کشوری که به اصطلاح رئیس جمهور و نمایندگان پارلمانش از بین افراد منتخب سلطان فقیه توسط مردم انتخاب می‌شوند و رفتار آن‌ها باید در حیطه تعیین شده سلطان باشد و اگر بعضی مواقع که رفتار آن‌ها هم به خاطر فشار جامعه از آن حیطه عدول کند و خوشایند سلطان نباشد، سلطان می‌تواند با حکم حکومتی هر چه را که بخواهد تغییر دهد، چه جایی از جمهوریت در این حکومت وجود دارد. در واقع رئیس جمهور و پارلمان، عروسک‌های خیمه شب بازی سلطان هستند که اختیاری از خود نداشته و ندارند. حکومت‌های اسلامی به دلیل این‌که یک ایدئولوژی دینی را به همراه دارند، خطرناک‌ترین نوع حکومت‌ها برای مردم هر کشور بوده چرا که خود را نماینده خدا می‌دانند و هر کاری چه از لحاظ جنایت، جنگ، سرکوب مخالفان و... انجام دهند برای خود وظیفه و طرف مقابل را محق آن می‌دانند. اگر پادشاه براساس معیارهای مختلف از قبیل ملی‌گرا بودن، عادل بودن، دانا بودن، اهمیت دادن به مسائل زیست محیطی و مشورت با متخصصان برجسته در زمینه‌های مختلف و اجرای نظر آن‌ها، انتخاب شود و نحوه پادشاهی او نیز به گونه‌ای باشد که در صورت عدول از

معیارهای فوق، توسط گروهی از منتخبین فیلسوف و دانشمندان در مجلس سنا، برکنار و فرد جدید دیگری با شرایط مذکور به عنوان پادشاه انتخاب شود، این حکومت بهترین نوع حکومت است. در این نوع از حکومت‌های پادشاهی هیچ گاه قرار نیست فرزند پادشاه فعلی بعداً پادشاه شود. در این نوع از حکومت‌ها، تصمیمات کلان براساس نظرات گروهی از دانشمندان و متخصصان برجسته کشور و برای کل مردم و کشور اتخاذ می‌شود. در واقع آنچه به صلاح کل مملکت است. نه خواسته گروه خاصی از مردم. نه این‌که برآوردن خواسته گروهی، باعث از بین رفتن حقوق دیگران در جایی دیگر و حتی از بین رفتن محیط زیست شود. در دموکراسی‌ها و کشورهایی که دارای احزاب مختلف هستند، هرحزب فقط برای به قدرت رسیدن خود از طریق جذب آرای بیشتر طرفدارانش تلاش می‌کند. بنابراین ملاك آن حزب نظر هوادارانش هست نه عامه مردم و نه محیط زیست. حال اگر هواداران یک حزب برای ایجاد اشتغالی که مثلاً با محیط زیست هم در تضاد باشد مانند استفاده از سوخت‌های فسیلی، به شخصی رای دهند و آن شخص بتواند زمام امور را در دست گیرد، برای جلب نظر هوادارانش، بدون توجه به محیط زیست، استفاده از سوخت‌های فسیلی را در دستور کار خود قرار می‌دهد. به همین دلیل است که دموکراسی در هر شرایطی بهترین گزینه نیست چرا که مردم معمولًا هر کدام بسته به نیازهای خود به کسی رای می‌دهند که با نیاز دیگری متفاوت است بدون توجه به این‌که اجرای خواست آن‌ها ممکن است حقوق دیگران را ضایع کند. دموکراسی و به نوعی نظر خواهی از مردم و اجرای رای اکثریت، زمانی قابل انجام است که عمده مردم نسبت به شرایط و مسائلی که از آن‌ها پرسیده می‌شود، اشراف کامل داشته تا بتوانند در خصوص آن نظر بدهند.

به همین دلیل است که برای این‌گونه تصمیمات مملکتی، لزومی به اخذ نظر عامه مردم نیست بلکه باید نظر متخصصان و دانشمندان برگزیده آن حوزه اتخاذ گردد. زمانی که پادشاه بخواهد در مورد یک مسئله مهم تصمیم بگیرد، نظر دانشمندان برگزیده را از همه جنبه‌های مختلف بررسی کرده و بعد از رسیدن به یک اجماع منطقی با دانشمندان نسبت به اجرای آن اقدام می‌نماید. در یک تصمیم، علاوه بر اتخاذ نظر دانشمندان مرتبط با آن حوزه، نظر سایر دانشمندان محیط زیست، جامعه‌شناس، متخصصان امور سیاسی و... نیز اخذ شده و با اجماع نظر همه این دانشمندان برگزیده، آن تصمیم عملی و اجرایی‌خواهد شد. این گروه از دانشمندان برگزیده خود توسط گروه کثیری از دانشمندان همان حوزه انتخاب شده‌اند و حتی می‌توانند در تصمیمات خود از سایر همکارانشان در هر کشوری کمک بگیرند. در واقع پادشاه نه به عنوان تصمیم گیرنده بلکه به عنوان عاملی برای ایجاد تصمیمات مهم و اجرای آن‌هاست. نکته مهم در حکومت‌های پادشاهی، اعمال تصمیمات کلان حکومتی توسط پادشاه است که کمتر با مخالفت سایر گروه‌های سیاسی مواجه می‌شود یا مخالفت آن‌ها تأثیری بر اجرای این تصمیمات ندارد. این خصوصیت هم می‌تواند یک موهبت باشد اگر شخص پادشاه دارای شرایط مذکور برای پادشاهی باشد و هم می‌تواند یک فاجعه باشد اگر آن شخص یک اجنبی یا دست نشانده سایر دولت‌ها باشد. حال اگر پادشاه شخصی ایرانی دارای شرایط لازم باشد، چون به راستی هدف او اعتلاء و آبادی کشور است، بهترین تصمیمات ممکن را که به نفع مملکت است، اتخاذ خواهد کرد ولی اگر سلطان شخصی غیر ایرانی و جاهل یا دست نشانده باشد، چون هیچ اهمیتی به ملی‌گرایی و بالا بردن نام ایران ندارد، نتایج تصمیماتش، جز بدبختی

و فقر و ویرانی برای مردم و کشور نخواهد بود. در حکومت پادشاهی مشروطه، نگاه به کلیت کشور و صلاح همه مردم است. درصورتی‌که در سایر حکومت‌ها احزاب فقط در تلاشند با یارگیری بیشتر از بین مردم و کسب حداقل رای لازم به قدرت برسند و از این قدرت فقط برای جذب نظر هواداران خود یا کسب آرای بیشتر در آینده برای بقاء در قدرت استفاده کنند و عملا توجه‌ای به نیازهای واقعی کل کشور ندارند و احزاب دیگر نیز هم‌چنان در مخالفت با آن‌ها چه برحق باشند چه نباشند، فقط برای کسب جایگاه سیاسی حزب رقیب می‌کوشند.

سرمایه شاه بخشایش است — زمانه ز بخشش در آسایش است
به درویش بر مهربانی کنیم — به پرمایه بر پاسبانی کنیم
هر آن کس که ایمن شد از کار خویش — بر ما برافروخت بازار خویش

فردوسی

۱۳۹۹/۰۷/۱۰

مبحث آزادی انسان

خداوند به انسان عقل، توانایی و اختیار داد تا بتواند بهترین‌ها را برای خود و دیگران انجام دهد و یا از این توانایی به بدترین شکل ممکن استفاده کند. برهمین اساس آزادی انسان‌ها باید در حیطه میزان تأثیر اختیار انسان بر دیگران تعیین شود. هر انسانی آزاد است به هر نحوی که می‌خواهد زندگی کند، به هر شکلی که می‌خواهد لباس بپوشد و در مورد هر کس هم که بخواهد انتقاد کند تا جایی که این موارد گفته شده بر زندگی دیگران به اشتباه تأثیر منفی نداشته باشد و یا باعث آزار دیگری به ناحق نشود. بنابراین اگر کسی به بهانه آزادی تمایل دارد که به صورت برهنه کامل به خیابان یا مکان‌های عمومی برود، به دلیل این‌که این موضوع می‌تواند به عنوان یک ناهنجاری در جامعه محسوب و در تربیت و اخلاق بچه ها تأثیر منفی بگذارد، این مورد آزادی برای مردم باید محدود شود. اگر انتقاد شخصی مثلاً در روزنامه از شخصی یا گروهی دیگر همراه با تهمت‌های بی پایه و اساس و سخنان رکیک باشد، آن شخص آزاد نیست که این‌گونه انتقاد خود را بیان کند. شما می‌توانید از هر کسی انتقاد کنید ولی در قالب احترام. همان‌طور که اگر شما قصد انتقاد از پدر یکی از دوستان خود را دارید، به احترام او به پدرش توهین نمی‌کنید، بنابراین بدگویی و بی‌احترامی به بزرگان تاریخی که قرن‌هاست برای برخی یا گروهی از مردم مورد احترام هستند، در روزنامه‌ها یا شبکه‌های اجتماعی درست نیست و مردم آزاد به انجام این کار نیستند.

این‌که در برخی از کشورهای غربی اجازه می‌دهند در روزنامه‌ها یا مجلات به پیامبران ادیان مختلف توهین شود و آن را مصداق آزادی بیان می‌دانند، این اظهار نظرهای توهین‌آمیز جز دامن زدن به ناهنجاری‌ها و ایجاد کینه و دشمنی در بین مردم نتیجه‌ای نخواهد داشت. اگر انتقادی به هر دین و مذهبی است، لازم نیست به پیامبر آن‌ها توهین شود، اگر توهمات احتمالی ایجاد شده برای پیروان یک دین و یا کتمان حقایق در خصوص آن دین یا مذهب مورد نظر، منطقی و مستدل و در قالب احترام عنوان شود، ضمن این‌که تأثیر مثبتی در آگاهی مردم خواهد داشت، باعث تنش در بین مردم هم نخواهد شد. بنابراین مردم آزادند هر کاری انجام دهند و هر حرفی بزنند تا زمانی که عمل آن‌ها به دیگران و محیط زیست آسیب نرساند و یا سخن آن‌ها بی‌دلیل باعث رنج و ضرر دیگران نشود. مصداق آزادی بیان، این‌گونه نیست که یک شخص یا گروهی هر چه می‌خواهند بگویند و درنهایت این موضوع باعث تنش در بین اقشار مختلف مردم شود. با توجه به تعاریف فوق از آزادی، می‌توان گفت اگر چه در بسیاری از کشوهای جهان سومی، به دلیل حکومت‌های دیکتاتوری یا ایدئولوژیک، آزادی انسان در همه زمینه‌ها در حد بسیار زیادی رعایت نمی‌شود، ولی حتی در کشورهای به ظاهر پیشرفته امروز هم برای آزادی تعریف اشتباهی شده و در آن‌جا هم آزادی در برخی موارد به درستی اجرا نمی‌شود. همان‌طور که گفته شد آزادی بدین معنی نیست که مردم هر کاری را که دلشان بخواهند انجام دهند. آزادی باید در حدود قوانین باشد. بنابراین اگر قانون به درستی و توسط انسان‌های دانشمند و فیلسوف متخصص تعریف شده باشد، حدود آزادی‌های مورد نیاز یک انسان به درستی مشخص می‌شود و همان‌طور که هیچ کس حق نخواهد داشت کسی را از آزادی‌های تعریف شده در قانون مذکور

منع کند، کسی هم نمی‌تواند فراتر از آزادی‌های تعریف شده، قدم بردارد. همه انسان‌ها حق دارند به یک نسبت از آزادی‌های تعریف شده استفاده کنند و کسی بر دیگری برتری ندارد. قانون واحد آزادی انسان‌ها برای همه مردم جهان است و همه دولت‌ها باید ملزم به اجرای آن باشند. حفظ حقوق حیوانات و محیط زیست هم باید در تعیین میزان آزادی‌های انسان مؤثر باشد. بنابراین انسان‌ها مجاز به انجام عملی نخواهند بود که باعث تخریب محیط زیست یا از بین رفتن حقوق حیوانات شود یا دولت‌ها نمی‌توانند برای این‌که در انتخابات پیروز شوند و یا برای کاهش درصد بیکاری، اقداماتی انجام دهند که به محیط زیست آسیب برساند.

۱۳۹۹/۰۷/۲۰

لازم نیست نابغه باشید

امروز شنبه اول آذر ماه سال ۱۳۹۹ ساعت ۵:۲۰ عصر است. به علت بیماری همه‌گیر کرونا که از اسفند پارسال دامن کشور ما را گرفته است تا کنون در ایران طبق اعلام رسمی حکومت بیش از ۴۲۰۰۰ نفر و طبق اعلام مراجع غیر رسمی سه برابر این عدد، جان خود را از دست داده اند. البته واکسن آن در چند کشور به تازگی ساخته شده ولی بعید می‌دانم به این زودی‌ها به مردم ایران برسد. از شما عزیزان دل‌بندم بگویم که شما هم هم‌چنان مشغول درس خواندن آنلاین هستید. دخترم خیلی وابسته به موبایل شده است، پسرم کمتر. صبح‌ها ساعت ۸ به سختی بیدار می‌شوید. در صورتی که سال‌های قبل این ساعت شما باید در مدرسه حضور می‌داشتید. به نظر من این سیستم آنلاین خیلی فایده ندارد و تأثیر ارتباط مستقیم چهره به چهره با معلم را ندارد و بچه ها هم خیلی با این سیستم خود را مقید به درس خواندن نمی‌دانند. چون به نحوی هم در امتحان‌ها و هم در سوالاتی که معلم به صورت آنلاین از بچه‌ها می‌پرسد، امکان کمک از دیگران برای آن‌ها مهیاست، بنابراین نتایج امتحانات و ارزش گذاری‌های مدرسه با این سیستم خیلی واقعی نیست. من هم راستش خیلی از نظر درسی از شما راضی نیستم. دیروز جمعه، همگی رفته بودیم پیش مادرم. صحبت شما بچه ها بود و مادرتان خیلی از شما تعریف می‌کرد. من با این موضوع مخالف بودم و گفتم نباید بی‌خود از کسی تعریف شود. مگر بچه‌های من چکار کرده‌اند که اینقدر از آن‌ها تعریف می‌کنی. نمی‌خواهم بی مورد اسم شما سر زبان‌ها بیافتند. البته مادرتان با این موضوع مخالف بود و می‌گفت که بچه هایش نابغه هستند و از این حرف‌ها. من به او گفتم لازم نیست تو تعریف بچه‌هایت را بکنی. چون اگر واقعاً آن‌ها این‌گونه

باشند که تو می‌گویی، بعد از این‌که به جایی رسیدند بدون تعریف من و تو، دیگران از موفقیت‌های آن‌ها باخبر خواهند شد. اگر آن‌ها در زندگیشان تلاش کنند و درس بخوانند، همین که به درجات عالی تحصیلی برسند، همین که باعث تحولات علمی در رشته تحصیلی خودشان بشوند، آن وقت تعریف بچه‌هایت را مردم، نه از زبان من و تو که از روزنامه‌ها، مجلات و اخبار می‌شنوند و آن روز نهایت آرزوی من و مادرتان است. فرزندانم، بدانید که برای موفقیت در مراحل مختلف تحصیلی و زندگی، احتیاج نیست که نابغه باشید، فقط باید تلاش کنید. همه دانشمندان و افراد برجسته در زمینه‌های علمی و هنری و غیره فقط از تلاش و کوشش به این درجات رسیدند نه به خاطر بالا بودن IQ. من برای رسیدن شما به این مرحله هر کاری که از دستم بر بیاید به امید خدا انجام خواهم داد ولی این شمایید که باید تصمیم به انجام آن بگیرید. اگر شما بخواهید و در این مسیر تلاش کنید، انشاا.. به لطف خدا به هدفتان خواهید رسید ولی اگر تنبلی شما و بی‌اهمیت بودن این موضوع برایتان باعث شد که در این راه تلاش نکنید، من که هیچ، همه دنیا هم بسیج شوند که شما درس بخوانید، موفق نخواهیم شد. هرچند که موفقیت شما فقط برای خودتان است و قرار نیست ذره‌ای از این موفقیت را به من یا مادرتان بدهید و اصرار ما هم فقط به خاطر خوشبختی خودتان است. به نظر من اوج خوشبختی یک انسان زمانی است که می‌بیند با تلاش‌هایی که انجام داده، امروز می‌تواند به هزاران و حتی میلیون‌ها انسان دیگر کمک کند. منظور از خوشبختی کسب ثروت نیست. منظور حرکت در مسیر انسانیت است. هرکس که بیشتر بتواند درجهت انسانیت خدمت کند خوشبخت‌تر خواهد بود. خواهید دید که در کمک کردن به دیگران لذتی وجود دارد که با هیچ لذت دیگری قابل مقایسه

نیست. حال هر کس بتواند به افراد بیشتری کمک کند بیشتر از این لذت برخوردار خواهد شد و البته خوشبخت تر خواهد بود.

عزیزان من همه این موارد به اراده و خواست شما بستگی دارد. من به عنوان یک پدر وظیفه دارم که فرزندانم را به نحوی تحویل جامعه دهم که بتوانند باری را از دوش جامعه بردارند نه این‌که خود زحمتی شوند بر دوش آن. من بارها به شما گفته‌ام و باز می‌گویم مادامی که شما در جهت درست یا کسب علم و دانش تلاش می‌کنید و درس می‌خوانید، روی کمک من به هر طریقی که بتوانم، حساب کنید. ولی زمانی که احساس کنم که بچه هایم مسیر دیگری را برای زندگی انتخاب کرده‌اند، فقط در حدی که وظیفه قانونی پدری است، ایفای نقش می‌کنم.

وسلام

موفق و پیروز باشید

امروز بامداد روز جمعه ساعت ۲:۱۰ صبح است.

باور کنید چند وقتی است که خسته شدم. از زندگی‌ام راضی نیستم. از خودم بدم می‌آید که کاری‌که می‌خواهم را نمی‌توانم انجام بدهم. از خودم انتظاراتی داشتم که به برآورده شدن آن‌ها خوشبین نیستم. همیشه از خدا می‌خواستم که کمکم کند تا بتوانم کاری کنم. حداقل برای جبران ذره‌ای از لطف‌های بی‌شماری که در حق من داشته، بتوانم یک کار بزرگی در مسیر خدمت به بشریت انجام بدهم. این حرف را اولین بار است که دارم برای شما می‌گویم. فکرهایی در ذهنم است و دلم می‌خواهد انجام بدهم که اگر برای دیگران تعریف کنم شاید به من بخندند و شاید بگویند که من دیوانه‌ام. ولی از اعماق وجودم دلم می‌خواست خدا من را در این مسیر قرار بدهد. از این‌که با چشم خود می‌بینم بشر دارد به تباهی می‌رود و زمین و همه امکاناتش را هم به تباهی می‌کشاند، زجر می‌کشم. راه حل آن را شاید می‌دانم. حتی این موضوع را طی یک مقاله‌ای برای یکی دو سایت معتبر هم ارائه کردم ولی متأسفانه توجه‌ای به آن نشد. کلیّت آن، لزوم داشتن حکومت واحد برای کل کشورهاست. دارم می‌بینم که وجود سیاست‌ها و حکومت‌های مختلف در هر کشور فقط باعث نابودی حقوق بشر و منابع زمین و آسیب هر چه بیشتر به محیط زیست می‌شود ولی هیچ کس هیچ کار جدی برای جلوگیری از این اتفاق نمی‌کند. نمی‌دانم ولی شاید من لیاقت انجام کاری در این مسیر را ندارم. البته یکی از ابزارهای لازم برای این کار شهرت هست که من ندارم. برای این کار باید حداقل شهرت را داشته باشی تا روزنامه ها یا سایر شبکه‌های اجتماعی به سخن تو اهمیت بدهند و آن را منتشر کنند. عجب، اینقدر که انجام کارهای نادرست در این دنیا آسان است، کارهای درست را نمی‌توان به آن آسانی انجام داد! من حتی با چند

روزنامه معروف دنیا هم سعی کردم تماس بگیرم و از آنها خواهش کردم که این مقاله را بخوانند و نظرشان را در مورد آن بدهند ولی افسوس. متأسفانه ما در جامعهای زندگی میکنیم که چشممان را بر روی حقایق بستهایم. شاید بیشتر ما میدانیم که چه کاری خوب هست و چه کاری نه، ولی کدامیک سعی کردیم که در راستای انجام کار بهتر قدم برداریم بنظر میآید بشر حتماً باید به مرحلهای از نابودی برسد تا متوجه شود که لازم است مسیر حرکت خود را در نوع سیاست و حکومتها عوض کند. باید حتماً آنقدر هوای زمین آلوده شود که دیگر نتوان در این کره خاکی نفس کشید تا آن زمان تصمیم جمعی بگیرند که تولید و استفاده از خودروهای با سوختهای آلاینده و یا به کارگیری صنایع آلاینده در همه کشورها ممنوع شود. باید یک حکومتی باعث تهدید جدی برای بشریت بشود تا کل حکومتها به این نتیجه برسند که دیگر نباید با آن گروههای شرور حکومتی سازش کرد. باید منابع آنقدر کم شود و زندگی بشر را در کل زمین به خطر بیاندازد تا همه به یک اجماع برسند که نباید اجازه داد هر حکومتی تنها به بهانه حاکمیت ملی میتواند منابع زمین را برای منافع خود به هدر بدهد. بله بشر امروز اگرچه در ظاهر پیشرفت زیادی در زمینههای علم و تکنولوژی کرده ولی علیرغم این عقلی که خداوند به او داده و او را متمایز از سایر جانداران کرده متأسفانه مانند سایر حیوانات عمل میکند. او آینده نگر نیست. لازم نبود آینده خیلی دوری را هم ببیند بلکه این مواردی که مطرح شد در آینده نه چندان دور اتفاق خواهد افتاد. اگرچه بسیاری از دانشمندان در زمینههای مختلف هشدار دادهاند و حتی گروههایی هستند که مخالف گرمایش کره زمین یا مخالف اقدام حکومتها علیه حقوق بشر هستند ولی این هشدارها و مخالفتها چه نتیجهای داشت؟! هیچ. تا

زمانی که قدرت و اراده‌ای پشت این مخالفت‌ها نباشد هیچ یک از این نگرانی‌ها فایده نخواهد داشت. ایجاد این قدرت نه از طریق حکومت‌ها بلکه از طریق مردم انجام خواهد شد و لازمه آن اطلاع رسانی به مردم از طریق روزنامه‌ها و دستگاه‌های خبری است. ولی همین روزنامه‌ها و شبکه‌های خبری هم اگر نفعی در انتشار خبر برایشان نباشد، اقدامی برای این کار نمی‌کنند. در دنیای امروز متأسفانه اگر کسی که به هر نوعی در بین مردم شناخته شد، هر حرف چرت و پرتی را هم بزند، همه دنیا از آن باخبر می‌شوند و آن را نشر می‌دهند ولی افسوس که کسی حرفی درست برای گفتن داشته باشد ولی گوشی برای شنیدن نه.

می‌دانید از چه می‌ترسم، می‌ترسم که بمیرم و هیچ کار مؤثری نکرده باشم. طول عمر اصلاً برایم مهم نیست. مهم برای من این است که بتوانم در جهت آرزویم حرکت کنم. نگرانم که حتی همین نوشته‌ها را هم شما نبینید و به نحوی پس از مرگم از بین بروند......

موفق و پیروز باشید

باغی که می‌سوزد!

درود

امروز جمعه دوم بهمن ماه ۱۳۹۹ ساعت ۲:۲۰ بامداد است. ولی من نمی‌توانم بخوابم. بارها این اتفاق برایم می‌افتد. در مورد گذشته‌ام فکر می‌کنم، به این‌که خداوند من را از چه خطراتی تاکنون نجات داده که به نوعی معجزه بوده است و من نمی‌دانم چگونه از این خطرات جان سالم بدر بردم یا آسیب جدی ندیده‌ام. به آینده‌ام و به آینده کشورم فکر می‌کنم. به این‌که حسی در درون من می‌گوید که اگر خداوند من را تا به حال از این خطرات در امان قرار داده، شاید قرار است کار خاصی انجام دهم. از او همیشه خواهش کرده‌ام که به خاطر لطفی که بارها و بارها به من حقیر داشته است، این اجازه و امکان را بدهد جان حقیر خود را در راه خدمت به بشریت که آرزوی همیشگی‌ام بوده فدا کنم. به این فکر می‌کنم که چرا کشورم این‌گونه شد. چرا این چنین به سمت تباهی رفت. چرا اینقدر بر مردم ظلم می‌شود. چرا بی‌قانونی در سراسر این کشور بیداد می‌کند. چرا این منابع خدادادی در این کشور این گونه به هدر می‌روند. چرا هیچ کس در این حکومت نیست که کمی دلش برای این سرزمین بسوزد. چرا حق انسان‌ها به راحتی پایمال می‌شود. چرا مردم، گرسنه سر بر بالین می‌گذارند. چرا کودکان به جای درس خواندن مجبورند کار کنند. چرا هوا این قدر آلوده است. چرا جنگل‌ها در شرف نابودی هستند. هر کس به هر طریقی که بتواند تیشه بر ریشه این سرزمین می‌زند. چرا؟

دلم می‌سوزد از باغی که می‌سوزد

نه دیداری، نه بیداری،

نه دستی از سر یاری

مرا آشفته می‌دارد چنین آشفته بازاری

اردلان سرافراز

خیلی وقت‌ها فکر می‌کنم که انگار ظهور این حکومت، این قوم وحشی، به خواب و خیال می‌ماند. آخر چگونه ممکن است گروهی به این سادگی با سیاست دول غرب و با فریب مردم بر مسند حکومت بنشینند. چگونه ممکن است مردم این چنین باعث بدبختی خودشان بشوند که حالا اگر از هر کدام از آن‌ها بپرسی که علت این انتخاب چه بود، هزار فحش و ناسزا به خودش می‌گوید. به این فکر می‌کنم که چگونه می‌شود ایران را دوباره آباد کرد، چگونه می‌شود دست این قوم مغول را از ایران کوتاه کرد، اینان که بعد از این همه سال جز سعی و تلاش در حفظ قدرت خود از طریق سرکوب مردم و جمع آوری سلاح کار دیگری نکرده‌اند، آیا می‌شود به‌گونه‌ای از مسند قدرت به پایین انداخته شوند که کشور دچار هرج و مرج نشود، آیا می‌شود بعد از رفتن آن‌ها ایران به عراقی دیگر تبدیل نشود، اینان که بویی از انسانیت نبرده‌اند، بعد از این همه سال و اندوختن ثروت و اسلحه، آیا ممکن است بعد از رفتن‌شان، باعث کشتار مردم و ناامنی کشور نشوند؟

به این فکر می‌کنم که چگونه می‌شود بعد از رفتن این رژیم، ایران را آباد کرد. به طرح‌های توسعه ملی، به احیای جنگل‌ها، به ترمیم محیط زیست، به مدیریت

منابع آبی، به جلوگیری از آلودگی هوا، به تغییر واحد پولی کشور به پارسی، به اصلاح سیستم بانکی، به تعطیلی کارخانه‌های بی مصرفی مثل ایران خودرو و سایپا و بسیاری دیگر که جز هدر دادن منابع و آلودگی محیط زیست هیچ کار دیگری نمی‌کنند. به احیای خط تولید این کارخانه‌ها فقط برای تولید ماشین‌هایی با سوخت‌های غیرفسیلی و با تکنولوژی روز دنیا، به حذف موتورسیکلت‌های بنزینی، به ایجاد حمل و نقل عمومی پاك و مدرن در سراسر کشور، به حذف تولید محصولات آلاینده محیط زیست و غیر قابل بازیافت، به بازیافت صددرصد زباله و تفکیک آن‌ها از درب منازل، به توسعه فضای سبز شهری و تغییر اساسی در شهرداری‌ها، به ایجاد امکانات گردشگری در سراسر ایران، به بازسازی تخت جمشید و سایر آثار باستانی، به انتقال آب دریای جنوب به مرکز ایران از طریق کانال کشتی رانی، به ایجاد حاکمیت قانون در سرتاسر مملکت و اجرای بی‌قید و شرط آن در برابر هر فرد و مقامی، به رعایت عدالت اجتماعی به معنای واقعی برای همه مردم، به انتخاب قضات با شرف و مستقلی که هیچ گاه ارزش کار خود را در قضاوت به خاطر سایر مسائل خدشه‌دار نمی‌کنند، به ایجاد سیستم انتظامی مدرن با مامورین با شرفی که در کنترل رعایت قانون پایشان نمی‌لغزد، به اصلاح نظام مالیاتی و در نهایت به چگونگی بازگشت شرافت ایرانی فکر می‌کنم. باور کنید روزی نیست که این موارد فکر مرا درگیر نکنند. هیچ کاری از دستم بر نمی‌آید جز افسوس. این چه آزمایشی است که خداوند برای ما قرار داده. چه بسیار کسانی که در این آزمایش مردود شدند و چه افراد کمی که سر بلند بیرون آمدند. من معتقدم هر اتفاقی که در این جهان می‌افتد جز حکمت خداوند نیست. اگر چه عامل بسیاری از این اتفاقات خود ما انسان‌ها هستیم، ولی

این‌ها همه مواردی است برای آزمون بشریت و برای نمایش انسانیت. هر حکومتی خوب یا بد، قطعاً زمانی تغییر خواهد کرد. هیچ کس و هیچ قدرتی جز قدرت الهی پا برجا نخواهد ماند. اگر چه تصور رفتن این قوم و تبعات شومی که بعد از رفتن شان بر این مملکت خواهد داشت، سخت خواهد بود ولی آن که نظام هستی را بنا نهاده به خوبی می‌داند که چگونه و چه وقت تاریخ مصرف این‌ها هم به پایان خواهد رسید و اسباب آن را هم خود او فراهم خواهد نمود. این چرخه خوب و بد، حق و ناحق، عدل و ظلم فقط برای اتفاق رویدادهای بعدی است که قبلاً در سرنوشت انسان‌ها نهاده شده است. این ما هستیم که این اختیار را داریم که چگونه در این بازی زمانه نقش خود را ایفا کنیم، می‌توانیم خوب باشیم یا بد.

زندگی صحنه یکتای هنرمندی ماست

هرکسی نغمه خود خواند و از صحنه رود

صحنه پیوسته به جاست

خرم آن نغمه که مردم بسپارند به یاد

ژاله اصفهانی

موفق و پیروز در پناه خداوند باشید

احزاب

درود

امشب سه شنبه، پانزدهم بهمن ماه ۱۳۹۹ ساعت ۳۸ دقیقه بامداد است. در این روزها رسانه‌های داخلی طبق روال قبل درحال تبلیغات گسترده برای تبریک پیروزی انقلاب به اصطلاح اسلامی‌شان بوده و اخبارهای خارجی هم با برگذاری مناظره‌هایی بین موافقان و مخالفان انقلاب ۵۷ به این موضوع پرداخته‌اند. امشب از یکی از شبکه‌های خبری، مناظره‌ای دیدم بین یکی از طرفداران رژیم شاهنشاهی ایران و یک نفر دیگر به عنوان منتقد حکومت پهلوی.

متأسفم که می‌بینم بعد از گذشت بیش از ۴۰ سال از انقلاب خانمان سوز اسلامی، هنوز جهل و غرور، باعث شده که حتی افرادی به ظاهر روشن‌فکر، از تفکرات بیش از ۴۰ سال قبل خود برای شرکت در انقلاب و حقانیت‌شان دفاع می‌کنند. جالب اینجاست که این افراد در واقع نه تنها از طریق آن انقلاب به هدفشان نرسیدند، بلکه برای حفظ جانشان از دست حاکمان همین حکومت اسلامی به خارج از کشور فرار کرده‌اند و هنوز هم حاضر به اعتراف بر اشتباهشان نیستند. از نظر این‌ها مردم از یک حکومت بد (منظور حکومت پهلوی) به یک حکومت بدتر (منظور حکومت جمهوری اسلامی) وارد شده‌اند. وقتی از آن‌ها می‌پرسند چرا حکومت پهلوی بد بود می‌گویند چون دیکتاتوری بود. چون اجازه فعالیت احزاب را نمی‌داد. وقتی از آن‌ها می‌پرسند که احزاب چه می‌خواستند، مسائل آرمانی و خیالی را عنوان می کنند!

به راستی احزاب چه می‌خواستند؟ زمانی که پیشرفت فوق العاده کشور در همه زمینه‌ها با اراده بالاترین مقام حکومتی در جریان بود، احزاب چه تغییر بهتری می‌توانستند ایجاد کنند؟! آیا به راستی آزاد گذاشتن آن‌ها در آن زمان جز ایجاد مانع و وقفه در حرکت سریع قطار پیشرفت ایران نبود؟ این‌که احزاب آن قدر از فقدان آزادی بیان شکایت می‌کردند، چه چیزی را می‌خواستند بیان کنند که سرعت حرکت پیشرفت ایران را سریع‌تر کند؟ پیشرفت باورنکردنی ایران در آن دوران در همه زمینه‌ها به طور هم زمان آن‌چنان بود که دولت‌های غربی را به وحشت انداخته بود. در این برهه از زمان به راستی احزاب چه چیزی را می‌خواستند بهتر کنند؟ بیایید کمی منصف باشیم. فعالیت آزادانه احزاب در آن برهه از زمان، قطعاً جلوی سرعت پیشرفت مملکت را می‌گرفت و البته شاه ایران این موضوع را خوب فهمیده بود. دستاوردهای فوق العاده‌ای که برای ایران در زمان پهلوی در یک دوره کوتاه حاصل شد، برای سایر کشورهای پیشرفته فعلی به دلیل نوع حاکمیت آن‌ها، سالیان دراز به طول انجامید.

در نهایت بعد از اجازه فعالیت و اعتراض آزادانه احزاب در دو سال آخر حکومت پهلوی با فشار حکومت‌های خارجی مثل آمریکا و انگلیس، چه دستاوردهای شگرفی حاصل شد؟! با شروع فعالیت آزادانه احزاب مخالف، قطار پیشرفت کشور متوقف شد. مردمی‌که عمدتاً نیازهای اولیه شان تامین شده بود، با دروغ پراکنی، تشویق و تحریک احزاب مختلف در مخالفت با سیاست‌های حکومت به خیابان‌ها آمدند و اعترض کردند که در نهایت منجر به انقلاب شکوهمند اسلامی گردید! در عوض بعد از پیروزی انقلاب، حاکمان روحانی آن به خوبی می‌دانستند که باید چه کار کنند تا سناریوی اتفاق افتاده برای حکومت پهلوی برایشان تکرار نشود.

آن‌ها همه احزاب را نیست و نابود کردند و به قول خودشان یک حزب فقط باید باشد و آن هم حزب الله بود! آن‌قدر کشور را به تباهی کشاندند و مردم را گرسنه نگه‌داشتند و آزادی‌های اولیه آن‌ها را آن‌چنان محدود کردند که دیگر کسی به دنبال تشکیل حزب و مطرح کردن مسائل آرمانی نبود. همه دنبال تهیه نان شب و یک سر پناه برای خود و خانواده‌شان بودند. آزادی‌هایی که زمانی برای همه مردم، به راحتی قابل دستیابی بود، حالا دیگر برای مردم یک رؤیا شده است. امروز هر کسی برای کسب حداقل درآمد باید روز و شب بدود چه رسد به این‌که بخواهد به موضوعات دیگر زندگی فکر کند. امروز آزادی بیان شاید آخرین خواسته‌ای باشد که مردم ایران بعد از حل شدن تمام مشکلاتشان درخواست کنند. این حکومت، بسیاری از مردم را درگیر مشکل تهیه نان کرد چه رسد به این‌که پیگیر مسائل بهداشتی، مسائل تحصیلی، مسئله پوشاك، مسئله تفریح و در آخر مسئله آزادی بیان باشند.

حالا آیا این احزابی که بالاخره اجازه آزادی بیان را در اواخر حکومت پهلوی یافتند و منجر به این تحول شگرف و تشکیل این حکومت ناب محمدی شدند، مسئولیت کارشان را قبول می‌کنند؟ متأسفانه آن‌قدر وقیه هستند که بعد از گذشت این همه سال هنوز از عملکردشان دفاع می‌کنند؟

حزب چیست و آیا وجود آن‌ها در یک جامعه نشانه تمدن و آزادی بیان است؟ خیر. احزاب اگرچه در ظاهر مسائلی مانند حقوق ملت را دنبال می‌کنند ولی درواقع فقط برای دستیابی رؤسایشان به قدرت و شراکت در حکومت تشکیل می‌شوند و بیشتر آن‌ها هیچ اهمیتی به مردم و عدالت اجتماعی نمی‌دهند.

تبلیغات آن‌ها برای کسب آرای بیشتر مردم است تا از این طریق بتوانند با رأی بیشتر به حکومت برسند یا به منافعی دیگر دست یابند.

کافی است به جنگ و جدالی که بین احزاب مختلف نه در کشورهای جهان سوم که در کشورهای پیشرفته مثل ایالات متحده آمریکا هست، نگاهی بی‌اندازیم. دو حزب مطرح این کشور یکی جمهوری‌خواه و دیگری دمکرات. هر کدام تمام تلاش خود را می‌کند تا آرای بیشتر مردم را به دست آورد تا بتواند بیشتر کرسی‌های حکومتی را در اختیار بگیرد. در این کشور به اصطلاح پیشرفته، بیشترین آرای مردم بین این دو حزب تقسیم می‌شود. بنابراین زمانی که یکی از این دو حزب در انتخابات ریاست جمهوری یا سایر کرسی‌های حکومتی پیروز می‌شود، طرفداران حزب دیگر که شاید حدود نیمی از جمعیت آن کشور باشند، به خواسته‌هایشان نخواهند رسید. یکی از این دو حزب برای جذب آرای بیشتر، وعده افزایش اشتغال از طریق استخراج معادن و کارهایی که منجر به آلودگی یا گرمایش بیشتر زمین می‌شود را می‌دهد ولی حزب دیگر با این موارد مخالف بوده در عوض مسائلی مانند توافق با کشورهای تروریستی را مطرح می‌کند که آن هم به نحوی باعث خطر برای کل جامعه بشری و آلودگی یا گرمایش زمین می‌شود. در واقع هرکدام از آن‌ها بی‌توجه به مسائل واقعی بشریت، فقط برای کسب قدرت به انحاء مختلف به دنبال جذب نظر و آرای مردم هستند. حتی در بسیاری از موارد، وعده‌هایی را هم که به مردم داده‌اند محقق نمی‌شود، آنچه مهم است اغفال مردم به هر نحوی برای رسیدن به منافعشان و آوردن آن‌ها پای صندوق‌های رأی است. بنابراین می‌توان گفت که مشکل جامعه بشری نه از طریق احزاب بلکه با ایجاد حکومتی متشکل از دانشمندان برطرف خواهد گردید که احتیاجی به جذب نظر مردم عادی فاقد

صلاحیت در بررسی مسائل کلان ندارند بلکه با اجماع بین خودشان، بهترین کاری‌که می‌شود انجام داد تا برای جامعه بشری و محیط زیست آن مفید باشد را انجام دهند. این حکومت در واقع تشکیل شده از اجتماع دانشمندان برجسته هر رشته بوده که در خصوص مسائل کلی بشریت و محیط زیست تصمیم‌گیری کرده و براساس اولویت، اقدامات لازم را انجام می‌دهند. در این نوع حکومت، احزاب سیاسی هیچ جایی ندارند. ملاک تصمیم‌گیری‌ها دانش است و همه باید از آن تبعیت کنند. در این نوع حکومت، تصمیمات متخذه بر اساس بیشترین بازدهی جمعی خواهد بود هر چند منافع گروهی هم در این میانه به خطر بی‌افتد. مسائل کلانی مانند جلوگیری از گرمایش زمین، حفظ و نگه‌داری جنگل‌ها و محیط زیست، استفاده از سوخت‌های پاك، رعایت حقوق بشر و عدالت اجتماعی در همه کشورها به یک اندازه و مبارزه جدی با هرگونه جرم و جنایت در هر زمینه‌ای. این اجتماع دانشمندان هر چند سال با انتخاب مجدد سایر دانشمندان برگزیده، تغییر می‌کند و تصمیم آن‌ها فصل الخطاب است و برای همه در همه جای دنیا لازم الاجرا خواهد بود. در این صورت، دیگر حکومتی به این شکل نخواهد بود که مستقل تصمیم بگیرد و به بهانه حاکمیت ملی در راستای منافعش، جنگل‌هایش را نابود کند، محیط زیست را آلوده کند، بمب اتم بسازد یا حقوق بشر را رعایت نکند. در این شرایط، احزاب فقط برای اجرای هر چه بهتر سیاست‌های کلان اتخاذ شده به عنوان مجری شاید بتوانند در بین مردم فعالیت کنند.

خدا نگهدار

نشانه حکومت اسلامی

درود بر شما

امشب ۲۴ فروردین ۱۴۰۰ و شب اول ماه رمضان ساعت ۲۳:۴۸ است. برای شما بگوییم که اوضاع شیوع بیماری کرونا هم‌چنان وخیم است. به قول خودشان کشور تازه وارد موج چهارم شیوع این بیماری شده. تعداد درگذشتگان ناشی از این بیماری طبق اعلام خودشان ۷۵۰۰۰ نفر بوده ولی طبق اعلام غیر رسمی بیش از سه برابر آمار اعلامی هست. وضعیت مدارس هم‌چنان به صورت آنلاینه. علاوه بر بحث بیماری، گرانی‌ها در مملکت بی‌داد می‌کند. قیمت همه چیز مخصوصاً موادغذایی نسبت به میانگین پارسال چند برابر شده. مردم عادی و کم درآمد به سختی زندگی می‌کنند و کسی جرأت اعتراض به وضعیت موجود را نداره. حالا با این وضعیت گرونی و مشکلات زیاد زندگی، تصور کنید مردمی را که مشکل مسکن هم دارند و اجاره نشین هم هستند و بسیاری از آن‌ها بیکار هم شدند و وای بر آن بنده خداهایی که مریض هم داشته باشند. آن‌ها چه می‌کنند؟! خدا خودش کمک کند که انگار بنده هاش قرار نیست کاری بکنند. متأسفانه بسیاری از آن‌هایی هم که از دستشون کاری بر می‌آید فقط به فکر جیب خودشان و چپاول ثروت مملکت هستند. دیگر گذشت آن زمانی که کسی واقعاً حرام و حلال می‌کرد. اصلاً انگار که مردم به هیچ چیزی اعتقاد ندارند. این تفکر غارت مملکت به دست مسئولین، بی‌اعتنا به تبعات دینی آن، خود به خود در بین مردم عادی هم رخنه کرده است. حتی اغلب مردم عادی هم دیگر به چیزی پایبند نیستند. اگر از دستشان بر بیاید آن‌ها هم برای تامین معاش خود و خانواده‌شان به هر کار غیر اخلاقی دست می‌زنند و البته تقصیری هم ندارند. این تأثیر بیش از ۴۰ سال رفتار

حیله‌گرانه مسؤلین مملکتی است که به صورت طبیعی کم کم در بین مردم عادی هم رخنه می‌کند. فرهنگ به همین طریق شکل می‌گیرد. شما با ترویج یک رفتار خاص در مدتی طولانی می‌توانید آن را در بین مردم به فرهنگ تبدیل کنید. امروز اکثراً کسی دیگر حتی لحظه‌ای فکر نمی‌کند که آیا دروغ بگوید یا نه، آیا کاری که می‌خواهد انجام دهد درست است یا نه، آیا حق کسی را ضایع می‌کند یا نه، آیا با این کار به کسی ظلم می‌کند یا نه، نکند کار ناپسندی انجام دهد و باعث خشم خداوند گردد. بدون حتی لحظه‌ای درنگ، هم دروغ می‌گوید، هم کار نادرست را انجام می‌دهد هم حق دیگران را می‌خورد و هم به دیگران ظلم می‌کند و ذره‌ای هم نگران روز قیامت و این حرف‌ها نیست. چرا؟ چون دیگر به این چیزها اعتقاد ندارد. چون آن قدر در رادیو و تلویزیون اخبار اختلاس‌های چند میلیون و چند میلیارد دلاری از مسئولین خدوم و معتقد و نمازخوان و خدا ترس این مملکت شنیده و در نهایت به این باور رسیده است که این حرف‌ها درباره خدا و پیغمبر کشکه. باید کلاه خودش را بچسبه تا باد نبرد و اگر او این کار را انجام ندهد قطعاً یکی دیگر این کار را می‌کند و بعد، از انجام ندادن آن پشیمان می‌شود. این تفکر خیلی وقت پیش از بالاترین رده این مملکت تا مسئولین پایین دست وجود داشته و متأسفانه در این چند سال اخیر در بین اکثر مردم عادی هم رواج یافته است و البته مردم عادی تقصیر ندارند، این حکومت است که آن‌ها را به این سمت سوق می‌دهد. متأسفانه امروز در این کشور اسلامی هر جرم و جنایتی به سادگی و بدون هیچ نگرانی انجام می‌شود. دروغ، نقل زبان اکثر مردم است. چشم ناپاکی در بین مردم بی‌داد می‌کند.

حیا انگار در بین بسیاری از مردان و زنان جامعه رخت بربسته. هر کسی به هر طریق که احساس کند بهتر می‌تواند پول دربی‌آورد ولو با زیر پا گذاشتن تمام کرامات انسانی، به راحتی انجام می‌دهد. دیگر حتی اهانت به آنچه قبلاً بین مردم مقدس بود هم مهم نیست. آنچه برای حکومت مهم است فقط حفظ ظاهر برای بقاء خودش است. باید ظاهر اسلامی بودن مملکت حفظ شود و آن با حفظ حجاب اجباری و تبلیغات ظاهری مبنی بر اسلامی بودن مملکت در صدا و سیما است و دیگر هیچ. به جرات می‌گویم که بزرگترین دزدی‌های جهان، بزرگترین اختلاس‌ها، بزرگترین جنایات علیه بشریت و بزرگترین رباخواری حکومتی از طریق بانک‌ها در این کشور به اصطلاح اسلامی انجام می‌شود. هر کار شنیعی انجام می‌دهند ولی فقط خط قرمزشان برداشتن حجاب است. امروز کلیپی در خصوص سوال و جواب یک سری از جوانان با یک نفر که به اصطلاح کارشناس در موضوعات دینی بود و از صدا و سیمای این حکومت اسلامی هم پخش شده بود، دیدم. خانمی از آن کارشناس پرسید که اگر خداوند در قرآن در جایی از سوره بقره اشاره کرده که "لااکراه فی الدین" یعنی در دین هیچ اجباری نیست، پس چرا حجاب اجباری است.

کارشناس گفت: "ادامه این آیه چست؟ "

جواب داد: "قد تبین رشد من الغی" یعنی کسی که راه رستگاری را به جای شقاوت و بدبختی انتخاب کند.

کارشناس گفت: "از ادامه این آیه، این‌گونه باید برداشت کرد که فرض کنید شما به اختیار خود انتخاب کردید که در یک دانشگاه درس بخوانید. پس ملزم به رعایت

تمام قوانین آن دانشگاه هستید. چون خود شما انتخاب کردید که در این دانشگاه ادامه تحصیل دهید، پس نمی‌توانید به نحوه آزمون یا برگزاری کلاس‌های آن ایراد بگیرید. در نتیجه چون شما از قبل به صورت ناخواسته انتخاب شدید که مسلمان باشید پس ملزم به اجرای احکام آن که البته رعایت حجاب اسلامی هم هست، می‌باشید. البته شما می‌توانید در خانه که کسی شما را نمی‌بیند هر کاری بکنید مثلاً نماز نخوانید ولی وقتی در جامعه ظاهرمی‌شوید چون رفتار شما تبعات اجتماعی دارد، باید حجاب را رعایت کنید. چون نشانه یک حکومت اسلامی پوشش مردم آن است و شما که قبلاً این دین را انتخاب کردید باید این "حجاب را رعایت کنید!" این‌ها چرندیاتی بود که آن فرد به اصطلاح کارشناس در تلویزیون حکومتی به عنوان ادله حجاب اجباری عنوان کرد. ولی چه کسی می‌توانست در آن‌جا بپرسد که آیا احکام دین فقط به حفظ حجاب خلاصه می‌شود؟ آیا در یک حکومت اسلامی، این همه ناهنجاری و بی‌شرمی از رده‌های بالای حکومتی گرفته تا رده‌های پایینی آن، پسندیده است، آیا رباخواری بانک‌های اسلامی شما، جزو احکام دین‌تان است، جالب اینجاست که همگی این کارها تبعات اجتماعی دارد، آنچه که آن کارشناس خیلی بر این موضوع تاکید داشت! این‌ها به نحوی به طور غیرمستقیم دارند می‌گویند که هر کار کثیفی که می‌خواهید انجام دهید، فقط ظاهر را حفظ کنید تا به اسلامی بودن حکومت لطمه‌ای وارد نشود. چرا؟ چون اساس حکومت این‌ها بر اساس دین بوده است. بنابراین اگر ظاهر آن تغییر کند، ممکن است حکومتشان از دست برود. این رفتار را که خودشان می‌گویند خداوند در قرآن از آن به عنوان منافق یاد کرده، مردم ما زیاد دیده‌اند. مسئولینی که از شرکت کنندگان در صفوف اول نمازهای جمعه و جماعت هستند با چفیه‌های

آویزن شده برگردن به نشانه دفاع از حق مظلومین و یقه‌های بسته شده به نشانه
رعایت شئونات اسلامی و جای مهر بر پیشانی، ولی در نهان کثیف ترین موجودات
روی زمین. گاهی اگر دزدی‌هایشان را بین هم تقسیم نکنند، بین‌شان تفرقه
می‌افتد و آنان که در جایگاه بالاتری از قدرت هستند، بعضی از افراد گروه رقیب
را دستگیر و زندانی می‌کنند تا بدین صورت به آن‌ها بفهمانند که مبادا تک‌خوری
کنند. البته بعضی از آن‌ها هم توانسته با ثروت دزدیده شده‌ای که سهم بالادستی
را نداده، به خارج از کشور فرار کنند.

(فویل للمصلین، الذین هم عن صلاتهم ساهون، الذین هم یراءون، و یمنعون
الماعون)

حالا شما از مردمی که اینقدر جرم و جنایت در یک کشور اسلامی می‌بینند، چه
انتظار دارید که بخواهند مسلمان باشند. این چه مسلمانی است که فقط باید به
احکام انتخابی شما از دین اسلام پایبند باشند.

من یک انسانم، به خداوند یکتا و وجود جهان پس از مرگ و روز حساب، ایمان
دارم. ولی قرار نیست ایمان من به این‌ها، باعث تغییر اجباری در زندگی دیگران
شود. قرار نیست اگر من به کسی یا چیزی ایمان دارم، بقیه مردم هم ایمان داشته
باشند. اعتقاد من یک امر شخصی است. همان‌طور که من حق ندارم دیگران را
مجبور به اطاعت از اعتقادات خودم کنم، دیگران هم حق ندارند به من بگویند که
چرا مثلاً مسلمان هستم یا چرا به این موارد اعتقاد دارم. اعتقاد هر کس در دل
اوست. آنچه مهم است رفتاری است که ما به عنوان یک انسان در اجتماع از خود
بروز می‌دهیم. هر چه این رفتار به انسانیت و شرافت نزدیک‌تر باشد می‌تواند نشان

دهنده صحت اعتقادات شما باشد. احتیاج نیست شما اجرای احکام دین را به مردم اجبار کنید. اگر گفتار و کردارتان درست بود، اگر واقعا ذره‌ای احترام برای پیشوایان خود قائل بودید، می‌دیدید که چگونه می‌توان اعتماد مردم را جلب کرد نه به زور و اجبار. حال آن که شما با رفتار منافق گونه خود کاری کردید که همان اعتقادی که مردم در زمان حکومت پهلوی هم داشتند، از دست برود.

خدایا این‌ها دست همه حیله‌گرها را از پشت بسته‌اند. خدایا این‌ها نام تو را به بازی گرفته‌اند. خدایا این‌ها و البته بقیه شیوخ احمق در سایر کشورهای اسلامی به نام اسلام کاری کردند که مردم دیگر کشورها از مسلمانان به عنوان انسان‌های متهجر و عاملان جرم و جنایت و بی رحمی یاد می‌کنند. خدایا اگر صلاح می‌دانی شر این ظلم در لباس دین را از سر مردم مظلوم بردار که از خود مردم ظاهراً کاری ساخته نیست. این زمین و این نعمت‌های آن را که به بشر عنایت فرمودی، تا از آن‌ها در راه درست استفاده کنند، به دست گروهی تبهکار و بی‌خبر از تو افتاده و هر کاری که می‌خواهند در این سرزمین می‌کنند و با مزدورانی که دور خود جمع کرده‌اند، ظاهراً کسی را یارای مقاومت در برابر آن‌ها نیست مگر دست توانمند تو که البته مافوق همه دست‌هاست. تو را قسم یاد می‌کنم که ریشه ظلم را اول در لباس دین و سپس در هر شکل دیگری برکنی.

تقدیر

درود

ساعت ۲۴ روز ۲۷ فروردین ماه سال ۱۴۰۰ است. داشتم به این فکر می‌کردم که به نظر می‌آید تقدیر همه انسان‌ها از قبل نوشته شده و صرف این‌که ما بخواهیم و حتی تلاش کنیم که به هدفی برسیم، اگر تقدیر نباشد، موفق نخواهیم شد. آبان ۱۳۹۸، درست یک هفته قبل از فاجعه ۲۵ آبان در ایران، مقاله‌ام در خصوص تنها راه نجات بشر و ارتباط آن با حفظ محیط زیست و رعایت یکسان حقوق بشر در سراسر این کره خاکی که از چند ماه قبل مشغول نوشتن آن بودم به پایان رسید. این موضوع سال‌ها بود که فکر من را درگیر کرده بود. به نظرم این نوشته، تنها راه حل رفع مشکل اوضاع وخیم این روزها در شرایطی است که هر حکومتی، هر کاری که می‌خواهد با مردم و محیط زیست فقط برای حفظ منافعش می‌کند. بالاخره بعد از سال‌ها، آنچه را که با تمام وجودم به آن ایمان داشتم به صورت مقاله‌ای تهیه کردم. قاعدتاً نمی‌توانستم این مقاله را در کشور خودم که البته آزادی بیان به قول مسئولین حکومتی در اینجا بسیار بیشتر از کشورهای دیگر است، منتشر کنم، بنابراین سعی در انتشار آن از طریق بعضی از سایت‌های معروف جهانی کردم. فقط برای انتشار آن باید به زبان انگلیسی ترجمه می‌شد. نمی‌توانستم به کسی برای ترجمه آن اطمینان کنم و البته زبان انگلیسی خودم هم چندان خوب نبود. در هر صورت خیلی سخت بود آنچه را که به زبان مادری بیان می‌کنی را بخواهی به یک زبان دیگر به نحوی ترجمه کنی که دقیقاً همان برداشت از گفته شما بشود.

بالاخره مقاله را به انگلیسی ترجمه کردم و بارها و بارها آن را بازنگری کردم تا مبادا جایی، اشتباه ترجمه شده باشد. هر چند که هنوز هم خیلی در این مورد مطمئن نیستم. سرانجام آن را با هزاران امید در این سایت ها، بارگذاری کردم. با توجه به مطالبی که عمدتاً در این سایت‌ها منتشر می‌شود، خودم نسبت به مقاله‌ای که منتشر کرده بودم، انتظار داشتم مورد توجه قرار گیرد. چون به نظرم موضوعی جدید و در عین حال مهم برای همه است. طبق اعلام سایت مذکور، حداکثر چهارده روز طول می‌کشید تا داستان یا مقاله‌ای را که شما بارگذاری کرده‌اید، توسط مدیران سایت بررسی و اجازه انتشار آن را بدهند. بی‌قرار برای انتشار آن از همان روز اول هر روز سایت را باز می‌کردم و در صفحه اول مقاله‌های برگزیده، دنبال مقاله‌ام می‌گشتم و وقتی آن‌جا نبود در سایر مقاله‌ها جستجو می‌کردم. روزها گذشت و خبری نبود تا این‌که چهارده روز هم به پایان رسید ولی اثری از مقاله‌ام در لیست مقاله‌های منتخب که هیچ، حتی جزء سایر مقاله‌های منتشر شده در صفحات بعدی هم نبود! به خودم گفتم شاید به خاطر تکمیل نبودن پروفایل به دلیل مسائل امنیتی یا عکس مقاله بوده و شاید لازم است یک سری از مطالب آن را اصلاح کنم. بعد از ۱۶ ماه مجدداً آن را با تکمیل پروفایل و تغییر عکس مقاله و تغییر برخی از مطالب آن، مجدداً منتشر کردم و متأسفانه نتیجه با دفعه قبل فرقی نداشت. وقتی نتیجه‌ای از این مسیر حاصل نشد، باز ناامید نشدم و در توییتر، ضمن معرفی مقاله‌ام، آدرس لینک آن را برای بسیاری از افراد و مؤسسات سرشناس فرستادم و از آن‌ها خواهش کردم که این مقاله را بخوانند و در مورد آن نظر بدهند. امیدوار بودم فقط یک نفر از این افراد به این موضوع توجه کرده و اهمیت آن را درک کند. همین بس بود تا از طریق آن یک نفر این موضوع

انتشار یابد. ولی متأسفانه کسی جواب توئیت من را نداد! چقدر دلسردکننده است. چه احساس بدی دارد. یک موضوع را به این مهمی با تمام وجودت می‌نویسی، ولی برای کسی اهیمتی ندارد. چرا مردم این‌گونه‌اند. موضوعی که برایشان در درجه اول اهمیت است و باید برای همه مهم باشد، این‌چنین بدان بی‌توجه و برعکس به حاشیه ها پرداخته‌اند. متأسفانه ما انسان‌ها علی‌رغم قدرت عقل و توانایی پیش بینی نسبی آینده، بیشتر مانند حیوانات رفتار می‌کنیم. بدون توجه به خطرات قطعی که در آینده نه چندان دور به دلیل نوع زندگی و رفتار ما و همچنین روش فعلی سیاست گذاری‌های جهانی برای ما و نسل‌های آینده اتفاق خواهد افتاد، به همین شیوه زندگی ادامه می‌دهیم و حفظ محیط زیست و رعایت حقوق بشر در هر نقطه‌ای از این زمین اهمیت جدی ندارد. مانند حیوانات در یک مسیر آن‌چنان پیش می‌رویم تا این‌که به بن بست و قحطی برسیم. جایی که دیگر امکان بازگشت به حالت قبل و بهبود وضعیت وجود ندارد. آن وقت هم مانند حیوانات فقط کسانی که توانایی بیشتر دارند (از لحاظ قدرت و ثروت)، کمی بیشتر می‌توانند ادامه زندگی را بهتر از دیگران داشته باشند تا این‌که در نهایت اوضاع وخیم جهانی را که خود باعث آن شدیم، زندگی همه را به نابودی بکشاند. ولی باز برای من قابل درك نیست که چرا این موضوع به این اهمیت، این‌چنین برای دیگران بی اهمیت است. انگار قدرتی نمی‌خواهد که این مقاله منتشر شود. انگار قرار است این مردم به همین شیوه در جهل خود پیش بروند تا زمانی که به جایی برسند که دیگر اصلاح شرایط امکان پذیر نیست. به نظر می‌آید که تقدیر من این نیست که در این مسیر قرار بگیرم. به نظر می‌آید تقدیر من نیست که جهان با مقاله من تکانی به خودش بدهد یا شاید فعلاً تقدیر بر انجام آن نیست. شاید کسی

دیگر قرار است این کار را بکند، شاید هم قرار نیست دنیا در مسیر بهبود پیش برود. یک جایی در اینستاگرام یک جمله قشنگی نوشته بود. گفته بود که سایت ناسا یک عکس از رسیدن فضانوردان به مریخ منتشر کرده، فقط سه میلیون لایک خورده و جایی دیگر یک هنرپیشه، از تغییر دادن رنگ موهایش عکس گرفته و بیست میلیون لایک خورده است! متأسفانه این موضوع، دیدگاه عامه مردم را نشان می‌دهد. اکثریت مردم، همین تفکر را دارند و فقط دنبال علایق، احساسات و خواسته‌های خودشان هستند و اهمیتی به کارهای بنیادی عام‌المنفعه نمی‌دهند. فهمیدم که انگار مسیر حرکت جهان و تقدیر آن به‌گونه‌ای است که قرار نیست تلاش من در این مسیر تغییری ایجاد کند و چون قرار بر تغییر نیست، حتی در دنیای اینترنت هم می‌شود یک چیزی را به نحوی نامرئی کرد که هیچ کس یا آن را نبینند یا اگر هم ببینند هیچ توجه‌ای به آن نکنند. ظاهراً ما محکومیم به آن تقدیری که در زندگیمان رقم خورده. البته هر تقدیری که در زندگی افراد رقم می‌خورد، بر اساس روابط علت و معلولی است. این‌گونه نیست که کسی یک‌دفعه بدون هیچ علتی، ثروتمند شود یا برعکس بدون هیچ علتی، فقیر باشد. همه اتفاقاتی که برای ما در این جهان می‌افتد ناشی از روابط علت و معلولی است که برخی از این روابط ناشی از عملکرد خود ماست و برخی دیگر ناشی از عملکرد دیگران. یک جایی شما با تلاش و کوشش به یک ثروت دست می‌یابید و جایی دیگر با اتفاقی که در زمان و مکان دیگری می‌افتد با وجود این‌که شما هیچ نقشی هم در آن نداشتید، ثروتمند می‌شوید. در مورد علت فقر هم همینطور. گاهی نحوه عملکرد ما موجب فقیر شدن ما می‌شود و گاهی عملکرد دیگران باعث این موضوع

می‌شود که خود فرد هیچ دخالتی در آن ندارد و همه این‌ها تقدیری است که از قبل برای شما در نظر گرفته شده است.

بنابراین اگر تقدیر نباشد هرچه تلاش کنید به نتیجه دلخواه نخواهید رسید. ولی از این مبحث نباید این‌گونه استنباط کرد که چون همه کارهای ما به تقدیر بستگی دارد، دیگر احتیاجی نیست خیلی از کارهایی را که تا کنون می‌کردیم را انجام دهیم. چون هر اتفاقی که در آینده برای ما بیافتد، تقدیر ما بوده است. این موضوع به نحوی درست و به نحوی نادرست است. در خصوص تقدیر درست است.

دور شو از برم ای واعظ و بیهوده مگوی	من نه آنم که دگر گوش به تزویر کنم
نیست امید صلاحی ز فساد حافظ	چون که تقدیر چنین است چه تدبیر کنم

حافظ

ولی چون ما نمی‌دانیم که تقدیرمان چیست پس برای رسیدن به اهدافمان، تلاش می‌کنیم. اگر تقدیر ما رسیدن به آن هدف باشد، با توجه به این قانون که تقدیر ناشی از روابط علت و معلولی است، نتیجه تلاشمان را می‌گیرم و به هدف خود خواهیم رسید ولی اگر نباشد، علی‌رغم تلاش، به آن هدف نخواهیم رسید. تقدیر در واقع نفی اختیار انسان نیست. تقدیر فقط در مرحله‌ای بالاتر از اختیار انسان قرار دارد. این انسان است که تصمیم می‌گیرد با اختیار خود در چه مسیری (خوب یا بد) حرکت کند ولی به هرچه در نهایت ختم شود، تقدیر او محسوب می‌شود. بنابراین اگر چه انسان نمی‌داند تقدیرش در آینده چیست ولی انسانیت و عقل حکم می‌کند که در مسیر درست حرکت کند و رفتار او بر اساس معیارهای انسانی

باشد و برای اهداف روشن تلاش کند. همین رابطه علت و معلولی که تقدیر هم بر اساس آن نوشته شده، در خصوص رفتار ما انسان‌ها هم صادق است. اگر قرار باشد، ظلمی به کسی شود یا حقی از کسی گرفته شود ولی پاسخی به این کار ناشایست داده نشود، روابط علت و معلولی این جهان هستی بهم می‌خورد. به دلیل وجود هیمن روابط، هر ظلمی پاسخ و عکس العملی دارد آن‌چنان که هر کار درست و با ارزشی هم پاسخ و عکس العملی خواهد داشت. این عکس العمل گاهی در همان زندگی مادی و حیات شخص انجام دهنده آن عمل، پاسخ داده می‌شود و گاهی بعد از مرگ او. اگر علم تاکنون جهان پس از مرگ و زندگی روح را نتوانسته ثابت کند، دلیل بر وجود نداشتن آن نیست. جهان پس از مرگ هم جزئی از جهان هستی است که با نوع این جهان مادی متفاوت است و هنوز برای بشر از نظر علمی قابل درک نیست ولی وجود روابط قطعی علت و معلولی در این جهان هستی، می‌تواند نشانه وجود جهان پس از مرگ و زندگی روح در جهان دیگر باشد. حتی با توجه به قانون سوم نیوتن مبنی بر این‌که هر عملی، عکس العملی دارد، مساوی و در جهت مخالف آن، می‌توان بر وجود این روابط قطعی علت و معلولی پی برد. بنابراین اگر آن عمل یک کار خوب بود، نتیجه مثبت آن قطعاً به خود فرد باز خواهد گشت و اگر یک کار بد بود هم همین‌طور و اگر عکس العمل در این دنیای ماده انجام نشود، به دلیل وجود قانون علت و معلولی، به نظر من قطعاً در دنیای پس از مرگ رخ خواهد داد. جای تعجب دارد در مورد برخی از دانشمندان و فیزیک‌دانان برجسته قرن اخیر مانند استیون هاوکینگ و بسیاری دیگر که هرچه این روابط علت و معلولی را در جهان هستی، بیشتر کشف می‌کنند، این پدیده را یک پدیده علمی دانسته و چون دیگر رابطه آن‌ها از نظر علمی مشخص شده، از

نظر آن‌ها نمی‌تواند دلیل بر وجود خالق یکتا باشد! درصورتی‌که خداوند هرآنچه در این دنیا خلق کرده که البته شاید بشر نتواند تا سال‌ها به اسرار بسیاری از آن‌ها دست یابد، بر اساس روابط علت و معلولی (علمی) بوده و برای همین هم از انسان انتظار می‌رود در مورد وقایع جهان هستی تفکر کند. چون اگر چیزی در این دنیا باشد که ماهیت علمی نداشته باشد و وجود آن بستگی به وجود چیزی دیگری نداشته باشد، اساس تفکر انسان را زیر سؤال می‌برد.

بنابراین آنچه در این جهان هستی وجود دارد، تماماً ماهیت علمی دارد خداوند یکتا که خود خالق علم است، آن‌ها را این‌گونه بنا کرده و بشر را به کشف این روابط علت و معلولی تشویق می‌کند تا به قدرت لایزال او پی ببرد.

خدا نگه‌دار

درود

امشب ساعت ۲۰ دقیقه بامداد روز ۲۹ فرودین سال ۱۴۰۰ است. راستش از این زندگی خسته شدم. باور کنید از زندگی بی هدف خسته شدم. انگار به هر کار مهمی که می‌خواهم دست بزنم یا به بن بست می‌خورم یا هزارتا مشکل سر راهم سبز می‌شود. موفق نشدن من در مورد انتشار مقاله‌ام، خیلی حالم را گرفته. یکی از دغدغه‌های اصلی من همین موضوع مقاله‌ای است که ارائه دادم ولی چه فایده وقتی من بخواهم و دیگران نخواهند. بعضی وقت‌ها به خودم می‌گویم که دیگر بس است. ول کن این نگرانی ها را. برو این چند صباح باقی‌مانده عمر را برای خودت، مثل بسیاری از مردم بی خیال باش، بی‌اعتنا به مسائلی که هر آن آینده بشریت را به خطر می‌اندازد ولی نمی‌توانم. کارم پیش نمی‌رود، روزگار اذیت می‌کند، مردم اذیت می‌کنند، به هیچ کس نمیشه اطمینان کرد، خدا هم نمی‌دونم چه برنامه‌ای برای من دارد! دلم می‌خواست در مسیری که موضوع مقاله‌ام بوده یعنی دفاع برای حقوق بشر مخصوصاً برای مردم مظلوم کشورم قدم بردارم. به خدا قسم نگران این نیستم که مبادا زود بمیرم. نگران این هستم که بمیرم و کاری نکرده باشم. از خدا همیشه خواستم که من را به حال خودم رها نکند. همین ها را هم که می‌نویسم شاید شما نخوانید. شاید هیچ کس نخواند. شاید این نوشته ها به نحوی از بین بروند و هیچ کس از این‌ها اطلاعی نداشته باشد. ولی من باز این‌ها را برای دل خودم می‌نویسم. احساس می‌کنم این‌گونه سبک‌تر می‌شوم. وقتی کسی نیست که برای او حرف بزنم، چه کسی بهتر از خدا که می‌شنود و هیچ هم نمی‌گوید. آخر چرا؟ تو را به خدائیت کمی با من حرف بزن.

من بدم، باشد. با این بنده بدت حرف بزن. نشانه‌ای برایم بفرست تا کمی قرار بگیرم. من که بارها تو را برای خودم اثبات می‌کنم. می‌دانم و مطمئن هستم که هستی. چرا جواب من را نمی‌دهی؟ تحمل این وضعیت برایم سخت است. من مطمئن هستم که قدرتی صدای من را می‌شنود. مطمئن هستم قدرتی هست و من را می‌بیند و هر گاه صلاح بداند جواب من را خواهد داد ولی چه کنم. "چون صبر توان کرد که مقدور نباشد"

ترسم که اشک بر غم ما پرده در شود
وین راز سر به مهر به علم سمر شود

گویند سنگ لعل شود اندر مقام صبر
آری شود، ولیک به خون جگر شود

خواهم‌شدن به می‌کده گریان و دادخواه
کز دست غم خلاص من آنجا مگر شود

از هر کرانه تیر دعا کرده‌ام روان
باشد کز این میانه یکی کارگر شود

ای جان حدیث ما بر دل‌دار باز گوی
لیکن چنان مگو که صبا را خبر شود

در تنگنای حیرتم از نخوت رقیب
یارب مباد آن‌که گدا معتبر شود

از کیمیای مهر تو زر گشت روی من
آری به یمن لطف شما خاك زر شود

روزی اگر غمی رسدت، تنگدل مباش
رو شکر کن مباد، کزان بد بتر شود

بس نکته غیر حسن، بباید که تا کسی
مقبول طبع مردم صاحب نظر شود

این سرکشی که در سر سرو بلند توست
کی با تو دست کوته ما در کمر شود

حافظ چو نافه سر زلفش به دست توست
دم درکش ار نه، باد صبا را خبر شود

حافظ شیرازی

فایلی که منتشر کردم ولی متاسفانه توجهای به آن نشد:

Although we all know that living conditions for us humans and especially for future generations on this planet are getting harder and harder every day, I do not know why this issue is not so important for us and If anyone is informed about this, no special attention is paid to it.

This article is not only about the problems facing human beings according to the current regimes, but also offers the only solution to this problem.

I hope that by reading this text, everyone will pay a little more attention to the existing facts and think about correcting this situation.

The Last chance

Today, with the human advances in various fields including industry, communication and transportation, lifestyle has changed in a way that its impact on the planet is clearly evident. Yes, the Earth is no longer that great planet, which it used to be able to treat its damages, caused by contamination and fire like small defects, mended in a short period of time. Indeed, the destructive impact of human beings on the planet has been enormous over a short period of time since its industrialization even more than the devastating impact of man on Earth over the past thousands of years. If we continue to do so, we will soon lose the best place that human now knows for life. Suppose at this time man can travel to other planets and live. How much does it cost to provide the minimum infrastructure needed to live there? How many people can travel there? Is it wise to simply destroy the place where man was born and fully adapted to its circumstances and think of other planets for life? Of course not. Assuming the possibility of life on other planets, we can still claim the best place for human to live on is our Earth and it is our duty to work hard to preserve it.

Don't the superpowers and the advanced nations think that they are deceiving themselves? Don't they really know that if a country pollutes the air or produces nuclear bomb or destroys its natural resources in any way, it is dangerous to the entire population of the earth and to other living things on it? Are these hazards only for the people of those polluting countries? It is not a definition of profit to sell our outdated industry to third world countries. If an industry is obsolete due to air pollution in developed countries, it does not mean that its treat to the world has completely been removed for it is still being used in the third world countries.

Aren't we all living on a planet called Earth? Nowadays, any damage to this land in any corner of it can endanger the whole life of humans and animals. Why, the humanity has not reached a global consensus on the harmful effects of greenhouse gases yet, despite the advances in science? Our earth is like a ship in which we all live. Now, is it okay if anyone for any reason wants to pierce their place on this ship? Is that person the only one who sinks? Did the day that an accident caused millions of tons of crude oil to spill into the Gulf of Mexico only hurt the nature of Mexico or was the nuclear disaster in Japan just a disaster for that country? Haven't they endangered the whole human life in the long run?

Countries polluting the air and harming the environment with fossil fuels and pollutants in their industries are not only a danger to their own people, but also are a huge threat to other nations and their nature. Shouldn't man think about the future? Shouldn't we take care of the earth so that future generations can live on it? shouldn't human behavior be different from animals? Is it right to use pollutants only for our own benefit without worrying about damage to this planet? Does caring about earth just mean that if we see a large meteor coming toward earth, we should try to prevent it from colliding with the earth? Should any country be allowed to do whatever it wants within the framework of national sovereignty? Is this reasonable?

Today, there is a competition for extracting crude oil and other non-replaceable resources in all countries. Is it wise to extract these resources despite the advances in human science and technology and the possibility of replacing fossil fuels with clean sources? Isn't it important to preserve these limited resources for future generations, who will surely use them for much better consumption because of more human advances in science and technology in the future. Isn't the excessive use of these resources and the destruction of the environment a betrayal of the next generation? Isn't it unfortunate that these important oil resources are mainly used to move vehicles and ultimately cause air pollution and global warming?

Unfortunately, today's world policy is mainly based on personal interests, and without worrying about the future of humanity and the preservation of the environment, the aim only is to buy these scarce oil and gas resources from third world countries as cheaply as possible. There is actually no serious decision to use other available and never ending resources such as solar power. Isn't this a betrayal of the next generation? Using gasoline to drive cars, in addition to polluting the air we breathe, is really a waste of the valuable reserves.

The time will come when future generations will curse today's human for wasting these non-renewable resources and destroying the environment. We want human life on this beautiful earth for thousands and even millions of years, not for another few hundred years! So it is time to prevent any damage to this Mother of Nature. Let's look at the whole rather than our own personal interests. Our future lives depend on the lives of other communities. So if a government leads its society to collapse by polluting the environment, causing global warming through greenhouse gas emissions, violating human rights and other animal rights, carrying out atomic tests and many other crimes, it will destroy all humanity. So these behaviors must be stopped through the international community.

بنی آدم اعضای یک پیکرند   که در آفرینش ز یک گوهرند
چو عضوی به درد آور روزگار   دگر عضوها را نماند قرار
تو کز محنت دیگران بی غمی   نشاید که نامت نهند آدمی

Saadi Shirazi

Many groups of human societies failed to help the global community on the path of global production of science because of their despotic, ideological, inhumane or racist governments, while they are also deprived of the rights to live freely. This, of course, will cause irreparable damage to the future of humanity. The developed countries, regardless of the fact that why they alone bear the burden of world production of science, do not know how much faster the production of science would be if all the people of the globe could have a share in the path of science production and how much it will help reduce the cost of producing science and conserving non-renewable resources on this planet. Many people who are not educated because of poverty or the kind of rule of their country would certainly be able to play a significant role in helping the human race and the advancement of science if there was a chance for their education.

Many of today's third world countries are the advanced countries of the past whose development was unfortunately prevented because of the corrupt and incompetent governments that were later formed in them. It would be a huge mistake to think that there is no potential for science production in these countries. Just as today's science owes the scientific advances of the past in the third world countries, today it is time for the advanced countries to pay their debts.

The era of different governments in human societies is over. It is unacceptable that any government harms nature as much as possible to achieve its own interests. It is unacceptable that despite human progress in many societies, many human beings still live under oppression and terror, and many are deprived of their natural human freedom because of the ambition of their rulers and if they protest, they will be treated as severely as possible. It is by no means justified that non-renewable natural resources are wasted easily, forests dating back thousands of years are burning, humans are killed or imprisoned for their beliefs. Moreover, the irreparable damage that will be caused to the earth and the human race by the nuclear wars is by no means justified.

Under these circumstances, the freedom of governments for inhumane activities and also to carry out any activities that harm nature, only because they are elected by the people of their country, is not acceptable. Regardless of whether or not these governments are really elected by the people of their countries or under some imposed condition it can be claimed that somehow people have a role in electing them, due to the critical global environmental conditions and also human rights and the need for an international community to be sensitive about them, in many cases, governments no longer have the rights to make arbitrary decisions.

The time for global management change has come and the macro social and economic policies of the world need to be planned and implemented in another way.

The only difference between nations is their customs, religion or belief. if these beliefs do not harm the environment and do not conflict with human rights, they will be accepted and respected by the international community. The inherent desire of people in all countries is to have prosperity, human rights and a healthy environment. to achieve this, all countries must unite and only one constitution will be enforced worldwide. It's time to stop the governments who endanger the lives of the human race or harm nature just for their own sinister purposes. It is time for all countries to have a coherent and coordinated leadership. Consider the two countries of the United States and Iran. People from one of these two countries are in a better position than the people in the other because of better laws on human rights, social justice and environmental protection. In Iran, like many other third world countries, because of their tyrannical rules, human rights are at the lowest possible level and the environmental damage is at its highest.

By reference to the past US-Iran cooperation and The desire of most Iranian people to communicate with the United States, surely if the two countries unite and Iran becomes one of the US allies and both countries be governed by one constitution, it can have many benefits for both countries and the world. By merging the two countries and creating a new reformed constitution, Iran will be recognized as part of the US in Asia and the United States as part of Iran in the continent of America (USAI). Subsequently due to the superiority of social rules and better observance of human rights in this single body, many other nations would also try to join this new global consensus. In this way we can take steps to achieve a Single World Government throughout the world in a way that human rights and environmental protection are best done.

Finally, after the unification of human societies, the decision-making process for humanity and the task of creating a better life for future generations must be entrusted to scientists and philosophers through Politicians. Because there are no more conflicting interests that need politics. Of course to achieve this, first it is necessary for all human beings, especially politicians to understand the existing reality and after reaching a relative consensus, it is necessary to form an interim government of the earth by uniting some of the current governments and this interim government will force other countries to unite if they refuse to join the united world community.

Unfortunately, at this stage there will be opposition because of the ignorance of some people and the propaganda by tyrannical governments to avoid losing their personal interests. So there will be no other choice except for military action. The only solution to this problem is the consensus of the people of the world to demand it from their own governments. In the first stage, the people of developed countries are expected to achieve this for such a unity because of their greater human rights and freedoms, so it would be easier to overthrow other corrupt governments and lead the people of those countries to a free life and join this alliance.

Democracy is good, but it is not useful with today's form in everywhere. When in a poll, the votes of a scientist and philosopher are equal to the vote of an ordinary person who knows nothing but the small environment around himself, it makes the wise and useful people be excluded from society and dictatorial and hypocritical governments reach power through their false propaganda and politics with the votes of the ignorant people and that is how human life will be endangered. Democracy actually works when electorates have complete or relatively complete knowledge of what is being voted for. Scientists and philosophers should make laws and elected rulers should enforce them. Certainly some people don't know what is really good for them and what is not. So they are not allowed to vote for some issues. The important decisions that are relevant to the entire world community and to the future of humanity must be made by wise people who are elected by a panel of scientists and philosophers. My emphasis on decision-making for the future of humanity by scientists and philosophers is because the one who steps in the path of science and service to humanity is less likely to step into the path of increasing wealth and personal interests. The possibility of creating a safe environment for mankind and providing the lives of future generations are not something to be resolved by politics, lectures and resolutions.

Man for his future and for the lives of future generations must think and make decisions as a human being.

The only possible solution is to have a single global government. A government which would oversee the entire globe and the laws enacted by it and perform them throughout the earth. In this case, there will be no border between any countries. The current countries will be governed like states and no country will be governed independently. All humans on earth will enjoy a same freedom and everyone will be required to observe a single universal law. A law that is the same for everyone on environmental issues and human rights. A universal single police will be responsible for overseeing the proper implementation of the rules and all the military progress in fighting the evil people will be at the disposal of the land police. The land will be governed by a law which all inhabitants benefit from.

All human beings can participate in the production of science and the benefit of the advancement of science and technology will be for all people. Taxes commensurate with the real income of the people will be deposited into a single treasury under a comprehensive law and it will be used to reform human life in deprived areas, reform the environment, and change the lifestyles of all humans in the best way possible.

Current countries or future states can invest in other countries depending on their wealth and capabilities. The type of investment is determined by the central government. Any country can sell its services or products to other people of the earth in accordance with the law. The use of natural resources will only be with the permission of the central government and in accordance with the laws of the land. No one has the right to oppress anyone in any place and the police of the land, by using the most up-to-date technology possible, will monitor everyone with a law and a regulation. Due to the undisputed power of the police compared to the offenders, it will not be possible for anyone to oppose the law. All people will be equal and those who have lived through hardship will soon achieve a peaceful and loving life. the national sovereignty of all countries will be abolished and everyone will live under one universal law. Of course, the current border of countries will be maintained to determine the assets of each state.

Although there is not much time left for the human race and because perhaps this will not be possible soon enough, the immediate action of the international community will be necessary to achieve this important goal. In this new government, no one will seek a nuclear bomb to attack another and no one will be able to commit crimes to achieve their own evil ends and all people will live side by side with every religion and belief while respecting each other's rights.

Yes, it is about time, man made a major change in his life, but It is not too late yet...

قدر وقت ار نـشناسد دل و کاری نکنـــد بس خجات که از این حاصل اوقات بریم

فتنه می‌بارد از این سقف مقرنس برخیز تـــا به میخــــانه پناه از هـــمه آفات بریم

Hafez Shirazi

I've been trying to make my article public for several years but unfortunately it was not possible to publish it because it is directly contrary to the interests of my country's rulers. In my opinion, despite the development of science and technology in recent years, human beings have not yet reached the stage of real development that is the observance of human rights. Because in many countries, by giving power only to a few people and due to their weak domestic laws, tyranny has dominated their people and it made the governments not only decide for the people but also for the future of humanity. Since their decisions are just to protect their own interests, human rights are not generally respected in those countries. And that is how human progress is prevented.

All humans of any sex, race and color are equal and no one is superior to the other and the governments have no right to decide instead of the people for their own benefit. As long as such governments exist on this planet, the right to freedom of thought, excellence and progress of the human race and the continuation of its life cannot be conceived for the long term. This can be clearly seen in the political game of governments that when the international community decides to confront a government that poses a threat to human society because of terrorist activities, a member of the Security Council would simply veto that decision for their own benefit.

Politics causes tyrannical and corrupt rulers of some countries to oppress their people by using slogans such as national sovereignty and the law of non-interference in the internal affairs of their countries and without any concern from the international community they deal with any internal protest as severely as possible. Then they organize fake marches and elections to deceive the international community and also to demonstrate the legitimacy of their government. It is unfortunate that in the 21st century there is still no system in place for the international community to know the majority of people's views on their governments in different countries. Politics causes corrupt governments to remain in government based on the fabricated documents they provide to prove their legitimacy and in different ways, they do not allow the voices of opposition to be heard by the international community. Due to the many problems that have been created for mankind by the current type of governments, it is time to make a major change in the governance of the international community and that is a single globe government.

This single government will help all people benefit. Every one will enjoy a same freedom without exception and human rights will be respected in the best possible way for all. Not only common people, but the rich and the business owners achieve their interests even more than they currently do. Even owners of weapons companies will produce weapons to confront the criminals and opponents of the single government instead of making weapons to kill innocent people by corrupt governments.

A government that all humans and nature will benefit from

آرزو مـیکنم، همه آرزوهـای خوبتون برآورده بشود.

خدانگهدارتان

شورای حقوق بشر

درود

امشب ساعت ۳۰ دقیقه بامداد روز چهارشنبه ۲۲ اردیبهشت ماه ۱۴۰۰،

متأسفانه هر چه می‌خواهم در مورد یک موضوع خوشایند صحبت کنم انگار جور نمی‌شود. هر روز یک بدبختی، هر روز یک فاجعه، هر روز یک جنایت، هر روز یک اتفاق بد و خبر ناخوشایند. انگار تمامی ندارد. انگار قرار است بشر با همین دست فرمان هم خودش و هم دنیای اطراف خودش را نابود کند. هیچ کس هم خودش را مسئول نمی‌داند. این سازمان‌های ملل و اتحادیه‌های بین المللی محیط زیست و یونسکو و شورای حقوق بشر و سازمان‌های حمایتی مختلفی که همه جا به وفور دیده می‌شود، به نظر می‌آید بیشتر جنبه تبلیغ و به عنوان ویترینی برای رسیدن به مقاصد شوم دیگر است. اواخر سال‌های حکومت پهلوی بود که یک دفعه رگ گردن شورای حقوق بشر باد کرد که چرا مردم ایران آزادی بیان سیاسی و حق اظهار نظر و نقد حکومت را ندارند. همه جا شروع به اظهار نظر در این خصوص کردند و حق تضییع شده مردم ایران را در رسانه‌های مختلف جار می‌زدند و حکومت‌ها را واداشتند تا شاه را مجبور کنند تا جلوی آزادی بیان سیاسی و راهپیمایی احتمالی مردم را نگیرد. خلاصه با همین بهانه و با استفاده از این سازمان‌های به اصطلاح مدافع حقوق بشر، توانستند به مقصود خود برسند و حکومت پهلوی را که قطعاً نه فقط به نفع مردم ایران بلکه به نفع مردم خاورمیانه و به طور غیر مستقیم به نفع مردم سایر کشورها بود را فقط برای حفظ منافع موقت خود، ساقط کردند و حکومتی را جایگزین کردند که اگر چه به میل آن‌ها بود ولی

دقیقاً برعکس همه جنبه‌های اخلاقی و انسانی حرکت می‌کرد. از همان اوایل، جنایات و کشتارهایی در این حکومت اتفاق افتاد که شاید تا قبل از آن کمتر حکومتی با مردم خود کرده بود و بعدها هم تا همین یکی دو سال پیش این جنایت‌ها را ادامه داد. اخیراً بیش از دو هزار نفر را در کمتر از یک هفته در آبان ۹۸ به خاطر اعتراض به وضعیت معیشت کشتند و هیچ سازمان حقوق بشری و هیچ کشوری در این خصوص اقدام اعتراضی مؤثری انجام نداد. البته برای خالی نبودن عریضه، نهایت کارشان ابراز ناخشنودی و توصیه جنایت کاران به پرهیز از خشونت علیه مردم بوده است.

شورای حقوق بشر! به راستی این شورا را همان کشورهایی درست کردند که از آن در مواقعی که برای خودشان لازم است استفاده کنند. هر وقت دیدند منافعشان در جایی به خطر می‌افتد یا لازم است در کشوری تغییری ایجاد کنند تا به اهداف مورد نظر خود برسند یکی از این وسایل و ابزارها، شورای حقوق بشر بوده است تا با استفاده از آن بتوانند علیه کشوری در سازمان امنیت قطعنامه‌ای صادر کنند. ولی امان از وقتی که منافعشان با وضع موجود هم‌خوانی داشته باشد. هزاران جنایت در همین چند کشور ایران، سوریه، عراق و افغانستان توسط حکومت‌ها یا شبه نظامیان اتفاق می‌افتد و هیچ شورای حقوق بشری یا سازمان حامی محیط زیستی هیچ اقدام جدی نمی‌کند.

چرا؟ چون این شوراها توسط همان کشورهایی بنا شده‌اند که منافعشان فعلاً در آشوب و جنایت در این کشورهاست. از زمان انقلاب اسلامی در ایران، مشخصاً یک خاورمیه به آتش کشیده شد، جنایت‌هایی در آن اتفاق افتاد که شاید در طول

تاریخ بشریت کم سابقه بوده است از اعدام‌های گسترده در ایران و سرکوب شدید معترضان گرفته تا جنایت‌های صورت گرفته در سوریه برای حفظ قدرت بشار اسد تا تشکیل فرقه جنایتکار داعش و جنایت‌های گسترده‌ای که توسط آن‌ها انجام شد و شبه‌نظامیان جیره‌خوار حکومت اسلامی ایران که وظیفه‌ای جز ناامن کردن خاورمیانه و جرم و جنایت علیه انسان‌های بی‌گناه ندارند، اختلافات دینی اسلام و مسحیت، اختلافات مذهبی شیعه و سنی که فقط در همین چند ساله اخیر جان هزاران انسان و کودك بی‌گناه را گرفت، ولی هیچ سازمان مدافع حقوق بشری هیچ اقدامی نکرد جز ابراز تأسف!

لازم نیست اسنادی در تایید این صحبت‌ها ارائه شود. هر چند که البته اسناد آن شاید سال‌ها بعد منتشر شود مثل بخشی از اسناد کودتای ۲۸ مرداد که بعد از این همه سال تازه همین دو سال اخیر منتشر شد. فقط کافی است کمی در این باره فکر کنیم. ببینیم بعد از اتفاق برنامه‌ریزی شده انقلاب ۵۷ در ایران، چه کسانی به عینه بیشترین منفعت را بردند. کافی است یک نگاهی به وضعیت کشورهای عرب حاشیه خلیج فارس قبل و بعد از انقلاب بی‌اندازیم و ببینیم با چه کشورهایی هم پیمان شده‌اند، کافی است توسعه و قدرت اسرائیل را قبل و بعد از انقلاب در ایران با هم مقایسه کنیم. مشخصاً اسرائیل کشوری است که با بهانه قرار دادن حکومت ایران به عنوان یک لولو خورخوره و مظلوم نشان دادن خود، توانست در طی این چهل و دو سال امتیاز و مشروعیت بالایی کسب کند. قدرت خود را از این طریق چقدر افزایش داد و محدوده کشور خود را چقدر توسعه داد. امتیازهایی که کمونیست از این تغییرات گرفت چقدر بود! این نابسامانی‌ها که همگی از انقلاب در ایران منشع گرفتند، چقدر به فروش اسلحه در منطقه منجر شد. چقدر آسان‌تر

پای دیگر کشورها را به این قسمت از جغرافیای زمین باز کرد. این‌ها تئوری توطئه نیست. این‌ها واقعیت است.

و چه بسیار موضوع پشت پرده‌ای‌که ما نمی‌دانیم و لازم هم نیست بدانیم. فقط همین را بگویم که حتماً قرار نیست تا اسنادی ارائه شود تا ما در مورد اتفاقی که افتاده اظهار نظر کنیم. گاهی اسناد، وقایعی است که پیرامون ما اتفاق می‌افتند. "آفتاب آمد دلیل آفتاب "می‌خواستم بگویم که حالم از این شوراهای حقوق بشری و سازمان‌های حامی محیط زیست به هم می‌خورد. دو روز پیش بمبی را جلوی یک مدرسه دخترانه در افغانستان منفجر کردند که باعث کشته شدن ۸۵ دختر محصل شد. اصلاً نمی‌توانم این رفتار بشر را به هیچ گونه‌ای برای خودم توجیه کنم. آخر چه باعث می‌شود که انسان اینقدر پست شود که حاضر باشد دست به این چنین کاری بزند. وقتی حیوانات از هم نوعشان در برابر خطرات محافظت می‌کنند، چگونه است که انسان یک چنین کاری می‌کند؟! به فرض این‌که یک روحانی مریض، فتوا داده باشد که مثلاً ریختن خون شیعه یا سنی حلال است و هر کس این کار را انجام دهد به بهشت می‌رود و نزد پیامبرش خواهد نشست و از این چرت و پرت‌ها! یعنی آن فردی که می‌خواهد این جنایت را انجام دهد، یک لحظه فکر نمی‌کند که مگر ممکن است با کشتن انسان‌ها مخصوصاً بچه‌های بی‌گناه، دروازه‌های بهشت را برای او باز کنند؟

از همین موضوع به قطعیت می‌گویم که عامل همه بدبختی‌های بشر، جهل اوست. از آن بمب‌گذار انتحاری گرفته، آن مزدوری که به خاطر پول، هر دستور جنایتی را اجرا می‌کند، آن فرد نظامی که واقعیت را می‌بیند و باز صرفاً به خاطر دستور به مردم شلیک می‌کند و مردم بی‌گناه را می‌کشد. آن حکومتی که برای

حفظ قدرت و کسب ثروت هر جنایتی علیه بشریت و محیط زیست انجام می‌دهد، تا آن سیاست‌مداران کشورهای غربی که به زعم خود توانستند با تغییر سیاست در کشوری و روی کار آوردن حکومتی تبهکار، مقاصد خود را تامین کنند، همگی این‌ها اگر دانا بودند می‌فهمیدند که این گونه روش‌ها، تعریف کسب منفعت نیست و این موضوع را تاریخ و آینده به آن‌ها و بازماندگان آن‌ها اثبات خواهد کرد.

آن کس که آتش بپا کند، درنهایت دود آن به چشم خودش هم خواهد رفت

بله در نهایت دود حاصل از ناامن کردن کشورهای دیگر، فروش اسلحه به شبه نظامیان و بی‌ثبات کردن منطقه و بی توجهی به حقوق بشر و محیط زیست در کشورهای دیگر به چشم همان‌هایی هم خواهد رفت که خود باعث ایجاد این آشوب‌ها شدند. آن احمقی هم که به فتوای یک بیشعور دست به جنایت علیه مردم بی‌گناه می‌زند، بعد از این‌که به درك واصل شد، خواهد دید که در جهنم چه استقبال داغی از او خواهند کرد.

خرد بهتر از هرچه ایزد بداد — ستایش خرد را به از راه داد
خرد رهنمای و خرد دلگشا — خرد دست گیرد به هر دو سرای
ازو شادمانی و زویت غمیست — و زویت فزونی و زویت کمیست
ازویی به هر دو سرای ارجمند — گسسته خرد پای دارد به بند

فردوسی

انگار خدا ما را رها کرده. هر ظالمی هر کاری می‌خواهد می‌کند و فریاد رسی نیست؟ شاید تقصیر خداست!

درود

امشب ۲۷ خرداد ماه ۱۴۰۰، ساعت ۱۳:۴۰

فردا هم روز انتخابات مسخره ریاست جمهوری است. امسال اگر چه بعد از اتفاقات بسیار ناگواری که در کشور برای مردم افتاد از کشتارهای آبان ۹۸ گرفته تا سرنگونی هواپیمای مسافربری، گرانی‌های کمر شکن و افزایش بیش از پیش فقر و فساد، بالاخره گروهی از مردم فهمیدند که شرکت در انتخابات نتیجه‌ای جز تحکیم نظام فاسد فعلی ندارد و انتخابات را تحریم کردند ولی حکومت هم در عوض آن‌قدر بی‌شرم شده که حتی دیگر حاضر به نمایش بازی انتخاباتی مثل سال‌های قبل نبوده و فرد مورد نظر خود را که البته سابقه سیاهی در اعدام انسان‌های بی‌گناه و سرکوب معترضین به نظام در مسند قضاوت دارد، می‌خواهد به هر نحو ممکن در جایگاه رئیس جمهوری بنشاند. من نسبت به این اقدام حکومت خیلی ناراحت نیستم چون از این‌ها انتظاری جز این نمی‌رود و سابقه ۴۰ ساله این‌ها نشان بر جور و ستم بر مردم به هر شکل ممکن بوده. مثل این است که شما از گرگ انتظار داشته باشید که در میان گوسفندان درنده خویی نکند. یا از عقرب انتظار داشته باشید که نیش نزند. این گروه تکلیفشان از همان اول معلوم بود. این‌ها گروهی غیر ایرانی هستند که به هر طریقی، با کمک دول غرب و استفاده از جهل مردم ایران توانستند مسند قدرت را در این کشور به دست آورند.

حالا طبق اصول فرقه خودشان چه انتظاری می‌توان داشت که با غنایم به دست آمده از فتح ایران درست برخورد کنند، چه انتظاری می‌توان داشت که حق مردم ایران را به نفع خود و هم کیشانشان پایمال نکنند. چه انتظاری می‌توان داشت که از بین رفتن منابع طبیعی ایران برای آن‌ها مهم باشد. این کشور، یک غنیمت به دست آمده از جنگی است که بدون خون‌ریزی و با حیله و نیرنگ برایشان حاصل شده و از آن برای رسیدن به سایر اهداف خود استفاده می کنند. دیگر مهم نیست که جنگل‌های آن بسوزد، رودخانه‌های آن خشک شود، هوای آن آلوده گردد، محیط زیست آن نابود شود، منابع طبیعی آن به تاراج رود، حیات‌وحش آن منقرض شود، گنج‌های آن به یغما رود و در نهایت به مردم ظلم یا تجاوز شود. تجاوز به جان و مال و زن و بچه مردم برای این جانوران که خود را فاتح ایران می‌دانند، امری عادی و طبق رسوم خلفشان، نه تنها عیب نیست بلکه حق خود می‌دانند! کسانی هم که به عنوان کاندید رئیس جمهوری از طرف شورای نگهبان تائید شده و در این انتخابات مسخره وارد شده‌اند که تکلیفشان مشخص است و انتظاری از این‌ها هم نیست. این‌ها یا از همان فرقه غیر ایرانی متجاوز به ایران هستند یا اگر ایرانی باشند که بعید می‌دانم، خائنین به مملکت و خود فروخته‌هایی هستند که همه چیز خود را برای این متجاوزین به باد داده‌اند. نه، ناراحتی من از آن‌ها هم نیست. ناراحتی من از افراد هرز و هرزه‌ای است که اگر چه به متجاوز بودن این حکومت واقف هستند ولی باز در این دوران برای به دست آوردن لقمه ای بیشتر یا جایگاهی بهتر، حاضرند به مردم و میهن خود خیانت کنند و خود را تا این سطح از پستی پایین بیاورند. غصه من از خیانت آن‌هایی است که برای انتخابات شورای شهر سر و دست می‌شکنند و برای رأی آوردن، خود را جر می‌دهند و شهر را پر از تبلیغات

انتخاباتی کرده‌اند. بدتر از آن، خیانت آن‌هایی که برای چندرغاز برای این افراد ستاد انتخاباتی فراهم می‌کنند و یا آن‌هایی که در این تجمعات تبلیغاتی حکومت شرکت می‌کنند. فکر می‌کنند چون حالا سیرکی برگزار شده یا آهنگی با صدای بلند گذاشتند و شربتی می‌دهند، دیگر همه چیز درست شده. مثل بز فریب می‌خورند و بدون این‌که بفهمند در چه مسیری حرکت می‌کنند به هر جا هی می‌شوند با انگشت‌های خیانت بارشان در این فراخوان‌های انتخاباتی شرکت می‌کنند. به راستی بسیاری از مردم این کشور مثل گوسفند شده‌اند. زمانی که گوسفندی سلاخی هم نوعش را ببیند، می‌ترسد و وحشت می‌کند ولی همین که از آن‌جا دور شود و مقداری علف ببیند کلاً آن موضوع را فراموش کرده شروع به علف خوردن می‌کند. انگار نه انگار که چند لحظه پیش یکی از همنوعانش را داشتند سر می‌بریدند. این دسته از مردم هم همینطور هستند. همین فردی که الان در این سیرک انتخاباتی شرکت می‌کند، دیروز که می‌خواست مرغ بخرد، به این‌ها فحش می‌داد. چند روز قبل‌تر که هواپیمای مسافربری را سرنگون کردند، از این‌ها بد می‌گفت ولی حالا ...

نکته همین جاست. تا وقتی در این کشور مردمانی هستند که فقط برای کسب حداقل منفعت شاید یک ساندیس، یا یک روغن نباتی، یا یک عدد مرغ یخ زده، چشم بر روی هر ظلم و ستم می‌بندند و حاضر نیستند در کمترین اعتراض مدنی شرکت کنند، این وضعیت هم‌چنان ادامه دارد. بله این جماعت اگر جایی به آن‌ها یک روغن نباتی بدهند به شرط آن که در انتخابات شرکت کنند، چشم بر روی همه ظلم‌هایی‌که بر خود و هم وطنانشان رفته می‌بندند و برای این متاع قلیل،

انسانیت، شرف، وجدان و آبروی خود را می‌فروشند. چند روز پیش تصویری از یک مادر که بر سر مزار فرزندش نشسته بود، دیدم. فرزند او در اعتراضات آبان ۹۸ کشته شده بود. آن مادر می‌گفت شرمنده است که تا قبل از کشته شدن فرزندش، در انتخابات شرکت می‌کرد! و حالا تحریم انتخابات را فریاد می‌زد. سال‌هاست مردم ایران را با داستان کربلا و عاشورا فریب می‌دهند. سال‌هاست که با این داستان‌های دروغ و ساختگی سعی کردند حقانیت خود را به مردم جاهل نشان دهند و البته و متأسفانه در این راه هم موفق بوده‌اند. آن‌چنان خزعبلاتی در ذهن مردم عامه کرده‌اند که کسی حتی به خود اجازه نمی‌دهد در مورد خلاف آن فکر کند. تا وقتی اغلب مردم کشور جاهل باشند کاری از دست گروه اقلیت دانا بر نمی‌آید. آن انسان‌های آزاده‌ای که جان و مال و فرزندانشان را برای مبارزه با این جانوران فدا کردند و چه افسوس که با وجود این گوسفندان نتیجه‌ای حاصل نشد. نتیجه‌ای که بیشتر از همه، همین گوسفندان از آن بهره خواهند برد. خسته شدم از این همه ظلم، تزویر و ریا. از این همه بی‌شرفی در میان مردم. مملکت را به تاراج بردند و هیچ کس چیزی نگفت. هیچ کشوری از این همه نقض حقوق بشر که در ایران رایج است، هیچ اعتراض جدی نمی‌کند.

معلوم است که این‌ها همه برگرفته از سیاست کثیف است. یک ماه پیش که در جنگ ۱۲ روزه بین اسرائیل و حماس، حدود ۱۵۰ نفر در غزه کشته شدند، چه های‌وهویی در سراسر جهان رخ داد. تقریبا تمام شبکه‌های تلوزیونی آن را پوشش دادند، چقدر جامعه جهانی عکس‌العمل نشان داد و اسرائیل را به دلیل کشته شدن مردم غزه که در واقع حماس از آن‌ها به عنوان سپر انسانی استفاده می‌کرد، محکوم کردند و شوراهای مختلف برای بررسی احتمال جنایت علیه بشریت

تشکیل دادند ولی در آبان ۹۸ ظرف دو سه شب بیش از ۱۵۰۰ نفر کشته شد، هیچ اقدام جدی از هیچ کشور یا سازمان بین المللی صورت نگرفت. این‌ها بازی کثیف سیاست است. به راستی هیچ کشوری نگران حقوق بشر در ایران نیست. اصلاً مسبب اصلی این وضعیت همان کشورهای غربی هستند. شکایت ظلم را پیش ظالم نمی‌توان برد.

شکایت من از خداست. چرا همیشه ظلم بیشتر از حق استوار بوده. گاهی که به این موضوع فکر می‌کنم، می‌گویم چرا خدا جلوی این ظلم را نمی‌گیرد. بعد پیش‌تر را که می‌بینم، به این نتیجه می‌رسم که خدا اگر می‌خواست این جماعت ظالم فعلی را نابود کند، قبل از آن‌ها چه حکومت‌های ظالمی که چه ظلم‌ها که بر مردم روا کردند و خداوند هیچ نگفت. از زمان ضحاك تا تجاوز اعراب به ایران در جنگ قادسیه تا ظلم عباسیان و بعد از آن مغول و قاجار و... هرچه در تاریخ می‌نگرم قدرت و استمرار حکومت ظلم همیشه بیشتر از حق و عدالت بوده. از همین تاریخ اسلام ببینیم در بین این همه حکومت، چندتای آن‌ها حق بود؟ خدایا مگر نمی‌گویند که اراده تو مافوق اراده بندگانت است. مگر نمی‌گویند که برگی از درخت نمی‌افتد مگر به اراده تو. چرا اراده تو بر اقتدار ظلم در زمین است؟! چرا کاری نمی‌کنی یا قدرت را به کسی نمی‌دهی که ظلم را نابود کند؟! چرا مجازات بیشتر ظالمان را به دنیای پس از مرگ حواله می‌دهی؟! این‌ها دیگر به هیچ چیز اعتقاد ندارند. این جانوران در لباس دین، در ظاهر دین تو را تبلیغ می‌کنند و با نام تو هر ظلم و ستمی را بر مردم روا می‌دارند. چرا اجازه نمی‌دهی ظالمان کمی طعم مجازات را در همین دنیا بچشند؟! چرا اجازه نمی‌دهی تا

ظالمان و از خدا بی‌خبرها، در همین دنیا و در زمانی که در قید حیات هستند ببینند که جزای این همه ظلم و جنایت که بر مردم روا کردند چیست؟

موفق باشید

نحوه حاکمیت جهان

متعجبم در دنیایی زندگی می‌کنم که با وجود پیشرفت علم و دانش بشر نسبت به سالیان قبل، هنوز بشریت نتوانسته یک دید صحیح و نسبتاً جامعی از چگونگی زندگی در این کره خاکی داشته باشد. با کمال تعجب می‌بینم که با این همه پیشرفت ظاهری هنوز جهل انسان‌ها نسبت به قبل کاهش نیافته است و از این پیشرفت‌های نسبی علمی هم در همان مسیر جهل خود استفاده می‌کنند. پس چه زمانی دیگر ما باید بفهمیم که در مسیر اشتباه قدم بر می‌داریم. کی باید بفهمیم که دیگر دوران بازی‌های سیاسی از طریق اسلام و یهود و مسیحیت و کمونیسم به سر آمده. کی دیگر می‌خواهیم بفهمیم که دنیای امروز ما نیاز به یک تفکر و تصمیمات متمرکز شده برای کل جمعیت زمین دارد. کی دیگر می‌خواهیم بفهمیم که تضاد منافع در این دوران به دلیل تأثیر مخرب بشر بر محیط زیست، به ضرر همه انسان‌ها خواهد بود. کی می‌خواهیم این موضوع را درک کنیم که چپاول و ویرانی یک کشور توسط دیگر کشورهای قدرتمند، در نهایت به ضرر همه انسان‌ها خواهد بود. در جهان امروز به دلیل در اختیار گرفتن قدرت و جایگاه تصمیم گیری توسط گروهی نادان، زندگی همه انسان‌های کره زمین در معرض خطر قرار گرفته است. این حاکمان نادان با استفاده از سیاست‌های کثیف خود برای رسیدن به اهداف کوتاه مدت، از هر جنایتی علیه بشریت و محیط زیست فروگذار نیستند. فقط این کار را با سیاست انجام می‌دهند. در ظاهر، خود را حامی حقوق بشر و نگران محیط زیست و حقوق حیوانات نشان می‌دهند ولی در واقع برای اهداف شوم خود به هر کار کثیفی دست می‌زنند. سازمان ملل و شورای حقوق بشر و اجلاس‌های متعدد برای جلوگیری از تغییرات اقلیمی ناشی از گرمایش زمین و...

جز سرپوشی برای انجام کارهای کثیفشان نیست. در هر جا که منافعشان اقتضا کند ذره‌ای به حقوق بشر و محیط زیست اهمیت نمی‌دهند. چرا به نقض حقوق بشر در نقاط مختلف این جهان به صورت سلیقه‌ای برخورد می‌شود؟ چرا در یک کشور مثلاً اروپایی نقض حقوق بشر حتی در ارتباط با یک نفر برای آن‌ها اینقدر اهمیت دارد ولی در مورد کشورهای جهان سومی و حکومت‌های دیکتاتوری که به صورت فراوان حقوق بشر در آن‌جا نقض می‌شود و کشتارها و جنایت‌های بی‌رحمانه صورت می‌گیرد، اهمیت خاصی به این موضوع داده نمی‌شود؟

جواب آن واضح است چون منافع آن‌ها در وجود این حکومت‌های فاسد و دیکتاتور است. تا زمانی که این حکومت‌ها مانند یک گاو شیرده برای آن‌ها فایده برسانند، حاکمان آن‌ها از تمام جنایت‌هایشان مصون خواهند بود. صحبت من تنها اعتراض به این سیاست‌ها نیست، روی صحبت من با دولت‌های غربی و شرقی است که پشت پرده، این سیاست‌ها را اتخاذ می‌کنند. مگر می‌شود شما در محیطی بسته با دیگران زندگی کنید و بعد یک جایی از آن را آتش بزنید و آن اتفاق بر محل زندگی شما تأثیر منفی نگذارد؟ آیا وقت آن نرسیده که به واقعیت‌های موجود نگاه کنید. اگر شما برای حفظ منافع خود از قبیل به دست آوردن منابع گازی و نفتی ارزان‌تر، حفظ موقعیت خود در منطقه یا به خاطر دادوستدهایی که با دیگر شرکاء خود دارید، یک کشور دیگر را با تغییر حکومت آن نابود می‌کنید تا حاکمان جدید سر سپرده آن خواسته‌هایتان را فقط به شرط حفظ قدرتشان اجرا کنند اگر در این مسیر، به محیط زیست و حقوق بشر آن‌جا لطمه‌ای وارد شود، این خسارت‌ها در نهایت دامن شما را هم خواهد گرفت. زمانی که حکومت ایران را در سال ۵۷ برای منافعتان تغییر دادید و بعد از آن خاورمیانه را از طریق آن به آتش کشیدید، زمانی

که در ظاهر حامی افغانستان می‌شوید و بعد برای حفظ مصالحتان یک دفعه پشت آن کشور را خالی می‌کنید تا وحشی‌هایی به نام طالبان آن را تصرف کنند، بدانید که قطعاً دود این ویرانی‌ها به چشم شما هم خواهد رفت و مطمئن باشید شما از این تصمیمات اشتباه که منجر به تغییرات اقلیمی گسترده در سرتاسر جهان شده است یا باعث سیل مهاجرت پناه‌جویان به کشورهای دیگر می‌شود، خسارت جبران ناپذیری خواهید دید. امروز دیگر این تفکر تعدد منافع، منسوخ شده است. وضعیت کره زمین با توجه به تأثیرگذاری بشر بر آن به نحوی است که دیگر باید برای کل کره زمین یک تصمیم جامع گرفته شود. تصمیمات مختلف به دلیل حاکمیت‌های ملی، جز ضرر برای زندگی کل بشر نخواهد بود. امروز دیگر تصمیم در مورد منابع طبیعی مانند جنگل‌ها، رودخانه‌ها، کوه‌ها، آب‌های زیرزمینی، نفت و گاز و ... نباید در اختیار حاکمان باشد. برای امکان ادامه حیات بشر و البته رعایت حقوق بشر باید در سراسر این کره خاکی یک قانون جامع در خصوص نحوه استفاده از منابع طبیعی و تعاریف حقوق بشری وجود داشته باشد و رعایت آن باید برای همه کشورها ملزم باشد به نحوی که عدم رعایت آن منجر به برکناری حاکمان آن کشور شود. این تغییری است که هر چه سریع‌تر لازم است در نحوه حاکمیت بر این کره خاکی رخ دهد. کشورهای ابر قدرت باید این موضوع را خیلی جدی بگیرند. وقت آن رسیده نحوه حاکمیت جهانی تغییر کند. نحوه زندگی انسان‌ها، حفظ محیط زیست، رعایت حقوق بشر باید توسط یک شورای جهانی تعیین و برای همه لازم الاجرا باشد.

۲۵ تیرماه ۱۴۰۰

ملت امام حسین!

امروز ۲۰ مرداد ماه ۱۴۰۰،

ماه محرم آمد و این مردم سیاه پوش و عزادار!

حالم بهم می‌خورد. از این همه جهل و نادانی حالم بهم می‌خورد. آخر دیگر چه اتفاق ناگوارتری بدتر از این همه بلا که تا کنون بر سر مردم ایران آمده، باید در این مملکت بی‌افتد تا این مردم نادان بفهمند که راه را اشتباه می‌روند. حسین به گفته خودشان کسی بود که حاضر نشد زیر بار ظلم برود و در این راه حتی جان خانواده خود را هم به خطر انداخت و تا آخرین نفس در راه حق علیه باطل جنگید و کشته شد. شما هر سال به یاد عاشورا لباس مشکی می‌پوشید و هیات‌های عزاداری برپا می‌کنید. ننگ بر شما که هنوز سه سال از کشتار بیش از دو هزار نفر جوان و کودک بی‌گناه در آبان ۹۸ نمی‌گذرد و هیچ عزاداری جمعی برای آن‌ها برپا نشد. ننگ بر شما که هنوز دو سال از هدف قراردادن هواپیمای مسافربری توسط حکومت نگذشته است و هیچ هیات عزاداری برای آن‌ها برگذار نشد. ننگ بر شما که هنوز یک ماه از واقعه اعتراض مردم خوزستان نگذشته است که بیش از ده نفر در این جریان کشته شدند و باز هیچ عزاداری. شما که برای واقعه کربلا لباس مشکی بر تن کرده و هیات‌های عزاداری برپا می‌کنید، مگر این حوادث اخیر چه فرقی با واقعه کربلا داشت؟ اگر واقعاً کربلا جنگ نابرابر و ناجوان‌مردانه بین لشکر مشرکین و امام حسین و یارانش بود، آیا کشتارهای اخیر ناجوان‌مردانه و نابرابر نبود. حداقل لشکر یزید از نظر ادوات جنگی با لشکر حسین در یک سطح بودند سلاح هر دو شمشیر بود. در صورتی‌که در جنایات اخیر،مردم با دست خالی در مصاف

تبهکاران تا دندان مسلح قرار گرفتند. اصلاً مردم قصد جنگ نداشتند و فقط حداقل‌های زندگی را از این رژیم نابه‌کار خواهان بودند و جوابی این چنین به آن‌ها داده شد. در حادثه اخیر در خوزستان، مردم دیگر فقط به آب راضی شده بودند که آن هم ازشان دریغ شد. ای احمق‌هایی که هر ساله تا ماه محرم می‌رسد لباس‌های مشکی را سریع بر تن کرده و به هیات‌های عزاداری می‌شتابید ننگ بر شما باد هنوز نفهمیدید که اینان مراسم حسین و دین و پیغمبر را پیراهن عثمان کرده‌اند برای رسیدن به اهداف کثیف خودشان. اگر قاتل فرزند شما برای او مراسم سوگواری برگزار کند، شما که صاحب عزای واقعی هستید آیا در این مراسم شرکت می‌کنید؟! ننگ بر شما که هنوز نفهمیدید. امروز شرکت در مراسم حسین، ظلم بر حسین، ظلم بر حق و ظلم بر مظلوم است. اگر فکر می‌کنید تا لباس مشکی محرم را پوشیدید و با شرکت در این هیات‌ها به بهشت می‌روید، بدانید و آگاه باشد که این بوی کباب بهشت نیست که می‌آید بلکه خرهای پیش از شما را داغ می‌کنند. خرهایی را داغ می‌کنند که هیچ گاه نفهمیدند که اگر الگوی تو آن کسی است که جان خود و خانواده‌اش را به خطر انداخت تا زیر بار ظلم نرود، اگر به راستی به او اقتدا می‌کنی، نشانه ارادتمندی، پوشیدن لباس مشکی و مثل گوسفند تکرار مراسم‌های مسخره سینه زنی و زنجیر زنی نیست. همین حالا در مقابل تو، جلوی چشمانت، دارد همان واقعه کربلا اتفاق می‌افتد و تو بی توجه به این ظلم حال، برای ظلم احتمالی صدها سال پیش گریه می‌کنی و به سر و مغز خود می‌زنی! از حاکمان فاسد و ریاکار این رژیم انتظاری نیست که چرا سنگ حسین را بر سینه می زنند، اینان جانورانی پست هستند که منفعتشان در برگزاری این‌گونه مراسم‌هاست. آن کس که گفت "محرم و صفر است که اسلام را نگه

می‌دارد"، منظورش از اسلام، حکومت خودشان هست. در واقع محرم و صفر است که پرده جاهلیت را بر حقایق و جنایت‌های این‌ها می‌کشد تا توجه مردم را از جنایات آشکار عصر خود، به ظلم احتمالی ۱۴۰۰ سال قبل معطوف کنند. اینان به واقع به هیچ چیزی اعتقاد ندارند و دانسته در لباس مذهب از طریق جهل مردم و القاء خرافه سعی در پیاده کردن اهداف شوم خود یا سرکرده‌هایشان را دارند. اینان فرقه‌ای تبهکارند که برای حفظ قدرت و ثروت نه فقط حسین که خدا را هم به بازی می‌گیرند ولی غافل از این هستند که "ومکروا ومکر الله والله خیر الماکرین." صحبت من با شما مردم است. اگر نمی‌توانید در دفاع از مظلوم جلوی ظالم بایستید، اگر می‌ترسید که این جانیان به خاطر اعتراض آشکار شما، شرایط زندگی را برایتان دشوارتر کنند، اگر حتی نمی‌توانید برای ظلمی که بر بسیاری از مردم در همین دو سه سال اخیر روا شده و باعث داغدار شدن چندین هزار خانواده مظلوم شده است، لباس مشکی بپوشید و برای آن‌ها عزاداری کنید، لااقل آب در آسیاب این حکومت جانی نریزید. ادای عزاداران حسین را در نیاورید. لازم نیست تا محرم می‌آید سریع بدوید و برای نشان دادن حب حسین، لباس مشکی بپوشید. شما مردم حتی حاضر نیستید از کوچک‌ترین منافع خودتان بگذرید. این همه گرانی‌ها تکرار شد، به جای این‌که خرید کالا را فقط برای یک مدت کوتاه تحریم کنید، همه در صف ایستادید و بیشتر خریدید. تا لگنی از شرکت‌های اتومبیل سازی داخلی با قیمت‌های آن چنانی معرفی می‌شود، صف ثبت نام پیش خرید آن قفل می‌شود. زمانی که بنزین بارها گران شد، پس از آخرین اعتراض خونین، چند نفر از ما مردم فقط برای یک هفته بنزین را تحریم کردیم؟ مواد غذایی فاسد شدنی چندین بار پی در پی گران می‌شود، درصورتی که اگر مردم فقط برای یک

هفته لبنیات را تحریم می‌کردند، شرکت‌های آن ورشکست می‌شدند و مجبور بودند قیمت را کاهش دهند، مرغ گران می‌شود، صف‌های خرید مرغ شلوغ‌تر می‌شوند، واکسن را حکومت از مردم دریغ می‌کند، مردم حاضر نیستند حتی خودشان رعایت کنند، بیش از ۱۱ دوره انتخابات ریاست جمهوری برگزار شد و هر سال وضعیت مملکت بدتر از دوره قبل، بازی بد و بدتر و شعارهای دروغین تکراری نماینده‌های از پیش تائید صلاحیت شده رهبر. گروهی هم برای این‌که فلان فامیل یا آشنا در شوراها رای بی‌آورد، در این انتخابات شرکت می‌کنند. فقط کافی بود در یک دوره، مردم به خاطر این همه ظلمی که بر آن‌ها شده در انتخابات شرکت نکنند تا تکلیف این نظام شکل یافته از بی نظمی و ظلم یکسره شود. شما که حتی برای کوچک‌ترین اعتراضات مدنی بر علیه ظلم، حاضر نیستید از خودتان مایه بگذارید، دم از حسین و راه حسین می‌زنید؟! مطمئن هستم حسین از عزاداری شما بیشتر از همه تاسف می‌خورد. آخر خنده‌دار است، کثیف‌ترین جنایات بشریت و کشتارها در همین دوران ما توسط افرادی این چنین شنیع و فاسد آن هم در لباس دین و روحانیت در حال وقوع است و ما هیچ اعتراضی بر علیه آن نمی‌کنیم، در عوض برای ظلمی احتمالی که در ۱۴۰۰ سال پیش بر خانواده حسین روا شده می‌گرییم! آخر کی باید یاد بگیرید که درس زندگی و انسانیت چیست؟ حسین بر حماقت شما می‌گرید.

به یزدان که گر ما خرد داشتیم   کجا این سرانجام بد داشتیم

مصطفی سرخوش

بله تا وقتی جهل تا این حد در بین مردم و متأسفانه بین جوانان این کشور حکم فرماست، انتظار پیروزی حق علیه باطل، انتظار پیروزی آزادی بر ظلم را نمی‌توان متصور بود.

چه کسی می‌خواهد، من و تو ما نشویم

خانه اش ویران باد

من اگر ما نشویم، تنهایم

تو اگر ما نشوی، خویشتنی

از کجا که من و تو، شور یکپارچگی را در شرق

باز برپا نکنیم

از کجا که من و تو، مشت رسوایان را

وا نکنیم

من اگر برخیزم، تو اگر برخیزی

همه برمی‌خیزند

من اگر بنشینم، تو اگر بنشینی

چه کسی برخیزد؟

حمید مصدق

خرد یارتان باد

قلعه حیوانات

ساعت ۶ صبح روز ۱۹ شهریورماه ۱۴۰۰

متأسفانه اخبار و اتفاقات خوبی طبق معمول نیست که بخواهم در موردشان بگویم. در این دنیای نابسامان که اختیار آن در هر گوشه‌ای به دست سیاست‌گذاران نادان افتاده، چه انتظاری می‌رود که برای منافع کوتاه مدت خودشان هر وقت یک گوشه از این دنیا را به نابودی نکشند. یک روز با تخریب محیط زیست، روز دیگر با از بین بردن حقوق بشر و روز دیگر با ایجاد جنگ و ناامنی در یک منطقه. تا وقتی سیستم حکومتی فعلی در سرتاسر این جهان برپا است نباید انتظار هیچ اصلاح و بهتر شدن اوضاع جهانی را داشت. واقعاً داستان زندگی ما انسان‌ها داستان قلعه حیوانات است.

اختیار ما مردم در دست خوک‌هایی است که فقط به منافع خود فکر می‌کنند و هیچ توجه‌ای به آینده بشریت و کره زمین ندارند.

چند هفته پیش این خوک‌ها تصمیم گرفتند تا دوباه با ایجاد تنش و درگیری این بار در افغانستان و با قربانی کردن مردم مظلوم و ستم دیده آن‌جا به اهداف شوم خود در آن کشور یا جاهای دیگر برسند. بله آمریکا بعد از بیست سال که در افغانستان یعنی برای جلوگیری از گسترش تروریسم القاعده و طالبان مستقر بود، به یک باره آن کشور را خالی کرد و دو دستی تقدیم وحشی‌های طالبان نمود. این وحشی‌هایی که به نام برپایی امارت اسلامی، به هر جنایتی به نام اسلام دست می‌زنند. جالب است، کشورهای دیگر هم در مورد این اتفاق هیچ عکس العمل جدی نشان ندادند.

می‌گویند این تغییرات در درون افغانستان رخ داده و هیچ یک از کشورهای خارجی حق دخالت در این موضوع را ندارند!

آخر شما خود یک گروه وحشی را مسلح می‌کنید و به جان مردم بی دفاع آن منطقه می‌اندازید بعد می‌گویید این جریانات داخلی یک کشور است و ارتباطی به ما ندارد! وای بر همه شما. بدانید این آتشی که پی در پی در هر نقطه‌ای از این دنیا روشن می‌کنید، البته روزی دامن شما را هم خواهد گرفت. تا زمانی که پایمال شدن حق یک انسان در یک گوشه‌ای از این جهان برای دیگر انسان‌ها اهمیت نداشته باشد، هیچ امیدی به اصلاح ساختار این نظام کثیف سیاسی وجود ندارد. تا وقتی هر کدام از ما برای حفظ شرایط فعلی زندگی خود، یا حفظ منافعی که به طور مستقیم یا غیرمستقیم از یک جریان کثیف سیاسی می‌بریم، در برابر این ناعدالتی‌ها سکوت می‌کنیم، این انگل‌های حاکم در نظام سیاسی این جهان به راحتی و بدون هیچ دغدغه‌ای تصمیمات شوم خود را اجرا خواهند کرد.

راستی دو هفته‌ای هست که من هم علی‌رغم مراقبت‌های زیادی که انجام می‌دادم، بالاخره به بیماری کرونا مبتلا شدم. اول مادرتان مبتلا شد، بعد شما بچه‌ها که شکر خدا فقط دو شب تب داشتید و زود خوب شدید و بعد من درگیر شدم. مادر شما هم تقریباً زود خوب شد ولی من را بدجوری گرفتار کرد. الان هم بعد از گذشت ۱۵ روز بدنم خیلی ضعیف است، مزه و بو را هم متوجه نمی‌شوم و سرفه‌های زیادی دارم. چی بگویم از همین مریضی که این هم، ساخته و پرداخته سیاست است. تا کنون طبق اعلام رسمی حکومت، حدود ۱۳۰ هزار نفر بر اثر این

بیماری در کشور کشته شدند که البته آمار غیر رسمی، این تعداد را حداقل چهار برابر اعلام می‌کند. این همه جان بی‌گناه، فقط به خاطر بی‌تدبیری و حماقت این خوک‌ها که از دست رفت.

نیست امید صلاحی ز فساد حافظ   چون‌که تقدیر چنین است چه تدبیر کنم

حافظ شیرازی

موفق و پیروز باشید

سرنوشت

اگر انسان به اهمیت موضوعی که واقعاً به نفع اوست، پی ببرد و تلاش برای رسیدن به آن موضوع را برای خود یک امر ضروری بداند، قطعاً سرنوشت بیشتر مردم آنچه خواهد شد که خودشان خواسته‌اند. بنابراین کسانی که به دلایل متعدد دچار فقر، بیماری، ظلم و ستم و... می‌شوند، به تعبیری این سرنوشت ناگوار، ناشی از بی‌اهمیت یا کم اهمیت بودن موضوع تلاش برای آینده‌ای بهتر به دور از فقر و بیماری و همراه با آزادی است. فرض کنید عده‌ای را در مکانی خاص، گرسنه و تشنه قرار دهند و آب و غذا هم در جایی در همان مکان البته به دور از دسترس گذاشته شود و همه نیز از این موضوع اطلاع داشته باشند و سپس اعلام کنند که سرنوشت قطعی همه آن‌ها به دلیل عدم توانایی دسترسی به آب و غذا، مرگ خواهد بود. چند نفر باز برای به دست آوردن آب و غذا تلاش خواهند کرد؟ تقریباً همه به هر طریقی برای دسترسی به آن آب و غذا، تلاش می‌کنند تا مگر از گرسنگی یا تشنگی نمیرند و سرنوشتی غیر از این داشته باشند.

چرا همه آن‌ها علی‌رغم این‌که می‌دانند به آب و غذا دسترسی ندارند، باز برای تغییر این سرنوشت نهایت تلاش خود را می‌کنند ولی در زندگی روزمره برای جلوگیری از اتفاقات ناگوار آینده، تلاش چندانی نمی‌شود؟ اگر در مثال مذکور، تلاش آن‌ها برای جلوگیری از مرگ است، مگر در دنیای واقعی ناپرهیزی در خوردن غذاهای مضر برای بدن، استفاده از دخانیات و مشروبات الکلی زیاد، در نهایت باعث بیماری و مرگ نمی‌شود؟ چرا در مثال ذکر شده، انسان‌ها این‌قدر برای حفظ جان تلاش می‌کنند ولی در زندگی روزمره، خیر؟ چون اهمیت و تأثیر زنده ماندن در این مثال، بسیار بیشتر و ملموس‌تر است تا اهمیت سلامتی و عمر طولانی در

زندگی عادی. بنابراین چون اکثر انسان‌ها به دلیل عدم درك اهمیت موضوعات لازم و حیاتی برای زندگی، هیچ اقدام خاص و پیشگیرانه‌ای برای جلوگیری از به خطر افتادن زندگی آینده خود و همچنین زندگی نسل آینده بشریت نمی‌کنند، سرنوشت ما انسان‌ها محکوم به فناست. از طرفی قدرت و حکومت هم در دست افراد نادانی است که موارد با اهمیت و ضروری جامعه امروز را یا تشخیص نمی‌دهند یا چندان برایشان اهمیت ندارد یا ضروری نیست. متأسفانه اقلیتی هم که در جامعه این اهمیت‌ها را درك می‌کنند و می‌توانند راه چاره‌ای برای نجات آینده بشریت از این سرنوشت شوم بی‌اندیشند، تقریباً هیچ کاره‌اند و صدایشان به جایی نمی‌رسد و اگر هم برسد در جوامع به ظاهر آزاد به دلیل این‌که دستگاه تبلیغات در دست گروهی کوته فکر است، اجازه گسترش صدای آن‌ها را نخواهند داد و در حکومت‌های دیکتاتور یا زندان می‌شوند یا به نحوی خفه خواهند شد. این تفکر بی‌اهمیت یا کم اهمیت بودن موضوعات حیاتی در بین اکثر انسان‌ها، منجر به ایجاد بی عدالتی‌ها، ظلم و ستم حاکمان، از بین رفتن آزادی‌ها و حقوق بشر، آلودگی محیط زیست و گرم شدن کره زمین شده است و این‌چنین است که انسان با وجود این‌که می داند فلان اتفاق در نهایت به ضرر او تمام خواهد شد، باز هیچ اقدام جدی برای تغییر این سرنوشت انجام نمی‌دهد. عامل مستقیم ایجاد زمینه نابودی بشریت هم سیاست‌مداران کنونی هستند که متأسفانه ارکان قدرت را در دست گرفته‌اند وچون عمدتاً انسان‌های کوته فکری هستند، سیاست‌های آن‌ها اغلب اشتباه و به زیان کل جامعه بشریت است. تأثیر سیاست در ایجاد و رشد روزافزون صنایع آلوده کننده محیط زیست و تهدید آینده بشریت از زمان انقلاب صنعتی تا کنون برای همگان آشکار است. بنابراین کم همیت بودن موضوعات

حیاتی بشریت در بین اکثر انسان‌ها باعث ایجاد فساد و ناهنجاری‌های گسترده در جوامع بشری و از بین رفتن محیط زیست می‌شود. به همین دلیل وجود افراد دوراندیش و دانشمند در راس قدرت‌های جوامع بشری، امری لازم و اجتناب‌ناپذیر است. اگرچه شعار آزادی و دمکراسی در ظاهر زیباست ولی این موضوع تقریباً در همه جوامع بشری به غلط تفسیر شده است. آزادی زمانی معنا دارد که همه مردم جهان آزاد باشند. دمکراسی زمانی معنا دارد که همه مردم جهان از تصمیمی برای ایجاد یک تغییر بهره مند شوند. اگر در گوشه‌ای از جهان مردمی در ظلم و ستم حاکمان، امکان بیان اعتراض و زندگی آزاد ندارند، در هیچ جای این دنیا آزادی وجود ندارد. اگر در گوشه‌ای از جهان، مردمی به دلیل وجود حاکمان فاسد در رنج و محنت زندگی می‌کنند، در هیچ جای این جهان حاکمان و قدرت‌های با شرف وجود ندارند. حتی در کشورهایی هم که ادعای آزادی و دمکراسی دارند، هم این موضوع رعایت نمی‌شود. سیاست‌مداران در این کشورها با تبلیغات و اظهار بر آنچه رای دهندگان آن‌ها می‌خواهند، انتخاب شده و برای حفظ قدرت سعی در برآورده کردن نیاز رای دهندگان خود دارند. حال اگر این نیاز باعث تضییع حقوق سایر مردم در آن جامعه یا مردم سایر جوامع شود یا باعث از بین رفتن محیط زیست گردد، برایشان دیگر مهم نیست. بنابراین این آزادی که ظاهراً در جوامع بشری و حکومت‌های دمکراتیک وجود دارد هم باعث زندگی مطلوب و داشتن آینده‌ای روشن برای بشر نخواهد شد.

بسیاری از مردم اشتباه فکر می‌کنند. اکثر مردم قادر به تشخیص خوب و بد خود و اهمیت‌های اساسی زندگی نیستند. حتی اگر هم این اهمیت‌ها را بدانند، در عمل هیچ اقدامی برای رسیدن به آن‌ها نخواهند کرد. این موضوع باعث

شکل‌گیری حکومت‌های فاسد و تبهکار می‌شود. این موضوع باعث تفسیر غلط حقوق انسان‌ها یا تفکیک حاکمیت‌ها و ادعای استقلال حاکمان در تصمیمات خود برای مردم شده است. ساختار متنوع قدرت در جوامع امروزی، فسادآور بوده و باعث نابودی نسل بشر خواهد شد. این یک پیشگویی نیست. در صورتی که ارکان قدرت تغییر نکند، قطعاً بشر دچار این سرنوشت شوم خواهد شد. اگر این روند توسعه و پراکندگی سلاح‌های اتمی و بیولوژیک زودتر باعث نابودی بشریت نشود، قطعاً مشکل گرمایش زمین که امروزه ظاهراً خیلی حاد هم شده و بسیاری از مشکلات دیگر از قبیل آلودگی آب‌ها، نابودی جنگل‌ها و به طور کلی از بین رفتن محیط زیست، باعث این موضوع خواهد شد و البته این مشکلات با اجلاس‌های متنوع سیاست‌مداران و برگزاری همایش‌ها، حل نخواهد شد. ساختار قدرت باید تغییر کند چون هر کدام از این حاکمان در نهایت برای منافع خود یا کشورش از لحاظ سیاسی یا اقتصادی، بدون هیچ اهمیتی به منافع کل جامعه جهانی بشری، حرکت خواهند کرد. امروز این رقابت ویران‌کننده را تقریباً در همه کشورها مخصوصا کشورهای در حال توسعه از قبیل چین، هند، روسیه و حتی در بین کشورهای پیشرفته مانند ایالات متحده آمریکا هم می‌توان دید. در همین دو انتخابات اخیر آمریکا، یک‌جا ترامپ برای جذب آرای بیشتر با شعار ایجاد اشتغال، کلّا مسئله گرمایش زمین را منکر می‌شود و صنایع آلاینده را مجدداً راه‌اندازی می‌کند. از طرفی دیگر در انتخابات بعدی، بایدن اگرچه موضوع گرمایش زمین را ظاهراً و به صورت نمایشی پذیرفته، ولی تلاش دارد با حکومتی که به تعبیری محور شرارت در بین همه کشورهاست، پیمان همکاری منعقد کند! پیمان

همکاری با فرقه‌ای‌که درصدد دستیابی به سلاح کشتار جمعی اتمی است و به منزله تیغ دادن در کف زنگی مست خواهد بود.

ترحـــم بر پلنـــگ تیز دنـــدان ستـــم‌کاری بود بر گوســـفندان

سعدی شیرازی

اهمیت دادن به حقوق بشر هم در بین سیاست‌مداران جنبه نمایشی دارد. به عنون مثال جایی در آمریکا به دلیل این‌که یک شخصی در حین انجام کار خلافی به دست پلیس در جلوی دوربین کشته می‌شود، رسانه‌ها آن واقعه را به صورت هدفمند و بر اساس تصمیمات سیاسی، آن‌چنان گسترش می‌دهند که باعث دادخواهی نه تنها بسیاری از مردم آمریکا بلکه منجر به اعتراض سایر مردم کشورهای دیگر در اعتراض به نقض حقوق بشر می‌شود و در کشوری دیگر این همه جنایت علیه بشریت اتفاق می‌افتد و هیچ بازتاب گسترده‌ای در هیچ کشوری یا سازمان ملل یا شورای امنیت دیده نمی‌شود. موضوع آزادی بشر، اهمیت به حقوق بشر و محیط زیست تا زمانی‌که ساختار قدرت به شکل فعلی است، جز وسیله‌ای برای رسیدن به اهداف کثیف سیاست‌مداران نیست. در واقع اکثر حاکمان کشورها نه به آزادی بشر به معنای واقعی اهمیت می‌دهند و نه برای حفظ محیط زیست ارزشی قائلند. هدف این‌ها، تنها حفظ قدرت است. مردم جهان احتیاج به حاکمانی دارند که خوب را از بد به درستی تشخیص داده و نیاز جامعه بشری را در زمان حال و آینده بدانند و حفظ محیط زیست در کل سیاره زمین و آزادی همه انسان‌ها از اصول حکومتی آن‌ها باشد. با فرض این‌که در معدود کشورهایی هم این موضوعات به طور نسبی اجرا می‌شوند ولی به دلیل عدم

رعایت آن‌ها در سایر حکومت‌ها و جوامع بشری، تلاش آن‌ها در کل هیچ تأثیر خاصی نخواهد داشت. به نظر من بهترین حکومت در جهان، حکومتی واحد توسط گروهی از انسان‌های دانشمندان و دوراندیش است.

۱۴۰۰/۰۸/۱۰

زغال سنگ
امروز یکشنبه ۲۳ آبان‌ماه ۱۴۰۰،

آخرین روز اجلاس کشورهای جهان برای جلوگیری از گرمایش زمین در گلاسکوی انگلیس بود. علی‌رغم این‌که برگزارکنندگان آن خیلی تلاش داشتند تا این موضوع را یک رویداد تاریخی تأثیرگذار جلوه دهند، ولی در نهایت بیانه‌ای که در این اجلاس منتشر شد، آن‌قدر آبکی بود که هیچ تأثیر محسوسی در کاهش گرمایش زمین نخواهد گذاشت. با این‌که بعد از در نظر گرفتن بسیاری از ملاحظات، در این بیانیه تنها استفاده از سوخت‌های فسیلی و مشخصاً استفاده از زغال سنگ را ممنوع کرده بودند، حتی با همین موضوع هم توسط نماینده کشور هند مخالفت شد و در نهایت پیش‌نویس بیانیه را در استفاده از ذغال سنگ مجدداً تغییر دادند تا بتوانند حداقل به یک بیانیه مشترک جمعی دست یابند! حتی اگر هم به فرض محال همه کشورها یک بیانیه مشترک بدون نقص برای جلوگیری از گرمایش زمین و آلودگی محیط زیست از هر جنبه، امضاء می‌کردند، آیا واقعاً همه کشورها به آن پایبند خواهند بود؟ همان‌طور که قبلاً هم گفتم، وضعیت محیط زیست با این ساختار قدرت به شکل فعلی حل نخواهد شد. اگر کشورهایی مثل هند و چین و بسیاری از کشورهای دیگر به دلیل حفظ منافع اقتصادی خود، نمی‌خواهند استفاده از سوخت‌های فسیلی را کنار بگذارند، باید چه کرد؟ اگر گروهی بدون اهمیت به منافع کل جامعه جهانی، برای حفظ منافع مادی خود باعث شوند زندگی دیگران به دلیل تغییرات زیست محیطی در معرض خطر قرار گیرد، آیا رعایت مسائل محیط زیستی موضوعی است که باید از آن‌ها خواهش کرد؟ اگر این موضوع به حیات کل بشریت ارتباط دارد، دیگر درخواست و خواهش معنی

نخواهد داشت. همه باید مجبور به رعایت پروتکل‌های تبیین شده برای حفظ محیط زیست جهانی شوند. ولی چرا نمی‌توان آن‌ها را مجبور کرد؟ چون ساختار فعلی حاکمیت‌ها، هر کشور را مجاز کرده که با تفسیر غلط از منافع ملی، هرگونه که خود صلاح بداند، محیط زیست را تخریب کند یا حقوق بشر را نقض نماید و هیچ کشور دیگری هم نتواند به آن اعتراض جدی داشته باشد. توجه و اهمیت دادن به منافع کل بشریت، فقط محیط زیست را شامل نمی‌شود. بلکه رعایت حقوق بشر یکی دیگر از اصول با اهمیت و لازم الاجرا برای کل بشریت است. چرا هیچ اجلاس سالیانه‌ای برای رعایت حقوق بشر برگزار نمی‌شود؟ چون عدم رعایت حقوق بشر در دیگر کشورها، اهمیتی ندارد. چون به تعبیر سیاست‌مداران امروز، تضییع حقوق بشر در کشورهای دیگر با منافع آن‌ها در تضاد نیست! اصل با اهمیت برای آن‌ها روابط اقتصادی و کسب منافع مادی هر چه بیشتر در ارتباط با سایر کشورهاست. دیگر اهمیت ندارد که حاکمان کشورهای طرف مقابل، دیکتاتور یا جنایت‌کار باشند. امروز اتفاقاً آخرین جلسه دادگاه مردمی در خصوص جنایات خونین آبان‌ماه ۱۳۹۸ در ایران بود. دادگاهی که به درخواست بسیاری از خانواده‌هایی که فرزندان خود را در واقعه کشتار معترضان آبان از دست داده بودند، با تلاش چند سازمان مدافع حقوق بشر در انگلیس برگزار شد. ظاهراً این دادگاه از منظر بین‌المللی، اعتبار حقوق ندارد. چرا؟ چرا هیچ کشوری در دفاع از آن هیچ بیانیه رسمی منتشر نکرد؟ اگر قرار باشد که انسان فقط وقتی به بحران می‌رسد، برای رهایی از آن چاره‌ای بی‌اندیشد، قطعاً بحران‌هایی اتفاق خواهد افتاد که رهایی از آن‌ها در آن زمان، هزینه سنگینی برای کل بشریت خواهد داشت. امروز مشکلات بشر با اجلاس و درخواست و خواهش حل نمی‌شود.

محیط زیست و حقوق بشر چیزی نیست که شما از یک یا چند کشور خواهش کنید که آن‌ها را رعایت کنند. این‌ها مسائلی است که برای همه کشورها لازم الاجرا بوده و برای اجرای آن‌ها البته باید یک قوه قهریه‌ای باشد که همه را ملزم به رعایت این مسائل کند و این جنبه اجبار، فقط و فقط با وجود یک حاکمیت منسجم برای کل کره زمین عملی خواهد بود. حاکمیتی که تصمیماتش را با درنظر گرفتن منافع کل بشریت برای حال و آینده اتخاذ می‌نماید.

تأثیر شرایط زندگی در نمایش خصوصیات انسانی

بعد از انقلاب ننگین تحمیلی ۵۷، کمتر از دو سال از تغییر رژیم در ایران گذشته بود که جنگ با کشور عراق هم بر مردم ایران تحمیل شد و زندگی همه در وضعیت ناگواری قرار گرفت. با این حال نمایش انسانیت در جامعه در میان مردم و سربازان جنگ کم نبود. از ایثار و فداکاری گرفته تا کمک به همدیگر. این موضوع عمدتا ناشی از شرایطی بود که مردم به دلیل آزادی‌های موجود و رفاه نسبی در رژیم پهلوی تجربه کرده بودند. با توجه به این‌که نیازهای اساسی اغلب مردم از قبیل مایحتاج اصلی زندگی شامل خوراک، پوشاک، مسکن و شغل در آن رژیم برآورده شده بود، توجه به معنویات و خصوصیات انسانی در بین مردم هم زیاد بود. کم کم با پایان یافتن جنگ و گذشت زمان، فساد در حاکمیت هم روز به روز گسترش یافت و از طبقات بالا به طبقات پایین‌تر حاکمیت نیز تسری پیدا نمود تا این‌که بعد از گذشت بیش از چهل سال، فساد گسترده کل جامعه را به نحوی در برگرفت. این فساد از طرفی باعث افزایش سرسام‌آور ثروت گروهی اقلیت از مردم شامل حاکمیت و وابستگان آن‌ها شد و از طرفی فقر و گرسنگی را در اکثریت جامعه گسترش داد به نحوی که امروز نیازهای کلی اکثریت جامعه به تامین مایحتاج اصلی زندگی تقلیل یافته است. امروز اکثریت مردم فقط به دنبال تهیه غذا، پوشاک و سرپناه به هرطریق ممکن هستند. دیگر برای بسیاری مهم نیست کسب درآمدی شرافتمندانه داشته باشند، وقتی دغدغه مردم به تأمین نیازهای اصلی برای زنده ماندن تنزل یابد، وقتی مردم برای نان شب خود محتاج شدند، دیگر رعایت جنبه‌های انسانی چه مفهومی در جامعه خواهد داشت. مردم تا کجا

می‌توانند خود را از آلودگی مصون بدارند. رعایت انسانیت و صبر در برابر سختی‌های کمر شکن زندگی که برای فرزندانشان نان شب نمی‌شود. در این وضعیت دیگر دروغ، دزدی، فساد جنسی و هر کار غیر انسانی که بتواند منجر به کسب درآمد شود، برای بسیاری از این قشر محروم جامعه، قبیح نیست و از آن فروگذار نخواهند کرد.

در کشوری که جزء معدود کشورهای ثروتمند جهان از لحاظ منابع طبیعی و سایر امکانات درآمدی متعدد است وقتی فقر و گرسنگی به این شدت در جامعه وجود داشته باشد، قطعاً در نقطه مقابل ثروتی هنگفت در دست اقلیتی معدود خواهد بود. امکان دسترسی و برخورداری نامشروع تنها گروهی خاص به ثروت مملکت، باعث شد که بین این گروه نوعی رقابت برای هرچه بیشتر غارت کردن بیت المال در سطح کلان ایجاد شود. هر کس که در هر جایگاه مدیریتی منتصب می شود، این موقعیت محدود را غنیمت شمرده و نهایت تلاش خود را در سوء استفاده از این سفره باد آورده انجام می‌دهد. این رقابت افراد برخوردار در چپاول ثروت جامعه از طرفی و گسترش فقر در میان عامه مردم و تلاش آن‌ها برای برآورده نمودن نیازهای اولیه زندگی به هر طریق ممکن، باعث شده که نمایش خصوصیات اصلی انسانی در جامعه هر روز کم رنگ تر از روز قبل شود. بنابراین می‌توان گفت انسان با وجود داشتن خصوصیات منحصر به فردی که نسبت به سایر جانداران دارد، اگر در شرایط فرسایشی بلند مدت، تحت فشار و گرسنگی قرار گیرد، نه تنها دیگر نمی‌توان انتظار رفتارهای برجسته در خور انسانیت را از او داشت، بلکه رفتارهای او شاید به مراتب از حیوانات هم پست‌تر خواهد شد. همان‌طور که رفتارهای منفی به دلیل فشارهای زندگی در طی یک دوره زمانی طولانی در بین جامعه نهادیه

می‌شود، درصورتی‌که شرایط زندگی بهبود یابد، شاید حدود همین مقدار زمان هم لازم است تا خصوصیات مثبت انسانی مجدداً در جامعه متبلور و نهادینه گردد. این موضوع همان فرهنگ است. فرهنگ یک شبه نابود نمی‌شود و یک شبه هم به دست نمی‌آید. اگرچه فرهنگ جامعه ایرانی در طول چهار دهه گذشته دچار آسیب‌های جدی شد ولی همیشه اقشار بسیاری هم در جامعه بوده‌اند و هستند که با وجود فشارهای کمرشکن زندگی، هیچ گاه به خود و فرزندانشان اجازه ندادند تا از مسیر انسانیت فاصله بگیرند. بسیاری از این بزرگ مردان و زنان، علاوه بر تحمل فشارهای گوناگون و سختی زندگی، حتی در دفاع از حق پایمال شده مردم مظلوم نیز، بپاخواسته و اعتراض خود را به صورت علنی بر حاکمان مستبد اعلام کرده‌اند و می‌کنند و این باعث شد تا علاوه بر تحمل سختی زندگی، فشارهای ناشی از شکنجه و زندان را هم تحمل کنند، اگر در این مسیر به شهادت نرسند. این گروه برجسته از جامعه، انسان‌هایی هستند که فرهنگ عالی آن‌ها تحت تأثیر هیچ‌گونه فشار و مشکلات زندگی قرار نمی‌گیرد و همیشه و در همه حال خصوصیات عالی انسانی خود را نمایش می دهند. اصلاح فرهنگ از دست رفته هم ممکن نخواهد بود مگر با تغییر حکومت‌های فاسد و روی کار آمدن حکومتی که نمایش انسانیت را از راس هرم حکومت شروع کرده و سپس آن را به سایر اقشار جامعه سوق دهد.

جمعه ۱۴۰۰/۱۰/۱۰

قانون تعادل
ساعت ۲ بامداد روز پنجم اسفند ماه ۱۴۰۰

فکر کنم تابستان ۱۳۹۵ بود. بچه‌ها می‌خواستند برویم پارک. رفتیم یکی از پارک‌های اصفهان که یک مجموعه بازی کوچکی داشت. بچه‌ها رفتند سرسره بازی. دخترم مشغول سرسره بازی بود که یک دختر بچه سعی داشت برعکس از سرسره بالا برود. در همین هنگام که دختر من به پایین سر خورد، به آن بچه که برعکس از سرسره بالا می‌رفت برخورد کرد و بینی آن بچه خون افتاد. مادرش شروع کرد به داد و فریاد که تقصیر دختر ما بود که دخترش آسیب دید! ما سعی کردیم که خیلی مؤدبانه به آن زن بفهمانیم که او باید جلوی بچه خودش را می‌گرفت که برعکس در مسیر سرسره بالا نرود و فرزند ما مقصر نبود. ولی آن زن دست بردار نبود. من به همسرم اشاره کردم که برویم و این زن حرف حساب حالیش نمی‌شود. در حین رفتن دوباره با برادر و مادرش آمدند و جلوی ما را گرفتند که تقصیر شما بود! هر چه ما برای آن‌ها توضیح می‌دادیم فایده نداشت. آن زن حالت جنون گرفته بود. ناگهان یک سیلی به دخترم زد. همسرم هم با دیدن این اتفاق دو سیلی محکم به آن زن زد. من دیدم که آن زن واقعاً دیوانه شده و به سمت پسر کوچک من حمله‌ور شد. من پسرم را بغل کردم و اجازه ندادم به او نزدیک شود. آن دو نفر دیگر همراه آن زن هم حرف‌های تهدید آمیز می‌زدند. به همسرم گفتم اهمیت نده و گفتم برویم. حدود چند دقیقه نبود که از آن‌جا دور شدیم و همسرم خیلی نگران بود و مدام به پشت سرش نگاه می‌کرد. به او گفتم چرا این‌قدر نگرانی؟ ما که کاری نکردیم. گفت دل‌شوره دارم. آرام آرام درحال برگشتن به سمت پارکینگ بودیم که دیدم همسرم جیغ کشید. تا خواستم برگردم ببینم چه خبر

شده، یک ضربه محکم از پشت سر به من وارد شده بود. آن‌قدر شدید بود که نمی‌توانستم تعادل خودم را حفظ کنم. در حالی‌که به زمین افتاده بودم، سه چهار نفر با مشت و لگد به سر و پهلوی من ضربه می‌زدند. گیج بودم. تعادل نداشتم نمی‌توانستم درست بایستم ولی با این حال سعی کردم از خودم دفاع کنم. یک لحظه همسرم را دیدم که یقه یکی از آن‌ها را می‌کشید که به من ضربه نزند. مردم هم مشغول تماشا بودند. در همین حین دیدم انگار چند نفر با این‌ها درگیر شدند و درحالی‌که می‌گفتند چند نفر به یک نفر، آن‌ها را با زنجیر و لگد زدند و بعد هم متواری شدند. از این چند نفری که به من حمله کرده بودند، یکی از آن‌ها را گرفتم و نگذاشتم فرار کند ولی بقیه آن‌ها فرار کردند. صبر کردیم تا مأمورین نیروی انتظامی آمدند و همگی رفتیم کلانتری. پدر و مادر آن پسر، به همراه آن زن سلیطه و شوهرش و یکی دو نفر دیگر هم آن‌جا بودند. آن‌ها در دفاع از خود گفتند که ما به بینی آن بچه آسیب زدیم و مادرش هم که سیلی محکمی از همسرم خورده بود، صورت خود را به پلیس نشان داد و پدر آن پسر هم قوزك ورم کرده پای پسرش را که ظاهرا در درگیری او با افراد ناشناسی که به کمک من آمده بودند این‌گونه شده بود را نشان می‌داد و می‌گفت که رفقای من این کار را کردند! بگذریم. من که از ناحیه سر و دنده‌ها به شدت آسیب دیده بودم به پلیس گفتم که از این‌ها شکایت دارم. آن‌ها هم گفتند که از من به خاطر این جراحات شکایت می‌کنند! در نهایت پلیس یک صورت‌جلسه تنظیم کرد و قرار شد کسی از دیگری شکایت نداشته باشد و از هم جدا شدیم. من چون می‌دانستم قانون به درستی اجراء نمی‌شود و حقم را نمی‌توانم با وجود دروغ‌های این افراد و قوانین فعلی بگیرم و این‌که‌کسی هم از شاهدان ماجرا حاضر نمی‌شود وقتش را برای من بگذارد تا آنچه دیده را در دادگاه

شهادت دهد، با این موضوع موافقت کردم. معمولاً در دادگاه‌های این حکومت حق به حق‌دار نمی‌رسد.

بعدها در مورد این اتفاق خیلی فکر کردم. به این موضوع که خواست خدا بود که در این جریان اتفاق ناگوار و جدی برای من نیافتاد. به گفته همسرم و شاهدین، کسی که ظاهراً ادعا داشت قهرمان تکواندو است درحالی‌که می دوید، جفت پا از پشت به سر من ضربه زد. این اتفاق می‌توانست براحتی باعث قطع نخاع من یا آسیب جدی مغزی شود. اگرچه تا یک ماه از ناحیه درد قفسه سینه، شب‌ها نمی‌توانستم بخوابم ولی قدرت خدا را دیدم که چگونه من و خانواده‌ام را مراقبت کرد. اگرچه آن موقع واقعاً دلم برای خودم سوخت و از خدا گله کردم که آخر تقصیر من چه بود که این اتفاق افتاد ولی بعد فکر کردم شاید صلاح من این بود که این چنین شود. اگر خواست حق تعالی بر این بود ولی خود او هم اجازه نداد تا این اتفاق به صورت نابرابر ادامه داشته باشد و چند نفر غریبه را فرستاد تا در دفاع از من با آن‌ها درگیر شوند. البته چون اعتقاد راسخ به قانون تعادل در جهان هستی دارم، مطمئن هستم که آن ناجوان مردان انسان نما، در نهایت پاسخ قاطعی از این عمل خود خواهند گرفت. چه من شکایت می‌کردم یا نــمی‌کردم. امروز که به مردم کشورم فکر می‌کنم که چقدر حقوقشان توسط حکومت ضایع شده، به خانواده‌هایی که عزیزانشان به ناحق در جریان اعتراضات گوناگون مثل آبان ۹۸ توسط مزدوران حکومت کشته شدند، به سرنشینان بی‌گناه هواپیمای اکراینی، به زندانیان سیاسی که یا کشته یا در حد مرگ شکنجه شدند و از لحاظ روحی و جسمی آسیب‌های شدیدی در زندان دیدند، به جنایت‌های گروه‌های اسلام‌گرای القاعده، داعش، حزب الله و سایر گروه‌های اسلام‌گرا، به آن مادر و

فرزندی که صرفاً به خاطر منع رانندگی زنان در افغانستان توسط جانورانی به نام طالبان در خودرویشان به رگبار بسته شدند، اتفاق ناگواری که برای من افتاد در مقایسه با این جنایت‌های رخ داده، هیچ است. وقتی عاقبت شومی را که در انتظار مسببان این جرم و جنایت‌هاست، تصور می‌کنم، من برای آن‌ها می‌ترسم! منظور من احتمال تغییر رژیم یا محاکمه عاملان این جنایت‌ها در دادگاه‌های نسبتاً عادل نیست. ترس من برای این‌ها، عقوبتی است که دقیقاً و بدون کم و کاست بر اساس قانون تعادل جهان هستی، بر سرشان خواهد آمد. قاعدتاً کسی که باعث کشته شدن چندین نفر بی‌گناه می شود، منطقی نیست با یک بار اعدام، تعادل مجازات برقرار شود. برای مجازات این‌گونه جنایت‌ها، در عالم ماده نمی‌شود تعادل برقرار کرد و مطمئنم این موضوع در دنیای پس از مرگ قطعاً و دقیق اجرا خواهد شد. این روح است که جسم را وادار به انجام اعمال نیک و بد می‌کند بنابراین روح است که قاعدتاً باید بازخورد عمل خود را ببیند نه جسم و چون روح فناناپذیر است، می‌توان برای او در جهان پس از مرگ انتظار داشت تا بازخورد اعمالش در جهان ماده را بی کم و کاست تجربه کند. پس چون بحث محاکمه روح در میان است نه جسم، منطقی است بتوان مجازاتی در خور جرم حتی برای کسانی که مستقیم یا غیر مستقیم باعث کشته شدن هزاران انسان بی‌گناه شده‌اند را متصور بود. خداوند مظهر عدالت است. اعتقاد راسخ دارم که حق پایمال شده هیچ کسی، بی پاسخ نخواهد ماند.

به امید حق

حرام زاده کیست؟

نامشروع شمردن روابط زن و مرد و حرام شناختن آن توسط ادیان، هیچ ملاکی برای ارزش‌گذاری فرزند متولد شده از این روابط نخواهد بود. اگر حتی فرزندی به به واسطه خیانت مادر به همسر یا در جریان تجاوز به او هم متولد شود، شأن این فرزند هیچ ارتباطی به رفتار والدینش نخواهد داشت. در واقع حرام زاده کسی است که روح خود را به اصطلاح به شیطان می‌فروشد. کسی که به واسطه نوع تفکر و رفتار غیر انسانی، نشانه‌ای از فرزند انسان بودن و انسانیت در او نیست. حرام زاده بودن به هیچ عنوان به دلیل تولد انسان از روابط نامشروع نیست، چه بسیار انسان‌های واقعی که پدر یا مادر خود را هم نمی‌شناسند ولی با رفتار و کردار خود نشان دادند که انسان هستند و انسانیت را سرلوحه زندگی خود قرارداده‌اند و چه بسیار افراد حرام زاده‌ای که اگرچه نام پدر را در شناسنامه دارند ولی به دلیل رفتارهای غیر انسانی نشان دادند که انسان نبوده و در واقع جانورانی در ظاهر انسان هستند. از آن‌جایی که آدمی را آدمیت لازم است، بنابراین نشانه انسان بودن هم، رفتار انسانی است. رفتار انسانی هم، رفتاری است که از انسان‌ها با وجود داشتن قدرت تفکر، اختیار و توانایی درك خوب و بد و درست از نادرست، انتظار می‌رود. متأسفانه درك بشر از انسانیت و خود شناسی در طی سالیان سال با پیشرفت تکنولوژی و علم، افزایش نیافته و تاریخ نشان داده که این درك از انسانیت حتی در گذشته بیشتر هم بوده است. شرایط امروز جهانی و اتفاق‌های ناگوار در نقاط مختلف جهان در مورد نقض حقوق بشر و نابودی محیط زیست به دست انسان‌ها، تاییدی بر این موضوع است.

تا زمانی که حرام زادگانی دیوانه در مسند حکومت بر مردم جهان نشسته‌اند، وضع به همین منوال خواهد بود و امیدی به بهبود شرایط نیست. متأسفانه قدرت روز افزون علم و تکنولوژی هم در خدمت این دیوانگان است.

روز پنج شنبه ۵ اسفند ۱۴۰۰ بود که خبر حمله روسیه به اوکراین را شنیدم. این اتفاق نشان داد که سران قدرت‌های جهانی، هرگاه به طرق مختلف به خواسته‌های نامشروع خود نمی‌رسند، از اهرم نظامی استفاده می‌کنند. بمب اتم را در اختیار گرفته‌اند تا هر زمان برای به دست آوردن منافع بیشتر، دیگران را تهدید کنند. امروز تیغ در دست زنگی مست است. این چند کشور عضو شورای امنیت که به نحوی خود را بزرگان سایر کشورها می‌پندارند و برای برقراری نظم جهانی، بیانیه می‌دهند و عضو پیمان‌های گوناگون منع گسترش سلاح‌های اتمی و شیمیایی و... هستند، هر زمان که منافع نامشروع هرکدام از آن‌ها تامین نشود، به دیوانه‌ای تبدیل می‌شوند که دیگران را با سلاح اتمی خود تهدید می‌کنند. امروز برای همه ثابت شد که برتری نظامی کشورها و داشتن سلاح اتمی، برای اجرای قانون جنگل است. فرقی نمی‌کند روسیه باشد یا آمریکا یا انگلیس. اتفاقات ناخوشایند امروز باعث می‌شود، تا قطعاً ملاها و دیگر حکومت‌های مستبد هم تلاش بیشتری برای دستیابی به سلاح اتمی داشته باشند تا در این مسابقه قدرت، عقب نمانند. متأسفانه وجود این سیستم قراردادی ناقص حکومتی و بر سرکار آمدن این حاکمان دیوانه، همگی ناشی از انتخاب نادرست مردم است. بله این قدرتی است که مردم به آن‌ها داده‌اند و تا زمانی که مردم با تبلیغات دروغ به راحتی

فریب می‌خورند و به این سیستم و این دیوانگان رای می‌دهند، بهبودی در شرایط امروز را نمی‌توان متصور بود .

آنچه باعث تأسف بیشتر می‌شود، اطاعت بی‌چون و چرای سایر انسان‌ها از این دیوانگان است. فارق از قوانین و سمت‌ها و جایگاه‌های سازمانی ساختگی که مردم را ملزم به اطاعت از قوانین و سربازان را به اطاعت از دستورات می‌کند، دو اصل اولیه است که هیچ گاه نباید نقض شود و آن هم حقوق بشر و حقوق طبیعت است. هر قانون و دستوری باید در راستای این دو اصل باشد. اگر به هر نحوی قوانین و دستورات مافوق، مغایر با این دو مورد باشد، اجرای آن‌ها نه تنها لازم نیست که باید قطعا از آن اجتناب کرد. یک نفر، فقط یک نفر به عنوان حاکم یا فرمانده، تصمیم بر انجام جنایتی می‌گیرد و متأسفانه صدها هزار نفر صرفا به دلیل جایگاه ساختگی آن فرد که در قوانین ناقصی که خود او با فریب مردم وضع کرده، از او به بهانه اجرای قانون، اطاعت می‌کنند! مگر این مجریان دستورات انسان نیستند؟ مگر عقل و فهم ندارند؟ مگر اختیار ندارند؟ مگر نمی‌فهمند که اطاعت از این دستورات، کشتن بی‌گناهان یا نابودی طبیعت، جنایت است؟ آن سربازی که پشت تانک نشسته یا خلبان هواپیمای جنگنده‌ای که به او دستور شلیک به مناطق غیر نظامی می‌دهند و بدون این‌که اندکی در اجرای این دستور درنگ کند، باعث کشته یا زخمی شدن کودکان بی‌گناه می‌شود، مگر انسان نیست؟ بله قطعا انسان نیست؟ و اینجا تفاوت بین انسان واقعی و حرام زاده آشکار می‌شود. همه انسان‌ها به صورت فطری می‌توانند خوب را از بد تشخیص دهند. بنابراین هر کس در هر سمت و جایگاهی که باشد، اگر رفتاری انجام دهد که تجاوز به حقوق دیگران و طبیعت محسوب شود، فارق از این‌که اجرای دستور بوده یا نه، شرف و انسانیت

خود را فروخته است و انسان محسوب نمی‌شود. به فرض این‌که دستور را اجرا کردی، کسب منافع مادی برای انجام جنایت به دستور مافوق تا کی می‌تواند توجیه آن جنایت باشد؟ با درد وجدانی که سال‌ها بعد تا زمان مرگ رهایت نمی‌کند، چه می‌کنی؟ اگر هم وجدان نداری و منافع مادی حاصل از این جنایت باعث شود آن را فراموش کنی، قطعاً لحظه مرگ به یاد خواهی آورد و آن وقت تازه شروع ماجراست!

گیرم گلاب ناب شما اصل قمصر است　　اما چه سود حاصل گلهای پرپر است

بیداد خراسانی

هفتم اسفند ماه ۱۴۰۰

یک اتفاق خوب

امروز جمعه، شانزدهم اردیبهشت ماه ۱۴۰۱

هرچه می‌خواهم درباره یک اتفاق خوب بنویسم، واقعاً چیزی به ذهنم نمی‌رسد. برای من انسان، افزایش حقوق، ارتقاء پست سازمانی، خرید ملک، کسب مقام ورزشی، رسیدن نوروز یا کریسمس و در نهایت برای مدت کوتاهی در امنیت و آرامش زندگی کردن، یک اتفاق خوب نیست. تا زمانی که مردم فقط به دلیل گفتن حقیقت و درخواست اجرای عدالت، مورد ظلم و ستم واقع می‌شوند، تا زمانی که نقض حقوق بشر و نابودی طبیعت برای حکومت‌ها در هر نقطه از این زمین، اهمیتی نداشته باشد، تا زمانی که سیاست ابرقدرت‌ها برای دستیابی به منافع سیاسی و اقتصادی خود، تقویت گروه‌های تبهکار اسلامی و ایجاد زمینه حکومت آن‌ها برای ناامن کردن منطقه است و جنایت‌های این تبهکاران دست نشانده برای جامعه جهانی هیچ اهمیتی ندارد، تا زمانی که هنوز در بسیاری از کشورها مردمانی هستند که نه تنها شرایط مطلوب زندگی بلکه حداقل غذای مورد نیاز و حتی آب آشامیدنی سالم را هم ندارند، تا زمانی که هنوز در سال ۲۰۲۲ به دستور یک دیوانه به کشوری دیگر حمله می‌شود و هزاران انسان بی‌گناه را می‌کشند و کشورهای دیگر برای جلوگیری از او هیچ اقدام جدی انجام نمی‌دهند، تا زمانی که نابودی طبیعت برای کسب ثروت اهمیتی ندارد و سیاست منافع فردی بر منافع گروهی اولویت دارد،

(هیچ اتفاق دیگری خوب نیست)

در شهر هرچه می‌نگرم غیر درد نیست — حتی به شاخ خشک دلم برگ زرد نیست
اینجا نفس به حـــنجره انکار می‌شود — با صد زبان به کفر من اقرار می‌شود
با هز اذان صبح به گل‌دسته‌های شهر — هر روز دیو فــاجعه بیــدار می‌شــود
از بس سرودم و نشنـــیدید خســـته‌ام — من از نگاه ســرد شــما دل‌شکسته‌ام
تا کـــی در انتــظار مسیحی دوبـــاره‌اید — در جســـتجوی نور کدامـــین ستاره‌اید
باید دوباره قبــله خود را عــوض کنیم — با خشت عشق، کعبه‌ای از نو بنا کنیم

بیداد خراسانی

مقوله دین- بخش دوم

چند سوال:

مگر می‌شود دستورات خداوند در ادیان مختلف متفاوت باشد؟ اگر ادیان دستورات خداوند هستند، چرا به اسم آن‌ها این همه جرم و جنایت می‌شود؟ مگر خداوند از عواقب دینی که به مردم عرضه کرده، آگاه نبود؟ به نظر می‌رسد همه ادیان از یک نظریه واحد سرچشمه گرفته‌اند و نقطه مشترک همه آن‌ها وجود خداوند واحد و اذعان نمودن همه ادیان بر وجود جهان پس از مرگ و البته ارائه راه و سلوک صحیح برای انسانیت است. به نظر من این ادعا و شرح رفتار قابل انتظار و استاندارد برای نسل انسان‌ها، در ابتدا توسط انسان وارسته‌ای با تعقل در خصوص جهان هستی و علل وجودی انسان، بنام دین یا روش زندگی مطرح گردید و البته برای آن که دیگران را به انجام آن ملزم کند آن‌ها را دستورات خداوند نامید و شاید خود را هم پیامبر خدا معرفی کرد. (البته از نظر منطقی هم، هرکس که در راه انسانیت و راهنمایی دیگران به سمت خوبی‌ها حرکت کند، به نحوی پیام خداوند را می‌رساند. با توجه به این‌که خداوند مظهر عدالت و ایجاد توازن در کل جهان هستی است، هر رفتاری را که به نحوی در راستای توازن جهان هستی و هنجارهای موجود باشد را می‌توان آن را به خواست خداوند نسبت داد. حفظ و نگه‌داری از طبیعت و رفتارهای متعادل و معقول در برابر سایرین و به طور کلی هر رفتاری که نشانه‌ای از ناهنجاری در جامعه نباشد، هم دستور خداوند محسوب می‌شود).

بعدها دیگران با مطرح نمودن مجدد این نظریه در اقوام دیگر به عنوان یک مقوله جدید، ضمن این‌که خود را پیامبر خداوند معرفی کردند، نظرات شخصی خود و اطرافیانشان را هم به اسم دستورات خداوند به مردم القاء نموده تا بدین طریق جایگاه و نفوذ سیاسی لازم را به دست آورند. دستورات و اعتقادات مختلفی که به نقل از خداوند در هر دینی مطرح می‌شود، به جز آن‌هایی که مبنای منطقی دارند و اجرای آن‌ها به راستی نشانه انسانیت و درجهت افزایش صلح و آرامش، عدالت و درک انسان از جهان هستی و حقانیت خداوند است، مابقی در واقع هیچ ارتباطی به خداوند ندارد و فقط از جنبه فرقه‌گرایی و قدرت‌طلبی توسط اشخاصی مطرح شده است که داعیه پیامبری داشتند. چرا که نتایج اجرای این دستورات نه تنها باعث ایجاد صلح و آرامش در زمین و بین اقشار مختلف مردم نشده بلکه عمدتاً باعث ایجاد فساد و رشد جنایات متعدد گردیده است به نحوی که اثرات آن حتی باعث تردید مردم نسبت به اصل اولیه دین شده است. اصلی که دلالت بر وجود خداوند واحد دارد.

از خدا می‌خواه تا زین نکته‌ها   در نلغزی و رسی در منتهی

ز آنکه از قرآن بسی گمره شدند   زان رسن قومی درون چه شدند

ما ز قرآن مغز آن برداشتیم   پوست از بهر خران بگذاشتیم

                                        مولانا

مگر می‌شود خداوند کسی را نماینده خود بر روی زمین بخواند و دستورات این نماینده عواقبی فجیع برای انسان‌ها و طبیعت و حتی نسل‌های آینده داشته باشد. از نظر خداوند همه انسان‌ها در یک سطح قرار دارند و هیچ کس نسبت به

دیگری برتری ندارد مگر به واسطه عمل و رفتارش در قبال دیگران. اگر عقل و قدرت تفکر انسان، شاخص وجودی او نسبت به سایر جانداران است و خداوند انسان را بدین‌گونه آفریده تا پیوسته در همه امور تعقل نماید، چرا در تمام ادیان نسبت به بسیاری از مسائل از مردم انتظار می‌رود که بدون هیچ شک و پرسشی آن‌ها را باور داشته باشند و حتی سوال همراه با تردید در مورد آن‌ها جرم محسوب شده و بعضاً مجازاتی در حد مرگ برای آن تعیین شده است؟

اگر خداوند در قرآن بارها و بارها از انسان می‌خواهد که فکر کنند تا به وسیله قدرت عقل، به درستی یا نادرستی موضوعی پی ببرند، چگونه است، موارد متعددی در کتاب قرآن و سایر کتب آسمانی مطرح می‌شود که منطقی به نظر نمی‌آیند. اگر بعضی از آیات قرآن از نظر عقل و منطق قابل درک و برخی ناصحیح هستند، این موارد نشان از ورود همان گفته‌ها و نظراتی است که یک شخص به اسم خداوند برای فرمان‌روایی بر دیگران و افزایش قدرت و گسترش دامنه حکومت خود مطرح نموده است. چگونه است در خصوص معراج پیامبر کتاب‌ها و اشعار بسیاری نوشته و سروده شده است در حالی‌که همه این تفسیر و تمجیدها تنها نقل قول محمد از یک خواب دیدن، بوده است. اگر دین اسلام، دینی که توسط محمد ترویج شده به راستی خداوند شمول بود، چرا اثرات منفی این دین بر انسانیت از همان زمان تا قرن‌ها بعد از وفات ایشان تمام نشدنی است. از حمله وحشیانه اعراب مسلمان به ایران و جنایت‌های غیر قابل توصیف آن زمان توسط مسلمانان گرفته تا سایر جنایات وحشیانه متعددی که توسط خلفای اسلام و عوامل آن‌ها در طول سالیان سال بنام دین محمد شکل گرفت و این جنایات تا کنون بعد از گذشت ۱۴۰۰ سال هم‌چنان ادامه دارد. چگونه است که خداوند دینی را بوسیله پیامبران خود ترویج

می‌کند که این‌چنین باعث جرم و جنایت شود؟ آن کس که جهان هستی را بدین شکل پیچیده و غیر قابل تصور آفرید که هر ذره‌ای از آن به نحوی با ذرات دیگر در یک راستا حرکت می‌کند، قدرتی با این توانایی در ایجاد این نظم بی‌بدیل و یکپارچه که در ذهن و درك ما نمی‌گنجد، چگونه است که دستوراتی در قالب دین به مردم عرضه می‌کند که بر اساس تفاسیر مختلف می‌تواند باعث کشتار، تفرقه، جنایت، انواع ظلم و ستم و به طور کلی بی‌نظمی شود؟!

افلا تعقلون؟!

گاهی لازم است انسان همه اعتقادات کورکورانه خود را بشکند تا پایه‌های فکری جدیدی بنا کند. هیچ موضوعی نباید مانع تفکر و تعقل انسان در جستجوی او به سمت حقیقت گردد. حقیقت وجودی انسان‌ها براساس منطق، درك انسان از خود و آینده پیش روست. هیچ کس بر دیگران برتری ندارد و کسی مجبور نیست بی چون و چرا از دستورات دیگری اطاعت کند مگر آن که آن دستورات بر اساس قوانین منطبق بر عقل و در شان انسانیت باشد. همه ما در برابر اعمال خود مسئول هستیم حتی اگر فقط مجری دستورات باشیم. بنابراین اجرای دستورات ظالمانه و غیرانسانی نمی‌تواند رافع مسئولیت انسان باشد.

هفتم خرداد ماه ۱۴۰۱

مرزهای غیر قابل کنترل

به نظر شما، هدف از کنترل مرزها و دروازه‌های ورود و خروج هر کشور چیست؟ کشورها واقعاً چقدر توانسته‌اند در کنترل مرزهای خود موفق باشند؟ اگر به عنوان نمونه کنترل مرزها در کشور کانادا را بررسی کنیم به نظر شما آن کشور تا کنون چقدر در این زمینه موفق بوده است؟ شاید آمارهای ارائه شده توسط آن کشور در این خصوص نشان دهند که دولت در این زمینه موفق بوده است! ولی اگر کنترل مرزها به معنای واقعی بررسی شود، به جرات می‌توان گفت که کشور کانادا در این زمینه به هیچ عنوان موفق نبوده است و این موضوع برای همه کشورهای پیشرفته دیگر هم صادق است. تعاریفی که امروزه از کنترل مرزها ارائه می‌شود، مجموعه فعالیت‌های حکومت‌هاست برای بررسی و تنظیم رفت و آمد انسان‌ها، حیوانات و کالاها از مرزهای زمینی، هوایی و دریایی. اگر هدف از این کنترل‌ها برای محافظت از مردم کشور در برابر هر نوع خطر احتمالی است، آیا عوامل دیگر مانند آلودگی دریاها، آلودگی هوا و بسیاری بیماری ها که منشاء آن خارج از کشور است ولی به راحتی وارد کشور می‌شوند و جلوگیری از ورود آن‌ها هم غیر ممکن است، برای مردم آن کشور خطرناک نیستند؟ البته این خطرات در میان مدت تأثیرات مخرب بسیار بیشتری نسبت به سایر مواردی دارد که هم اکنون دولت‌ها مشغول کنترل آن‌ها در مرزها هستند. در کشور ایران سالانه حدود ۴۰ میلیارد لیتر بنزین، ۴۵ میلیارد لیتر گازوئیل و ۱۵ میلیارد لیتر مازوت مصرف می‌شود. به عبارتی سالانه حدود ۱۰۰ میلیارد تن گاز مخرب و خطرناک حاصل از سوختن این مواد وارد هوا می‌شود. علاوه بر این مقدار، میلیاردها تن گازهای خطرناک دیگر از جمله

منوکسید کربن تولید شده توسط سایر کارخانجات نیز فقط در کشور ایران تولید و وارد هوا می‌شود. حال شما میزان تولید گازهای سمی و خطرناك توسط سایر کشورهای صنعتی دیگر مانند چین، هند، آمریکا و بسیاری از کشورهای دیگر را هم درنظر بگیرید که نسبت به ایران بسیار بیشتر است. آیا فکر نکرده‌اید این هزاران میلیارد تن گازهای مخرب که وارد هوا می‌شود، چه اتفاقی را منجر خواهد شد؟ آیا این گازهای تولید شده فقط در محدوده جغرافیایی همان کشورها باقی می مانند؟ یا شاید به دلیل کنترل‌هایی که در مرزهای هر کشور صورت می‌گیرد، نمی‌تواند وارد سایر کشورها شوند! آیا تأثیرات مخرب این‌گونه آلاینده‌ها فقط محدود به حدود جغرافیایی همان کشورهای آلوده کننده محیط زیست است؟! همان‌طور که قبلاً گفتم روی سخن من با مردم دنیاست نه با سیاست‌مداران و دولت‌مردان کشورها. به نظر من اغلب دولت‌مردان کشورها افراد نادان و سودجویی هستند که به خاطر منافع شخصی، حزبی یا گروهی خود، به منافع واقعی مردم کشور در زمان حال و آینده توجه‌ای نمی‌کنند. قوانین بین الملل مسخره‌ای که امروزه دولت‌مردان هر کشور به آن معتقد هستند، نتیجه‌ای جز نابودی جهان و خطری برای ادامه حیات نسل بشر نخواهد داشت. اتفاقات ناگوار امروز مخصوصاً در زمینه آلوده شدن محیط زیست، چیزی نیست که فقط دامن مرتکبین آن را بگیرد. حتی اگر در یک کشور نسبت به مسائل محیط زیست کوشش فراوان شود و سعی گردد حتی‌المقدور از هیچ آلاینده محیط زیست هم استفاده نشود، این موضوع نمی‌تواند آن‌ها را از ورود یا تأثیر آلودگی ایجاد شده در سایر کشورها مصون نماید. ورود این آلودگی ها به کشور از دروازه‌هایی صورت می‌گیرد که غیر قابل کنترل بوده و هیچ مرزبانی نمی‌تواند مانع آن شود. تأثیر

آلودگی‌های زیست محیطی مثل یک دومینو است که اثر مخرب آن شاید ابتدا بر کشور تولیدکننده آن ولی در نهایت بر همه کشورهای جهان وارد خواهد شد و این موضوع اجتناب‌ناپذیر است. منابع طبیعی، دریاها، آب‌های زیر زمینی و به طور کلی محیط زیست هر کشور، اگرچه از نظر حدود مرزهای جغرافیایی متعلق به آن کشور است ولی این بدان معنا نیست که دولت هر کشور حق دارد هرگونه که بخواهد این منابع را از بین ببرد یا آن‌ها را برای مقاصد خاصی آلوده کند. باتوجه به این‌که تأثیر ناشی از این‌گونه اقدامات بر کل جهان خواهد بود و مردم همه کشورها در میان مدت متضرر خواهند شد، حتی از نظر حقوق بین الملل هم نباید به این کشورها اجازه داد که به هر نحوی باعث آلوده شدن محیط زیست شوند. اگر کشوری مثل کانادا تمام تلاش خود را برای حفظ محیط زیست انجام می‌دهد، وقتی در سایر کشورها به این موضوع اهمیت داده نشود، در نهایت با به هم خوردن چرخه تعادل در طبیعت، همه دنیا و همچنین کشور کانادا هم تحت تأثیر آثار مخرب آن به یک اندازه قرار خواهند گرفت. اگرچه در گذشته و قبل از انقلاب صنعتی تأثیرات تخریب محیط زیست آن‌قدر زیاد نبود که بتواند بر کل محیط زیست جهانی اثر بگذارد، ولی امروزه با صنعتی شدن کشورها به وضوح تأثیر مخرب آن بر محیط زیست مشهود است. سیاست سرمایه‌گزاری امروز که تولید ثروت را با کمترین هزینه دنبال می‌کند، باعث شده هیچ سرمایه‌گزاری حاضر نباشد انرژی ارزانی را که با استفاده از سوخت‌های فسیلی حاصل می‌شود را کنار بگذارد و دنبال استفاده از انرژی‌های پاک باشد. همچنین این نگرش باعث شده صنایع مختلف بدون هیچ‌گونه نگرانی جدی از تخریب محیط زیست و عواقب قانونی احتمالی آلوده کردن محیط زیست به فعالیت خود ادامه دهند. قدرت تأثیر

سرمایه‌داران بر تعیین سیاست دولت‌ها باعث شده که دولت‌ها هم موافق استفاده از سوخت‌های فسیلی باشند و تا وقتی که سرمایه داران مجبور نباشند که از سوخت‌های پاك یا سایر مواد مصرفی غیر آلاینده برای کارخانه‌های خود استفاده کنند و یا تا زمانی‌که تخریب محیط زیست برای آن‌ها عواقب جدی نداشته باشد، هیچ سرمایه‌گزاری مؤثری برای تحقیق در زمینه استفاده از انرژی‌های پاك یا تولید مواد و کالاهای غیر آلاینده و قابل بازیافت در کارخانجاتی که کمترین میزان تخریب محیط زیست را داشته باشند، انجام نخواهد شد.

قانون منع مداخله در امور داخلی کشورها

درود

امروز بخشی از سخنان شاه فقید ایران، محمد رضا شاه پهلوی، در خصوص خوزستان و اهمیت این استان برای کل کشور و برنامه ریزی‌هایی که برای آن در جهت توسعه کشاورزی، صنعت و... داشت را تماشا کردم. با افسوس از خود می‌پرسم چرا؟ چرا؟ چرا کسی که به راستی تلاش می‌کرد ایران را از هر نظر به درجات عالی پیشرفت برساند، حکومت او به این سادگی سرنگون می‌شود. فارق از هرگونه اظهارنظر در مورد حکومت شاهنشاهی پهلوی، حتی اگر به فرض محال، هدف آن حکومت از پیشرفت ایران در همه زمینه‌ها بدون توجه به صلاح مردم، صرفاً قدرت‌گرایی و ارتقاء جایگاه شاهنشاهی ایران در میان سایر کشورها بود، قطعاً این تحولات بر افزایش رفاه و آسایش مردم و بالا بردن کیفیت زندگی آن‌ها و حتی ارتقاء فرهنگ جامعه تأثیر مستقیم داشت. تأثیرات پیشرفت کشور در همه حوزه‌ها، می‌توانست برای مردم کشورهای همسایه و بلکه برای کل کشورهای جهان مفید باشد. پس چرا به یکباره ورق برگشت؟! چرا حکومت ناگهان تغییر کرد و نه تنها ایران از مسیر پیشرفت خارج شد، بلکه در یک عقب گرد کامل به آتش کشیده شد و علاوه بر آن جهانی را به آتش کشید. در دوره پهلوی،بعضاً افرادی فرصت طلب و سود جو در قالب احزاب و با حمایت دولت‌های خارجی هر کدام برای چنگ اندازی به گوشه‌ای از قدرت بر علیه شاه ایران اعتراض می‌کردند و ندای دمکراسی خواهی و آزادی بیان سر می‌دادند. البته شاه می‌دانست مسیری که می‌رود درست است و به همین خاطر به آن‌ها اهمیتی نمی‌داد و البته این گونه

اعتراضات را سرکوب می‌کرد. عامه مردم هم اهمیتی به این موضوع نمی‌دادند چرا که روند پیشرفت مملکت در تضاد با منافع مردم نبود. کسی جز عده ای اندک، دغدغه آزاد نبودن اظهار بیان مباحث ضد حکومتی را نداشت. این موضوع برای استعمارگران غرب و شرق که از روند پیشرفت ایران نگران بودند، بهانه‌ای شد تا آن را به عنوان مصادیق ضد حقوق بشر در سازمان ملل فریاد بزنند. به طور کلی معنی پیشرفت تنها در زمینه‌های علم و فناوری و نظامی تعریف نمی‌شود و زمانی می‌توان حرکت کشوری را در مسیر پیشرفت دانست که در همه زمینه ها از جمله دمکراسی توسعه یافته باشد و به راستی دمکراسی در ایران هم قدم و حتی بیشتر از سایر پیشرفت‌های آن زمان کشور، در مسیر توسعه بود. به راحتی می‌توان تنها با یک نگاه سطحی به وضعیت جامعه و مقایسه آن با سال‌های قبل از دوره پهلوی، به این واقعیت پی برد. تنها آزادی بیان مسائل ضد حکومتی در قالب احزاب به دلیل عدم بلوغ فکری جامعه، به درستی و با درایت تا حدودی محدود شده بود ولی بعداً همین موضوع پاشنه آشیل حکومت پهلوی شد. حکومتی که شعار رسیدن به دروازه‌های تمدن نوین را مطرح می‌کرد، از طرف غرب مورد سرزنش قرار می‌گرفت که در خصوص آزادی بیان دیدگاه متمدنانه ندارد! این نقطه ضعف حکومت پهلوی بود که به هر طریقی می‌خواست پیشرفت تمدن را در ایران به همه جهانیان ثابت کند و درنهایت با فشار غرب اجازه داد، احزاب مختلف با هواداران محدود خود به خیابان‌ها بریزند و این بار با صدای بلند اعتراض خود را فریاد بزنند. همان‌طور که اشاره شد عدم بلوغ فکری جامعه ایران، باعث شد اکثریت جامعه تحت تأثیر این اعتراضات و دروغ پراکنی‌ها قرار گیرند و این‌گونه پنداشتند که انگار سال‌هاست که ثروت نداشته شان توسط پهلوی به غارت می‌رود و بدین طریق

سیاست کثیف استعمارگران غرب و شرق با تلاش فراوان توانست جامعه ایران را بر علیه حکومت پهلوی قرار دهد. قرار نیست مدرکی برای اثبات این سخنان ارائه دهم و اهمیت هم نمی‌دهم که آمریکا یا انگلیس چه زمانی اسناد محرمانه مربوط به صحت این گفته را ارائه خواهند داد. تنها با کمی تعقل در خصوص نحوه اداره مملکت در زمان پهلوی و اتفاقات پس از انقلاب به راحتی می‌توان به این حقیقت پی برد. منتظر نباشید تا کسی سند یا مدرکی ارائه کند تا به این موضوع ایمان بیاورید. سیاست امروز بر پایه دروغ و تکذیب استوار است. انسانی که عقل و فهم دارد می‌تواند از مشاهده آنچه اتفاق افتاده، به صورت غیر مستقیم علت آن را درک کند. انتقاد من از ملاهای حاکم امروز، همان آفتابه به دست‌های سابق نیست. برای سیاست کثیف غرب، هیچ انگلی بهتر از این‌ها نمی‌توانست ایران را این‌چنین به تباهی و ویرانی بکشد. انتقاد من به سیاست ورزان نادان کشورهای غربی هم نیست که برای کسب منافعی محدود، حاضرند این‌چنین جهانی را به آتش بکشند. امروز روی سخن من به شما مردم جهان است. مردمی که یک روز بازیچه حزب دمکرات و روزی دیگر بازیچه حزب جمهوری‌خواه یا سایر احزاب و تشکل‌های سیاسی می‌شوید. مردمی که انگار چشم عقل خود را بسته‌اید و به راحتی با چند دروغ و وعده و وعید گروهی نادان، هر سال در برنامه‌های از پیش تعیین شده، گله‌ای به هر سمت که حاکمان و احزاب سیاسی بخواهند حرکت می‌کنید. مردم شما را به حقیقت انسان قسم می‌دهم چشمانتان را باز کنید. دنیای ما در حال فروپاشی است. به خاطر فرزندانمان هم که شده اجازه ندهیم آینده این‌چنین به دست این حاکمان نابود شود.

مردم به سحر و شعبده در خواب رفته‌اید
در این کویر تشنه پی آب رفته‌اید
تا کی در انتظار مسیحی دوباره‌اید
در جستجوی نور کدامین ستاره‌اید
مردم برای هیبت‌مان آب رو نماند
فریاد دادخواهی‌مان در گلو نماند
اینان تمام هستی ما را گرفته‌اند
شور و نشاط و مستی ما را گرفته‌اند
در موج خیز حادثه کشتی شکسته است
در ما غمی به وسعت دریا نشسته است

بیداد خراسانی

قرار نیست قوانین ناقصی که سالیان قبل به عنوان قانون بین الملل نوشته شده، هم‌چنان پابرجا و لازم‌الاجرا باشد. آن قوانین بر اساس دانش انسان یا بنا به ضرورت مربوط به آن برهه از زمان بوده و امروز قطعا این قوانین از نظر عقلی منسوخ شده هستند. به استناد این قوانین، حکومت‌ها می‌توانند هر کاری در کشور خود انجام دهند و هیچ کشور یا جامعه جهانی حق اعتراض و دخالت ندارد. اگر اثرات این اقدامات به ضرر همه مردم جهان باشد چه؟ آیا باز کسی نباید دخالت کند؟ آیا نابودی محیط زیست در یک کشور تأثیر جهانی ندارد؟ آیا آلوده کردن آب‌ها و دریاها تأثیر جهانی ندارد؟ آیا انجام آزمایش‌های اتمی و موشکی تأثیر جهانی ندارد؟ آیا تولید سلاح‌های بیولوژیکی تأثیر جهانی ندارد؟ آیا از بین بردن جنگل‌ها تأثیر جهانی ندارد؟ حتی اگر مفهوم انسانیت را کنار بگذاریم و آن‌قدر خودخواه باشیم که مسائلی مانند نقض حقوق بشر در سایر کشورها برایمان بی اهمیت باشد، سایر موارد مذکور کافی بود تا اجماع جهانی نگذارد این اتفاق‌های ناگوار در هر کشوری به استناد قانون بین‌المللی منع مداخله در امور داخلی کشورها انجام شود؟ بله روی سخنم به شما مردم جهان است. تنها شما

قدرت تغییر وضعیت نا بسمان فعلی را دارید و بس. تنها شما می‌توانید حاکمان نادان فعلی را پاسخگو کنید. بیایید تا دیر نشده جلوی این اتفاق شوم را بگیریم. فرزندان ما حق زندگی کردن دارند.

بیا تا گل برافشانیم و می در ساغر اندازیم   فلک را سقف بشکافیم و طرحی نو دراندازیم

اگر غم لشکر انگیزد که خون عاشقان ریزد   من و ساقی به هم تازیم و بنیادش براندازیم

حافظ شیرازی

شانزدهم خرداد ماه ۱۴۰۱

کتاب آیات شیطانی

حدود سی و سه سال پیش بود که خبر انتشار کتابی به نام آیات شیطانی را در خارج از کشور شنیدم. آن سال‌ها من نوجوان بودم. حکومت، اعتراضات گسترده‌ای علیه نویسنده و ناشران آن راه انداخت. راهپیمایی‌های حکومتی زیادی علیه آن برپا شد و در نهایت حکم ارتداد و فتوای قتل سلمان رشدی نویسنده این کتاب توسط خمینی صادر گردید. آن زمان من نمی‌دانستم در این کتاب چه چیزی نوشته شده است. فقط همه جا می‌گفتند که به خدا، پیامبر و جبرئیل توهین شده است. اگرچه من از همان ابتدا از حکومت وقت متنفر بودم ولی توهین به قرآن را برنمی‌تافتم و من هم با مجازات نویسنده این کتاب موافق بودم. آن زمان من هم مانند بسیاری دیگر از مسلمانان بدون این‌که حتی بخش کوچکی از این کتاب را خوانده باشم و یا در مورد محتوای آن اطلاعی داشته باشم، صرفا به دلیل تبلیغات گسترده حکومتی، علیه آن موضع گرفتم و آن را محکوم کردم. من هیچ‌گاه حتی امروز هم موفق نشدم این کتاب را بخوانم تا ببینم واقعا چه در آن نوشته شده است. البته آن زمان دسترسی به این کتاب برای من میسر نبود و اگر کسی هم به آن دسترسی داشت جرم محسوب می‌شد و مجازات سنگینی هم داشت. حتی امروز هم دسترسی به این کتاب در ایران امکان‌پذیر نیست و هر سایت اینترنتی مرتبط با آن فیلتر است. دیروز خبر ترور نویسنده این کتاب را از رسانه ها شنیدم ولی برخلاف آن زمان نه تنها دیگر خواستار مجازات نویسنده این کتاب نبودم بلکه از شنیدن خبر ترور او ناراحت هم شدم.

اغلب مسلمانان که البته در خانواده‌ای مسلمان متولد می‌شوند، از همان ابتدای زندگی یک سری حد و حدود عقیدتی به عنوان مقدسات بلاشک از طریق خانواده و سپس اطرافیان نزدیک و بعدا در همین مسیر از طریق مدارس یا مکاتب قدیم و در مابقی عمر به صورت همیشگی از طریق رسانه‌های اجتماعی حکومتی و مذهبی دائماً به آن‌ها القاء می‌شود. خدا، پیامبر اسلام، امامان شیعه و برخی وابستگان به آن‌ها، مواردی است که هیچ مسلمانی حق ندارد حتی کوچک‌ترین شکی به آن‌ها داشته باشد چه رسد به این‌که آن‌ها را نقد کند یا با آن‌ها مخالفت داشته باشد. البته الزام به اعتقاد به امامان شیعه و وابستگان آن‌ها فقط مخصوص مذهب شیعه در اسلام است. از همان ابتدا در ذهن کودک مسلمان این‌گونه القاء می‌شود که هر مخالفتی با این مقدسات، عاقبتی جز مجازات و بدبختی در این دنیا و جهنم آخرت نخواهد داشت و این تصویر آن‌قدر محکم در ذهن یک مسلمان حک می‌شود، که هیچ‌گاه حتی به ذهنش هم خطور نمی‌کند شاید آنچه در مورد این مقدسات گفته شده، آن‌قدرها هم صحت نداشته باشد تا این موضوع باعث شود کمی در مورد صحت آن‌ها تحقیق کند و این چیزی است که اکثر مسلمانان را از تعقل در این خصوص بازداشته است. بله باورهای کورکورانه، انسان را از تعقل باز می‌دارد و باعث می‌شود مردم مانند گوسفندان، مطیع دستور کسانی باشند که از این باورها برای پیشبرد اهداف کثیفشان استفاده می‌کنند. به نظر من تمام مقدسات قابل نقد و بررسی دوباره هستند.

باید دوباره درباره آن‌ها تحقیق کرد تا انسان بتواند از طریق عقل و منطق بر حق بودن آن‌ها را برای خود اثبات کند نه با تلقین و اصرار. ما به عنوان انسان باید بتوانیم خدا را برای خود اثبات کنیم. قطعاً آن قدرتی که انسان را این‌گونه با این

امکانات متمایز از سایر جانداران آفرید، خود انتظار آن را دارد که مخلوقش در مورد وجود خالق هستی تعقل کند تا بر اساس شواهد و قرائن و تحلیل عقلی و منطقی به این نتیجه برسد که آیا خلقت این جهان و انسان تصادفی بوده یا هدفمند؟ وقتی وجود خداوند را می‌توان نقد و بررسی کرد، آیا نمی‌توان در خصوص حقانیت کسانی که خود را پیامبر او خواندند، تحقیق و بررسی کرد؟ آیا نمی‌توان صحت گفته‌هایی را که به نام کلام خداوند در قرآن و سایر کتب دیگر آورده شده، بررسی کرد؟ آیا نمی‌توان در خصوص مقدس بودن امامان شیعه و یا دیگران تحقیق و بررسی کرد؟ این موارد که البته از اصول غیر قابل انکار اسلام و یا مذاهب شناخته شده اند، همگی قابل نقد و بررسی است چه رسد به مواردی که بعدها و در مذاهب مختلف به عنوان عقاید جدید شکل گرفت و هر فرقه‌ای آن را مقدس شمرد و اطاعت از آن را واجب دانست. خداوند انسان را قدرت عقل و درك منطق داد تا انسان حتی در مورد وجود خالق هستی هم تفکر کند و البته این موضوع به حق در کتاب قرآن و شاید کتب دیگر آورده شده که در آن از قول خداوند بارها گفته شده تا انسان در مورد جهان هستی و علل وجود این نظم خارق‌العاده فکر کند. ای مسلمانان وقتی طبق آیات قرآن از مردم خواسته شده در خصوص وجود خداوند تعقل کنند و هرکس با درك و فهم خود به وجود خداوند پی ببرد، چرا در اسلام کسانی که به خداوند باور ندارند را مرتد دانسته و مجازات آن‌ها مرگ است؟! اگر باور داشتن به وجود خداوند امری دستوری بود، بحث اثبات و تعقل دیگر در این مورد جایگاهی نداشت.

من کتاب آیات شیطانی سلمان رشدی را نخوانده‌ام و نمی‌دانم که در این کتاب آیا به مقدسات مسلمان‌ها توهین شده یا نه. ولی کلًا با هرگونه بی‌احترامی در قالب نقد آنچه دیگران حتی به غلط و کورکورانه اعتقاد دارند، مخالفم. اجازه توهین به عقاید دیگران حتی اگر واقعا آن عقاید اشتباه باشند، از اصول آزادی بیان نیست. نقد دیگران و اعتقادات غلط مردم باید در قالب احترام و همراه با دلایل روشن صورت گیرد تا به مرور زمان مردم بفهمند که راه درست چیست؟

۲۲مرداد ۱۴۰۱

دختری به نام مهسا

امشب، سی‌ام شهریور ماه ۱۴۰۱، طبق معمول جز بیان اتفاقات ناگوار چیزی نیست که این روزها بتوانم بنویسم. شاید وقتی این نوشته را می‌خوانید، از این همه اتفاق بد پی در پی که در این کشور رخ می‌دهد، تعجب کنید. شاید بپرسید مگر می‌شود، اتفاق خوبی رخ نداده باشد؟ متأسفانه باید بگویم، بله. در هر حکومتی که ظلم و ستم بر مردم حاکم باشد، نباید انتظار رخدادهای خوب داشت. چند روز پیش دختری بنام مهسا فقط به دلیل نوع پوشش، در تهران به دست وحشی‌های پلیس گشت ارشاد بازداشت و در بازداشتگاه در اثر ضربه به سرش کشته شد. اگر چه حکومت سعی در پنهان کردن علل مرگ او داشت ولی خبر این اتفاق آتش خشم مردم را دوباره شعله‌ور کرد و هم اکنون اعتراضات مردمی تقریبا در بسیاری از شهرهای کشور به صورت سراسری در جریان است و حکومت هم با شدت این اعتراضات را سرکوب می‌کند. مردم ایران مردم بدبختی هستند که اسیر بازی سیاست‌های غرب و شرق شده اند. سیاست کثیفی که این ظلم و جنایت عریان را بر مردم ایران می‌بیند ولی به خاطر منافع سیاسی، اقدامی انجام نمی‌دهند. قطعاً پشت پرده سیاست مماشات با حاکمان فاسد اسلام‌گرای این کشور، منافعی است که دولت‌های غرب و شرق حاضرند هنوز بعد از ۴۳ سال جنایت این حکومت بر مردم بی‌دفاع ایران، هم‌چنان خاموش باشند و هیچ اقدام جدی انجام ندهند. بارها و بارها گفته‌ام، تا زمانی که نوع حکومت جهانی و اداره کشورها به شکل کنونی است، افراد نالایق با دسیسه و فریب اکثریت مردم عوام بر سر کار می‌آیند و جهان را این‌چنین به آشوب می‌کشند. افسوس که هیچکس

نیست که سخنم را بشنود. در این خفقان سیاسی و ممانعت شدید از آزادی بیان،
چگونه می‌توانم سخنم را به گوش مردم شنوا در جهان برسانم. من اعتراض می‌کنم
به همه این بدهی‌ها، به همه این ظلم و ستم‌هایی که بر مردم مظلوم ایران روا شده
است، اعتراض می‌کنم، به‌خاطر بی‌اهمیت بودن محیط زیست برای حاکمان
جاهل و تخریب روزانه آن، اعتراض می‌کنم به نابودی و انقراض گونه‌های مختلف
گیاهی و جانوری، اعتراض می‌کنم به نابودی آثار تمدن و تاریخ بشری، ولی
اعتراض من از روی کاغذ دفترم فراتر نرفته است. شاید این دفتر هیچ‌گاه به دست
دیگران نرسد یا کسی آن را نخواند. افسوس، افسوس برای خودم که به عنوان یک
انسان هیچ کاری از دستم ساخته نیست. ولی باز می‌نویسم. می‌نویسم شاید روزی
سخنم را کسی بشنود. ای مردم جهان برای دفاع از مظلوم و محکوم کردن ظالم،
مهم نیست که آن انسان‌های ستم دیده حتماً هم وطن شما باشند. ما همه انسان
هستیم. اگر در کشور شما که دمکراسی اجازه می‌دهد مردم نسبت به ظلم و ستم
و تضییع حقوق انسانی، اعتراض و راهپیمایی کنند، پس چرا ساکت نشته‌اید؟ اگر
حکومت‌های دیکتاتور در ایران و سایر کشورهای مشابه به مردم اجازه اعتراض
نسبت به ظلم و ستمی که بر آن‌ها روا داشته را نمی‌دهند، شما که می‌توانید
اعتراض کنید، چرا ساکت نشسته‌اید؟ شما می‌توانید صدای مردم ستم دیده در
ایران باشید. شما می‌توانید دولت‌های خود را مجبور به اقدام بر علیه حکومت‌های
فاسد و دیکتاتوری کنید که این‌چنین حقوق بشر را به صورت عریان نقض
می‌کنند. چرا ساکت نشسته‌اید؟ انسانیت مرز و حدود نمی‌شناسد. اعتراض
نسبت به تضییع حقوق یک ملت و حتی یک فرد در هر کجای این کره خاکی،
وظیفه همه انسان‌های آزاده است. ما مردم جهان اگر با هم باشیم، می‌توانیم زمین

را به بهترین مکان برای زندگی همه تبدیل کنیم. می‌توانیم از حرکت دولت‌ها و سیاست‌مداران به سوی بی عدالتی، تضییع حقوق بشر، از بین بردن محیط زیست و در نهایت نابودی بشریت جلوگیری کنیم. وقتی تصمیم‌گیری برای مردم یک کشور یا یک منطقه به دست یک نفر تحت عنوان حاکم باشد، اگر آن فرد حاکم، دیوانه یا فاسد و بی‌شرف باشد، می‌شود وضعیت امروز ایران که مردم این کشور این چنین در رنج و بدبختی زندگی می‌کنند، این‌چنین محیط زیست نابود می‌شود و منابع این سرزمین به تاراج می‌رود و آن‌قدر حاکم آن قدرت می‌گیرد تا تهدیدی برای امنیت جهانی شود، می‌شود روسیه که بدون اعتنا به قوانین بین‌الملل به اکراین حمله می‌کند و این فاجعه جهانی را رقم می‌زند، می‌شود عراق، سوریه، ونزوئلا، کره شمالی و چین و بسیاری از حکومت‌های دیکتاتور دیگر. ما مردم جهان باید برخی از قوانین مسخره بین‌الملل را تغییر دهیم. قانون منع مداخله در مسائل داخلی کشورها، یک قانون مسخره‌ای است که دست حاکمان فاسد و ظالم برای انجام هر جنایت در محدوده کشور خود را باز می‌گذارد و کسی خارج از آن کشور حق اعتراض و مداخله نسبت به پایمال شدن حقوق بشر و از بین رفتن محیط زیست در آن کشور را ندارد. حقوق بشر یک مسئله داخلی نیست. حقوق بشر موضوعی است که به همه مردم جهان مربوط می‌شود. اگر حقی از کسی ضایع شد و اگر ظلمی سیستماتیک بر مردمی وارد شد، این موضوع به همه ملل دیگر هم ربط پیدا می‌کند و باید بر علیه آن قیام کنند و آن حکومت دیکتاتور را مجبور به رعایت حقوق مردم نمایند.

بنی آدم اعضای یک پیکرند که در آفرینش ز یک گوهرند
تو کز مهنت دیگران بی غمی نشاید که نامت نهند آدمی

سعدی شیرازی

مگر می‌شود، آلوده کردن محیط زیست و از بین بردن جنگل‌ها در یک کشور برای سایر ملل بی‌اهمیت باشد. وقتی آلودگی محیط زیست و گرمایش زمین ناشی از تولید گازهای گلخانه‌ای، وقتی از بین رفتن جنگل‌ها و محیط زیست، وقتی از بین رفتن دریاچه‌ها و تالاب‌ها مانند تولید بمب اتم بر زندگی همه مردم جهان تأثیر منفی می‌گذارد، چگونه می‌توان این مسائل را موضوعات داخلی عنوان کرد و آن‌ها را مشمول قانون منع مداخله در امور داخلی دانست.

به امید پیروزی

داستان علف‌های هرز

در همه جوامع از ابتدا تاکنون علاوه بر وجود انسان‌های درستکار و باشرف، همیشه انسان‌های بی‌شرف و بی‌وجدان هم وجود داشته‌اند. انسان‌های بی‌شرف هم‌چون علف‌های هرزی هستند که اگر در کشورهای جهان سوم یا دیکتاتوری، بیشتر یافت می‌شوند به دلیل نوع حکومت آن‌هاست چرا که خود حاکمان هم معمولا از این دسته‌اند ولی اگر در جوامع متمدن کمتر دیده می‌شوند فقط بدین علت است که در این جوامع اجازه رشد و بروز رفتار بی‌شرمانه به آن‌ها داده نمی‌شود و اگر این افراد قصد ترویج بی‌شرفی و رفتارهای غیرانسانی را در جامعه‌ای متمدن داشته باشند، بر اساس قانون با آن‌ها برخورد قاطع و محکمی خواهد شد. بنابراین اگر در این جوامع همه چیز تقریباً خوب بنظر می‌آید، به این معنی نیست که همه مردم در آن جامعه خوب هستند و از درک و فهم بالایی برخوردارند. اگر چه الزام به رعایت قوانین درست در طی سال‌ها باعث می‌شود که رفتارهای قانون مدار در جامعه نهادینه شده و به فرهنگ تبدیل شود، ولی اگر این الزام در طی سال‌ها نتواند شرافت را در وجود گروهی از مردم زنده کند، در عوض قانون به آن‌ها اجازه رفتار بی شرفی را هم نمی‌دهد. حکومت‌ها در جوامع مختلف نقش باغبان را دارند. اگر باغبان فردی دل‌سوز و متعهد باشد، سعی می‌کند با آبیاری منظم و سایر روش‌های درست از هرگونه آسیب و بیماری به باغ جلوگیری کند تا در نهایت بتواند میوه یا ثمره آن باغ را به بهترین شکل ممکن برداشت کند. یکی از مواردی که باغبان در خصوص آن باید دقت و تلاش زیادی داشته باشد، جلوگیری از رشد علف‌های هرز است. علف هرز گیاهی است که بدون نیاز به

مراقبت، هر کجا که آب و مواد غذایی باشد به هر شکل ممکن رشد می‌کند و مانع از رشد سایر گیاهان هدف یا باعث ضعیف شدن آن‌ها می‌شود.

در تاریخ ایران معاصر، نقش باغبان را می‌توان به سه دسته ذیل تقسیم نمود:

در دوره قاجار، باغبانان ایران افرادی بدون تعهد بودند، که اگر چه در ظاهر سعی در مراقبت از باغ ایران داشتند ولی در واقع بی‌تفاوتی آن‌ها نسبت به این باغ باعث شد که علف‌های هرز در نقاط مختلف باغ به صورت غیر قابل کنترل رشد کرده و به سایر گونه‌های مثمر ثمر، اجازه رشد و بالندگی ندهند. در نهایت به دلیل بی‌کفایتی باغبان و وجود علف‌های هرز و ضعیف بودن بنیه درختان آن منطقه، بخش‌هایی از باغ ایران از آن جدا شد . در زمان پهلوی، باغبانی بر روی کار آمد که اگرچه شاید اشکالات معدودی در شیوه مراقبت از باغ ایران داشت، ولی به جرات می‌توان گفت که تمام تلاش خود را برای آبادانی این باغ کرد. از همان ابتدا علف‌های هرز را به درستی تشخیص داد و شروع به کوتاه کردن آن‌ها نمود. با کوتاه کردن علف‌های هرز، اجازه داد تا نور دانش بر گیاهان و گونه‌های مفید بتابد و این‌گونه، استعدادهای درخشان سر از خاک بیرون آورده و رشد کردند و باعث شکوفایی باغ شدند. طی مدت ۵۰ سال، باغبان توانست درختان برومند با ریشه‌ای پرورش دهد که می‌توانستند تا نسل‌ها برای آن باغ مثمر ثمر باشند. اگر چه علف‌های هرز در طی این مدت اجازه رشد و نمو نداشتند ولی ریشه کن هم نشده بودند و هرجایی هم که سر بر می‌آوردند با قوه قهریه جلوی رشد آن‌ها گرفته می‌شد. در اواخر دولت پهلوی، با دخالت تعمدی بیگانگان که از شکوه باغ ایران ناخرسند بودند، باغبان را در خصوص رفتار خشن با علف‌های هرز نکوهش کردند

و از او خواستند تا به آن‌ها هم اجازه رشد و نمو دهد. وقتی باغبان مجبور به رعایت حقوق برای علف‌های هرز گردید، این‌گونه بی‌خاصیت، ناگهان به یک‌باره در شرایط مساعد آب و هوایی باغ ایران، رشد کردند و رشد بی رویه آن‌ها منطقاً جلوی رشد جامعه را گرفت. باغبان که می‌دید شاید از دستش دیگر کاری‌ساخته نیست، باغ را رها کرد و رفت. باغ، بی‌صاحب ماند و شرایط برای رشد روز افزون علف‌های هرز مساعد شد. در باغی که باغبان ندارد، آنچه نیاز به نگه‌داری و پروش نیست، علف‌های هرز است که بدون مراقبت می‌رویند و با خوردن سهم آب و مواد غذایی گونه‌های مفید، اجازه رشد و نمو را از آن‌ها می‌گیرند. حال باغی را تصور کنید که در دوره حکومت اسلامی جدید، متولی آن خود از گونه علف‌های هرز است. این فرد نه تنها به درختان و گیاهان مفید باغ بی توجه بوده بلکه هدفش فقط رشد و نمو علف‌های هرز است! تصور کنید علف‌های هرزی که احتیاج به مراقبت ندارند، وقتی از آن‌ها مراقبت کنید، چه می‌شوند؟! می‌شود باغ ایران امروز که علف‌های هرز آن امرای ارتش و نیروهای مسلح، وزرا، اعضای پارلمان، استانداران، کارتل‌های اقتصادی و... هستند. افسوس از آن باغ با آن درختان سربلند، افسوس از آن همه گل‌ها و لاله‌هایی که در زیر پای این علف‌های هرز بی‌خاصیت پرپر شدند و بخون خفته‌اند.

رسیده‌ها چه غریب و نچیده می‌افتند   به پای هرزه علف‌های باغ کال پرست

محمدعلی بهمنی

آنچه این باغبان هرزه نفهمید این است که علف‌های هرز باغ، خود برای ادامه بقا به وجود درختان و گل‌های مفید نیاز دارند. باغی که درختان بارور نداشته باشد،

دیگر باغ نیست. این درختان بارور هستند که استمرار زندگی باغ را امکان‌پذیر می‌کنند. بنابراین زنده بودن علف‌های هرز به زنده بودن درختان باغ وابسته است و تلاش این ناباغبان برای خشکاندن درختان بارور و گل‌های نوشکفته، قطعا ریشه خودشان را خواهد کند. اگرچه بسیاری از درختان این باغ در طی بیش از چهل سال با وجود این همه بی‌رحمی‌ها و بی‌اعتنایی‌ها، خشک یا ضعیف شده‌اند ولی از آغوش آن‌ها جوانه‌هایی سبز شده است که درصدد تلاش برای دگرگونی‌اند. تلاش برای پیروزی مجدد بر علف‌های هرزی که امروز آن‌قدر کلفت شده‌اند که باید با تبر قطع شوند. ولی جوانه‌های این باغ خوب می‌دانند که علف‌های هرز هر چه قدر هم که بزرگ و تنومند باشند ولی سست و بی ریشه‌اند و با اندك فشار ناشی از بی‌آبی خشک می‌شوند. فشار و تحریمی که سال‌هاست درختان این باغ تحمل کرده‌اند.

به امید پیروزی

خواست خداوند

ساعت سه بامداد روز جمعه پانزدهم مهرماه سال ۱۴۰۱

بعد از گذشت حدود سه هفته از شروع خیزش سراسری مردم، آتش اعتراضات در سراسر ایران هم‌چنان شعله‌ور است و حکومت هم طبق معمول با عوامل سرکوب خود بی‌رحمانه پاسخ این اعتراضات را می‌دهد. برایشان فرقی نمی‌کند چه کسی در خیابان اعتراض می‌کند. پیر باشد یا جوان، زن باشد یا کودك، مسلح باشد یا بی‌سلاح، ساکت باشد یا شعار بدهد، ساکن باشد یا راهپیمایی کند، همه را به یک شکل پاسخ می‌دهد و آن ضرب و شتم بی‌رحمانه، بازداشت و کشتار معترضان است. شاید باور نکنید تا کنون بیش از ۱۵۰ نفر در این اعتراضات توسط حکومت کشته شده‌اند و بسیاری از این افراد، بچه‌ها و نوجوانان بوده‌اند. دختران و پسرانی در محدوده سنی ۱۴ تا ۱۶ ساله . نوجوانی که پر از شور زندگی است و فقط به دلیل نارضایتی از وضعیت موجود به خاطر نداشتن حداقل‌های زندگی، بی‌مهابا جلوی وحشی‌ترین موجودات عالم می‌ایستد و شعار اعتراضی می‌دهد. وقتی جانوران وحشی حکومت آن‌ها را می‌گیرند، چه کارها که با آن‌ها نمی‌کنند! با این فرزندان ایران، بچه‌های معصومی که همه چیز برایشان شوخی و بازی است. حتی وقتی جلوی این جانوران وحشی بالفطره قرار می‌گیرند. شاید در قلب پاکشان، باور نمی‌کنند که یک انسان می‌تواند اینقدر پست و بی‌رحم باشد که دختر ۱۶ ساله را بگیرند و باضربات متعدد باتوم او را به قتل برسانند یا او را بازداشت کنند و در مخفی گاه‌های خود به شنیع‌ترین وجه ممکن با او رفتار کنند. به او تجاوز کنند، او را شکنجه دهند و علاوه بر آسیب‌های روحی وارده، او را نقص عضو کنند و در

نهایت بعد از چند هفته یا چند ماه اگر زنده ماند، با قید وثیقه او را آزاد کنند یا نه. شاید هم زیر این شکنجه‌ها کشته شود و پیکرش را هم هیچ‌گاه به خانواده‌اش تحویل ندهند. این را نمی‌دانند. این بچه ها اصلاً نمی‌توانند این‌چنین بی‌رحم بودن یک به ظاهر انسان را تصور کنند. فکر می‌کنند آن‌ها هم مثل پدر یا برادرشان یا نهایتاً مثل مردمی هستند که هر روز در شهر می‌بینند. نمی‌دانند این جانوران با همه فرق می‌کنند. نمی‌دانند این سگ‌های وحشی، پیر و جوان و کودک برایشان فرقی ندارد. نمی‌دانند که هرکه ظاهر یک انسان را دارد لزوماً انسان نیست. نمی‌دانند پدری که همیشه به او تکیه می‌کردند هم نمی‌تواند آن‌ها را از دست این جانی‌ها نجات دهد. نمی‌دانند قدرت وقتی با دین ترکیب شد، چه فاجعه‌ای به بار می‌آید که همه این کشتارها و جنایت‌ها را شرعی جلوه می‌دهد و مرتکبین آن را حتی وعده پاداش اخروی هم می‌دهد! فارق از این تبلیغات دینی و مزخرفاتی که حکومت از طریق ملاهای جیره‌خور خود به ایادی و نیروهای سرکوبش القاء می‌کند، آنچه باید باور داشت، وجود نظم و تعادل در این جهان هستی است. طبق قانون تعادل، برای هر عملی، پاسخ و عکس العمل متناسب با آن وجود دارد. بنابراین هرکس ناخواسته، بازخورد اعمال و رفتار خود را خواهد دید. اگر بدانیم که روح انسان فنا‌ناپذیر است، این بازخورد و عکس‌العمل حتی بعد از مرگ هم می‌تواند دریافت شود. اگر کاربرد روح در این کره خاکی، انجام عمل با استفاده از ابزار جسم است، قطعا در نقطه‌ای دیگر از این کیهان، روح به تنهایی می‌تواند درد و رنج یا شادی و خوشبختی را حس کند. در این حالت می‌توان منطقا متصور بود که حتی کسانی که باعث کشته و شکنجه هزاران انسان بی‌گناه شده‌اند، پاسخ جرم و جنایت خود را به دفعات برای تک تک جنایت‌هایشان، خواهند گرفت. این

اتفاقات ناگوار اخیر مرا به این فکر فرو برد، که آیا این خواست خداوند است که زمین این‌گونه در آتش ظلم و ستم گروهی از انسان‌نماها بسوزد؟! آیا خواست خداوند است که جوان یا نوجوانی بی‌گناه این‌گونه شکنجه و کشته شود؟ قطعاً خداوندی که این کیهان با عظمت را با این نظم و تعادل آفرید، خواست او ناهنجاری و رفتارهای شنیع غیر انسانی نیست. مگر می‌شود خداوند باعث اتفاقی باشد که او را ناخورسند کند. این باور با قدرت خداوند در تضاد است. اگر ما رفتارهای انسانی را منتسب به خداوند بدانیم، این موضوع حتی با عدل و مهربانی خداوند هم در تضاد است. خواست خداوند هیچ‌گاه انجام جرم و جنایت توسط انسان‌ها نیست. بنابراین لازم است در اینجا بخشی از گفته‌های سابق خود را اصلاح کنم که اختیار انسان را زیر مجموعه خواست خداوند می‌پنداشتم. اکنون باور دارم اختیار انسان، تنها عامل انجام یک فعل است و خداوند با وجود علم به آینده، شاید تنها نظاره‌گر این اتفاق‌ها است. اگر چه ما در نهایت اتفاق‌هایی را که رخ می‌دهد به تقدیر و سرنوشت منتسب می‌کنیم. خداوند انسان را در این دنیای ماده در شرایطی قرارداد داد که با اختیار خود حرکت در مسیر روشنی یا تاریکی را برگزینند. در واقع این دنیا مرحله آزمون انسان‌ها است. قاعدتاً رفتارهای شرم‌آور و ظالمانه انسان‌ها، خواست خداوند نیست و مجازات انسان به دلیل انجام این قبیل کارها در دنیای پس از مرگ هم به همین دلیل است. خواست خداوند حرکت در مسیر تعادل و هنجارهاست. ما انسان‌ها ضعیف و نیازمند آفریده شده‌ایم. مهم این است که چگونه و به چه کسی ابراز نیاز کنیم. این‌که خداوند چگونه به دعای ما انسان‌ها پاسخ می‌دهد و چه هنگام درخواست ما را در این دنیای علت و معلول اجابت می‌کند را نمی‌دانم ولی وجود او را در مراحل مختلف زندگی حس می‌کنم

و از صمیم قلبم به او ایمان دارم. نمی‌دانم چگونه و چه هنگام در زندگی به ما کمک می‌کند ولی نمی‌توانم از نیاز همیشگی‌ام به او نگویم. خداوندا تو خود مرا نیازمند آفریدی پس من جز ابراز نیاز و درخواست به درگاه تو چه کاری از دستم ساخته است. کمکم کن فقط از تو یاری جویم و به لطف و توفیق تو بتوانم به دیگران کمک کنم. مرا در این مسیر یاری فرما.

یارب از نیست به هست آمده صنع توایم	وانچه هست از نظر علم تو پنهانی نیست
گر برانی و گرم بنده مخلص خوانی	روی نومیدیم از حضرت سلطانی نیست
نا امید از در لطف تو کجا شاید رفت؟	تو ببخشای که درگاه تو را ثانی نیست

سعدی شیرازی

به امید پیروزی حق علیه باطل

داستان الاغ‌ها

امروز یکی از همکارانم تعریف می‌کرد که به چشم خود دید که ماموران وحشی حکومت، پیرمردی را جلوی خانه‌اش با بی‌رحمی تمام کتک می‌زدند. در حالی‌که یکی از آن‌ها گردن پیرمرد را با یک دست گرفته بود و با دست دیگر به صورت او مشت می‌زد، دو نفر دیگر هم با لگد به پیرمرد ضربه می‌زدند. وقتی از آن‌ها پرسید چرا او را می‌زنند و به آن‌ها گفت که او جای پدرشان هست، با الفاظ رکیک به او پاسخ دادند و به او گفتند که دور شود. دوباره از یکی از آن مأمورها که برخلاف سه مأمور دیگر کمی دل رحم بود و کنار ماشین ایستاده بود، علت این رفتار آن‌ها را پرسید. او گفت پسر این فرد در اعتراضات شرکت کرده و حالا پدرش را می‌زنند تا جای پسرش را لو دهد! او گفت کجای دنیا پدر را به خاطر پسر شکنجه می‌کنند و باز از آن‌ها درخواست کرد که آن پیرمرد را رها کنند که ناگهان به سمت او حمله‌ور شدند و خواستند او را هم بازداشت کنند. این اتفاق یکی از هزاران جنایاتی است که حاکمان دیکتاتور بدون هیچ‌گونه نگرانی از برخورد سایر دولت‌ها به دلیل نقض حقوق بشر مرتکب می‌شوند. آیا به راستی ما به انحطاط انسانیت رسیده‌ایم؟! یاد یکی از فیلم‌های حیات وحش افتادم. در آن فیلم سه الاغ اهلی در کنار جاده‌ای مشغول چرا بودند. ناگهان پلنگی که در کمین بود به یکی از آن‌ها حمله کرد و آن را همان جا خفه کرد و با خود برد. شاید باور نکنید یکی از آن دو الاغ دیگر که حتی به الاغ قربانی بسیار نزدیک بود، حتی سرش را هم بلند نکرد ببیند چه اتفاقی افتاده و هم‌چنان به خوردن علف ادامه داد و الاغی که کمی دورتر بود فقط سرش را بلند کرد یک نگاهی به الاغ اسیر در پنجه پلنگ انداخت و بعد دوباره به خوردن ادامه داد. آیا فکر می‌کنید رفتار امروز ما انسان‌ها خیلی با این الاغ‌ها متفاوت

است. بسیاری از مردمی که در کشورهای ظاهراً دمکراتیک اروپا و آمریکا بدون هیچ دغدغه‌ای زندگی می‌کنند، هیچ اهمیتی نمی‌دهند که حقوق انسان‌ها در کشورهایی نظیر ایران، به چه وضع وخیمی تضییع می‌شود. و عده‌ای هم که نگاهی می‌اندازند، شاید یک ابراز نگرانی سطحی نشان دهند یا یک توییت مختصری در این مورد بفرستند و بعد دوباره روال زندگی خود را ادامه می‌دهند ای مردم جهان از شما درخواست می‌کنم، اجازه ندهید مسائل روزمره زندگی، شما را از مسیر اصلی خارج کند. ما همه انسان هستیم. از انسان، آیا جز انسانیت انتظار می‌رود؟ اگر به مسائل پیرامون خود بی توجه باشیم، اگر به ظلمی که هم اکنون در بسیاری از کشورهای مختلف به بشریت وارد می شود، بی‌تفاوت باشیم، اگر به نابودی محیط زیست چه در کشور خود و چه در کشورهای دیگر بی‌توجه باشیم، اگر این مسائل برای ما اهمیت نداشته باشد، مطمئن باشید که دیر یا زود، تأثیر این جنایاتی که حتی در آن طرف دنیا اتفاق می‌افتد، دامن شما یا فرزندانتان را خواهد گرفت. حکومت‌ها و سیاست‌مداران احمق به واسطه قدرتی که از شما مردم گرفته‌اند، بشریت را نابود می‌کنند و این‌گونه می‌پندارند که لازم نیست بابت اعمال جنایتکارانه‌شان، به کسی پاسخ دهند. هر کدام از آن‌ها پس از آن که به قدرت رسید، به نحوی بدون توجه به نیاز واقعی مردم، فقط در مسیر امیال خود و حفظ قدرتشان پیش رفتند. ما مردم جهان باید همگی بدانیم و به حاکمان وقت بفهمانیم که مردم در هر حکومتی، جزء اموال آن حکومت نیستند که هر طور بخواهد با آن‌ها رفتار کند. محیط زیست و منابع و جنگل‌ها، جزء اموال آن حکومت نیستند که هر قدر بخواهد آن‌ها را به هر نحوی نابود کند. ظلم به یک انسان، ظلم به انسانیت است و انسانیت محدود به مردم همان منطقه یا کشور مورد ظلم واقع

شده نیست. اگر ما در هر نقطه‌ای از این کره خاکی، ادعا داریم که انسان هستیم، باید نسبت به ظلم و ستمی که بر مردم بی‌گناه و بی‌دفاع کشورهای دیگر می‌رود، عکس‌العمل جدی نشان دهیم. باید دولت‌های خود را مجبور به اقدام عملی حتی جنگ برعلیه جانیان ظالم کنیم. باید قانون آزادی و برابری انسان‌ها در همه کشورها به یک شکل اجرا شود و اگر حکومتی به خود اجازه داد خلاف آن را عمل کند با تهدید و عکس العمل جدی سایر کشورها مواجه شود. این موضوع در مورد از بین بردن اکوسیستم، منابع آبی و خاکی و جنگل‌ها هم صادق است و فقط شامل تولید سلاح‌های کشتار جمعی نمی‌شود. تمام این تنش‌ها و نابسامانی‌های رخ داده از دیرباز تا کنون به دلیل تمرکز قدرت در دست فرد یا افرادی نادان بوده است و به جز عده‌ای قلیل از حاکمان که واقعا برای آزادی و آبادانی کشور خود تلاش کردند، نمی‌توان برای بسیاری از رؤسای جمهور یا حاکمان دیگر حتی ذره‌ای‌عقل و شعور متصور بود. تمام تلاش بسیاری از حاکمان امروز برای حفظ قدرت خود و حذب‌شان است و مسائل مهمی مثل حقوق بشر و محیط زیست هیچ اهمیتی برای آن‌ها ندارد و اگر جایی از این موضوعات دفاعی هم می‌کنند فقط جنبه شعار دارد و برای حفظ ظاهر است. با این سیستم معیوب حکومتی در سرتاسر این جهان، قطعاً آینده‌ای جز تباهی برای فرزندانمان متصور نخواهد بود. سیستم معیوبی که هر کس برای خود یک سازی می‌زند و کسی نباید با آن مخالفت کند! یکی بمب اتم می‌سازد، یکی دوست دارد کشور گشایی کند، یکی برای منافع سیاسی خود، یک کشور ضعیف را تحویل تبهکاران طالب می‌دهد، یکی با سوخت‌های فسیلی هوا را آلوده می‌کند، یکی منابع آبی را از بین می برد. و همه آن‌ها هم می‌گویند، چهار دیواری، اختیاری! کشور خودمان است و

هیچ‌کس حق دخالت در مسائل داخلی ما را ندارد! اگر سیستم حکومتی جهان تغییر نکند و از دست این بی‌خردان ناقص عقل گرفته نشود، دیری نمی‌پاید که نسل بشر به دست خود بشر منقرض خواهد شد. غمگینم از بی تفاوتی مردم جهان نسبت به اتفاقات ناگواری که در هر نقطه از این دنیا رخ می‌دهد و دلم به درد می‌آید وقتی این بی‌تفاوتی را در بین بسیاری از هموطنانم در خارج از کشور نسبت به وضعیت این روزهای ایران می‌بینم. امروز مردم ایران برای آزادی کشور از ظلم استبداد دینی جان و مال خود را به خطر انداخته و با وجود این همه خطر به خیابان ها می‌آیند و اعتراض می‌کنند در حالی که از پایگاه بزرگ ایرانیان خارج از کشور با جمعیت حدود هشت میلیون نفر پشتیبانی درخوری مشاهده نمی‌شود. جمعیت ایرانی‌های فقط شهر لوس‌آنجلس ایالت کالیفرنیای آمریکا بیش از پانصد هزار نفر است. چند درصد از آن‌ها در اعتراضات اخیر نسبت به رژیم وحشی ملاها شرکت کرده‌اند؟! شرکت در راهپیمایی‌ها آن هم در روزهای تعطیل چقدر برای آن‌ها هزینه دارد؟ چه مخاطراتی آن‌ها را تهدید می‌کرد که در آن سر دنیا در یک کشور آزاد حاظر نیستند کمی از وقت استراحت خود را برای آزادی کشورشان اختصاص دهند؟! این جمعیت ایرانیان خارج از کشور می‌توانست هر دولتی را به اقدام بر علیه جنایات این رژیم وا دارد ولی افسوس... برای همین من از همه مردم آزاده دنیا درخواست کمک دارم. کمک برای نجات انسانیت. کمک برای نجات آینده همه انسان‌های این سیاره از عواقبی که با ادامه حکومت این وحشی ها پیش بینی می‌شود.

ایها الناس جهان جای تن آسانی نیست

مرد دانا، به جهان داشتن ارزانی نیست

خفتگان را چه خبر زمزمه مرغ سحر

حیـوان را خبر از عالم انسانی نیست

داروی تربیـت از پیر طریقـت بستان

کادمی را بـتر از علت نـادانی نیست

روی اگر چنـد پری چهـره و زیـبا باشد

نتـوان دید در آیینـه که نـورانی نیست

طاعت آن نیست که بر خاك نهی پیشانی

صدق پیش آر که اخلاص به پیشانی نیست

حذر از پیروی نفـس که در راه خدای

مردم افکن‌تر از این غول بیابانی نیست

با تو ترسم نکند شاهد روحانی روی

کالتمـاس تو بجز راحـت نفسانی نیست

دست حسرت گزی ار یک درمت فوت شود

هیچـت از عمر تلف کرده پشیمانی نیست؟

سعـدیا گـرچه سخـن‌دان و مصـالح‌گویی

به عمل کار برآید به سخن‌دانی نیست

سعدی شیرازی

۲۶مهرماه ۱۴۰۱

کیان خدای رنگین کمان

بنام خداوند کیان، پسر ده ساله‌ای که به دست مزدوران وحشی حکومت اسلامی در ایران، مظلومانه کشته شد.

امروز یکشنبه، ۲۹ آبان سال ۱۴۰۱، خیزش انقلابی مردم ایران و سرکوب همراه با جنایات بی‌رحمانه رژیم، هم‌چنان ادامه دارد. بیش از دو ماه از شروع این خیزش بزرگ مردمی می‌گذرد. بیش از دو ماه می‌گذرد که با وجود کشته شدن بیش از ۴۰۰ نفر شامل ۵۷ کودك، هم‌چنان مردم جان خود را کف دست گرفته و با اطلاع از خطرات و عواقب احتمالی که این اعتراض برای آن‌ها خواهد داشت، باز به خیابان‌ها می‌آیند و جان و مال و زندگی خود را در این مسیر به خطر می‌اندازند. شاید در آن طرف مرزها، اپوزیسیون بی‌عرضه تکانی به خود بدهد. اگرچه در خارج از کشور افرادی هستند که تلاش بسیاری در مبارزه با این رژیم مستبد کرده‌اند ولی در انجام مهم‌ترین بخش مبارزه که معرفی یک نماینده به جامعه جهانی است، کوتاهی کرده‌اند. نماینده‌ای که البته باید به چند اصل مهم اعتقاد قلبی داشته باشد. حفظ تمامیت ارضی کشور، سکولاریسم، برابری زن و مرد، آزادی‌های اجتماعی و حقوق بشر و تلاش برای آباد کردن دوباره ایران از اصول بلاشکی است که هر کس به عنوان نماینده اپوزیسیون باید به آن ایمان داشته باشد. به راستی چرا بعد از ۴۳ سال، هنوز کسی به عنوان نماینده کل اپوزیسیون به جهان معرفی نشده است؟ نماینده‌ای که بتواند با حمایت همه گروه‌های مخالف در داخل و خارج از کشور با دولت‌های غرب و شرق در مخالفت با جمهوری کثیف اسلامی مذاکره کند. امروز که مردم ایران بدون رهبری و به صورت خودجوش آن‌چنان

حماسه‌ای را در مخالفت با رژیم خلق کرده‌اند که بالاخره دنیا متوجه اعتراض مردم ایران به حاکمیت ملاها شد، چرا هنوز اپوزیسیون هیچ اقدام جدی نکرده است؟

ملاها یا کسانی که ملاها را کنترل می‌کنند، از همان زمان انقلاب منحوس ۵۷، نقطه ضعف اپوزیسیون ایران را فهمیدند. همان نقطه ضعفی که سنجابی را بر علیه دکتر شاهپور بختیار قرار داد با این که هر دو در یک حذب هم بودند و آن نقطه ضعف، حسادت بر سر پست و مقام، منافع شخصی و غرور بی‌جاست و متأسفانه این نقطه ضعف آن‌چنان در بین اکثر نیروهای فعال اپوزیسیون گسترش دارد که حفظ و تداوم نظام جنایت‌کار اسلامی در ایران را به موفقیت احتمالی فلان گروه اپوزیسیون ترجیح می‌دهند. اگر فردی که در بین مردم شناخته شده و مورد قبول مردم است و البته دارای سوابق و نظرات روشنی است و تلاش می‌کند که به عنوان نماینده مردم معترض ایران با جامعه جهانی گفتگو کند، آن‌چنان بر علیه او در تلویزیون‌های خود و سایر رسانه‌های اجتماعی از طریق دروغ پراکنی و گمراه نمودن اذهان عمومی، سم پاشی می‌کنند که او را از این اقدام پشیمان کرده تا در نهایت مجبور شود اعلام کند که قصد رهبری جنبش انقلابی مردم را ندارد و فقط در کنار مردم است! روشن بگویم، رضا پهلوی را کاری‌کرده‌اند که اگرچه نوه رضا شاه کبیر و فرزند محمد رضا شاه از ایران‌سازان معاصر است و آرمان‌های پدران خود را برای آبادی ایران در سینه دارد، ولی جرات نمی‌کند خود را به عنوان نماینده مردم معرفی کند. در میان گروه‌های اپوزیسیون البته تجزیه طلب و گروه‌های خائن به کشور هم کم نیستند که هدف آن‌ها از مخالفت با این رژیم، رسیدن به قدرت حتی به بهای از بین رفتن یکپارچگی ایران است. اگرچه در

شعارهای آن‌ها مسائل حقوق بشر و آزادی و برابری و سکولاریسم دیده می‌شود ولی هر جا بحث تمامیت ارضی کشور است یا ساکت می‌شوند یا بحث را به انحراف می‌کشند. فارق از هرگونه گرایش سیاسی، آنچه امروز رضا پهلوی مطرح می‌کند، بلاشک بهترین راه حل ممکن برای آزادی مردم ایران است. اگر اپوزیسیون به راستی خواستار آزادی و آبادانی ایران است، حتی اگر به هر دلیلی با نامبرده مشکل دارد، امروز باید برای رهایی ایران از این حکومت فاسد بچه‌کش با ایشان ائتلاف کنند و ایشان یا کسی دیگر که پایبند به اصول مذکور است را به عنوان نماینده خود البته تا زمان‌گذار از جمهوری اسلامی معرفی نمایند. در غیر این صورت خیانت آن‌ها هم به کشور فراموش نخواهد شد.

آن‌هایی که زمانی در مخالفت با حکومت پهلوی با انقلاب ۵۷ همراه شدند و اکنون در جرگه اپوزیسیون هستند، حاضر نیستند صراحتاً به اشتباه خود اعتراف کنند و حتی هنوز هم برای توجیه رفتار خود در آن زمان، حکومت پهلوی را حکومتی مستبد و خود را مخالف با هر نوع استبداد معرفی می‌کنند! این‌که این نگرش آن‌ها از حکومت پهلوی، ناشی از عدم درک صحیح آن‌ها از شرایط اجتماعی و سیاسی آن زمان بوده که حکومت وقت را مجبور به مخالفت با بسیاری از جریانات سیاسی می‌کرد یا به دلیل غرور کاذبشان امروز حاضر به پذیرش اشتباه خود نیستند، بحثی دیگر است. واقعیت این است که مردم ایران اگر زمانی در انقلاب ۵۷ با شعار استبداد ستیزی بسیاری از همین گروه‌های خارج نشین امروزی فریب خوردند و به خیابان ها آمدند، امروز دیگر به راستی استبداد را با گوشت و پوست خود احساس می‌کنند و در این جو امنیتی شدید با وجود این همه نیروهای سرکوب‌گر وحشی، بدون هیچ رهبری و برنامه‌ریزی کننده اعتراضات، باز به خیابان می‌آیند،

اعتراض می‌کنند و منتظرند تا نماینده‌ای از طرف آن‌ها به جهان معرفی شود. قطعاً در شرایط فعلی نمایندگی مردم معترض ایران از داخل کشور امکان‌پذیر نیست. پس نماینده مردم باید شخصی خارج از کشور باشد تا بتواند با سایر دولت‌ها گفتگو کند و در دفاع از مردم ایران در جوامع بین‌المللی حاضر شود. این حداقل کاری است که از اپوزیسیون انتظار می‌رفت ولی متأسفانه ظاهراً اپوزیسیون منافع خود را بر منافع ملی ترجیه داد. سال‌هاست که صدای اعتراض مردم مظلوم بی‌دفاع ایران را کسی نمی‌شنود. سال‌هاست که هزاران انسان بی‌گناه فقط به خاطر اعتراض بر حقی که داشتند، جان خود را از دست دادند یا به شدیدترین وجه ممکن شکنجه و زندانی شدند و کسی نبود که به نمایندگی از آن‌ها صدایشان را به گوش جهانیان برساند. اگرچه رهبران اصلی اعتراضات مردم، امروز در زندان‌ها هستند و نمی‌توان از پتانسیل آن‌ها در جهت دفاع از مردم ایران استفاده کرد، ولی در خارج از کشور هم مردان و زنان با شرفی هستند که با تمام وجود خواستار کمک به جنبش انقلابی مردمند و در عمل هم نشان دادند که توانایی رهبری این جنبش انقلابی را دارند. بنابراین فارق از هر دیدگاه و نظری در مورد نوع حکومت آینده ایران، وظیفه همه افراد اپوزیسیون در خارج از کشور است که سریعاً متحد شده و یکی را از میان خود به عنوان نماینده مردم ایران به جامعه جهانی معرفی کنند. فرقی نمی‌کند پهلوی باشد یا شخصی دیگر، فقط باید ضمن این‌که مورد قبول اکثریت مردم ایران باشد به اصول اشاره شده برای دوران بعد از آزادی ایران ایمان داشته و پایبند باشد. امروز هدف، سرنگونی این حکومت فاسد ستم‌گر است. نوع حکومت فردای ایران و انتخاب رئیس دولت آن، پس از این

مرحله و در شرایطی که همه مردم ایران آزادانه امکان اظهار نظر دارند و با اگاهی‌رسانی درست، به رفراندم گذارده خواهد شد.

به امید پیروزی

با آرزوی آزادی ایران

امروز جمعه، دوازدهم اسفندماه ۱۴۰۱، قیمت دلار به ۵۵۰۰۰ تومان رسید. تورم به مرز فاجعه رسیده است. اگرچه به دلیل سرکوب وحشیانه اعتراضات مردمی توسط حکومت، شعله‌های خیزش سراسری به ظاهر کاهش یافته، ولی مردم هم‌چنان به انحاء مختلف اعتراض خود را به این حکومت ابراز می‌کنند. این روزها حکومت مشغول انتقام گرفتن از مردم است. اخیراً مدارس دخترانه را مورد حمله قرار داده است. دختران بسیاری در مدارس سرتاسر کشور با گازهای شیمیایی مسموم و روانه بیمارستان‌ها شدند و جامعه بین‌الملل هم هم‌چنان خاموش است!! مقامات کشورهای غربی فقط با ابراز تأسف نسبت به این فجایع رخ داده، از حکومت اسلامی ایران خواسته‌اند علت و عامل این اتفاقات را پیدا کند! مثل این است که شما گوسفندان دریده شده‌ای را ببینید و از گرگی درنده که همان جا است، بخواهید جستجو کند چه کسی عامل این اتفاق بوده است! واقعاً دیگر نمی‌دانم چه بگویم. از جامعه جهانی ناامید شده‌ام. اپوزیسیون هم اگر چه بالاخره توانست یک شورای نسبتاً هماهنگ تشکیل دهد ولی به وضوح اختلافات میان آن‌ها موج می‌زند. گروهی از آن‌ها که خود را طرفدار جمهوری می‌خوانند، اگر چه در ظاهر با پهلوی هم عقیده‌اند ولی در رفتار خود مشخصاً مسیرشان را از او جدا کرده‌اند. احزاب کردستان هم که پر واضح است دنبال تجزیه ایران هستند. اگرچه فعلاً این موضوع را علنی عنوان نمی‌کنند ولی خواسته آن‌ها برای اجرای حکومت پارلمانی در ایران، مشخصاً نشان می‌دهد که چه افکار شومی دارند. شاید ابراز تمایلات تجزیه‌طلبی از طرف معدود گروهی خود خوانده مزدور به نام حزب اعراب خوزستان یا ترک‌های آذربایجان، خیلی غیرمنتظره نباشد ولی از کردها و بلوچ‌ها

که جزء اقوام اصلی ایرانی هستند، اصلاً این انتظار نمی‌رود. اگرچه قطعاً نمی‌توان نظر این عده اندک خائن را که تحت عنوان حزب به دروغ، خود را نماینده مردم کردستان می‌نامند، به مردم ایران دوست این خطه از ایران تعمیم داد، ولی امیدوارم مردم استان‌های مرزی کشور جواب کوبنده‌ای به امثال این مزدوران وطن فروش بدهند. این احزاب ابراز مخالفت خود را با شاهزاده رضا پهلوی به دلیل ستم‌هایی که در زمان حکومت پهلوی بر آن‌ها شد، اعلام می‌کنند. آری حکومت پهلوی ستم‌گر بود، ستم‌گر بود که نگذاشت شما ایران را تجزیه کنید، ستم‌گر بود که نگذاشت امثال شما خائنین مزدور، ایرانی را که زمانی به وسعت یک شیر بوده و امروز تنها گربه‌ای از آن باقی‌مانده را به موش تبدیل کنید. امثال شما احزاب چه منفعتی قبلاً برای ایران داشته‌اید که امروز ادعا می‌کنید؟ چه کمکی می‌توانید برای آبادانی ایران انجام دهید؟ هیچ، فقط تمام تلاشتان تنها برای منافع خود بوده ولو به قیمت نابودی ایران. شما که شعار می‌دهید شاه ستم‌گر بود، چرا نمی‌گویید چه کاری می‌خواستید انجام دهید که به شما ستم شد؟ چه طرح و برنامه‌ای برای آبادی ایران ارائه کرده بودید که شاه با آن مخالفت کرد یا شما را بی‌دلیل مجازات نمود؟ اگرچه نمی‌توان حکومت شاهنشاهی پهلوی را بی نقص دانست ولی برای زمان خود، برای اعتلای ایران و ایرانی بی‌نظیر تلاش کرد. حکومتی که ایران را به صورت ویرانه‌ای در زمان قاجار تحویل گرفت و به یک ابرقدرت در خاورمیانه تبدیل کرد، در نهایت این حکومت با تلاش امثال شما احزاب به ملاها رسید. حکومتی که ارزش ایرانی را از رعیت در زمان قاجار به آن‌چنان سطحی بالا برد که زندگی در ایران برای بسیاری از غربی‌ها مثل رویا بود، البته اگر جایی هم کاستی‌هایی داشت قابل اغماض بود. اگر سازمان امنیتی

داشت که با احزاب تجزیه طلب یا برانداز با خشونت برخورد می‌کرد، قابل قبول بود. اگرچه همان‌طور که پیش‌تر گفته‌ام من با سیستم تعدد حکومت‌ها در جهان به دلیل داشتن اختیار تام حاکمان و تأثیرات مخرب آن در زمینه آسیب به محیط زیست و نقض حقوق بشر به بهانه حاکمیت ملی مخالفم ولی در شرایط فعلی که متأسفانه امکان اصلاح سریع این مهم برای جامعه جهانی فراهم نیست، به نظر من بهترین نوع حکومت برای ایران، مدل پیشرفته پادشاهی مشروطه است. حکومت پادشاهی غیرموروثی، حکومتی که سیاست‌های کلان آن را مجلس سنا که متشکل از دانشمندان برجسته ایران زمین هستند، تعیین می‌کنند و به شاه ابلاغ می‌نمایند. شاه به عنوان مرجع هماهنگ‌کننده، سیاست‌های کلان لازم‌الاجرا را به دولت اعلام می‌نماید. دولت و مجلس با همکاری هم ضمن پیاده‌سازی این سیاست‌های کلان، اداره مملکت را هم برعهده دارند. نقش احزاب در این حکومت فقط در حیطه کمک به اجرای هرچه بهتر سیاست‌های کلان اتخاذ شده و به طور کلی اداره مملکت به بهترین شکل ممکن است. احزاب به هیچ عنوان در تعیین سیاست‌های کلان حکومت، نقشی نخواهند داشت. مردم، رئیس دولت را انتخاب می‌کنند و احزاب فقط حق ورود به پارلمان را دارند. حداکثر تعداد صندلی‌های پارلمان هم برای هر حزبی قبلاً مشخص می‌شود تا مجلس متشکل از نماینده‌های همه اقشار جامعه باشد. البته موضوع نوع حکومت آینده ایران، دغدغه امروز نیست. اگرچه مردم ایران باید بدانند که بعد از براندازی این حکومت فاسد ظالم، چه حکومتی می‌تواند جایگزین آن شود، ولی امروز اپوزیسیون باید تمام هم و غم خود را برای آزادی ایران بگذارد. اگر و فقط اگر به راستی برای ایران تلاش می‌کنند و نه برای منافع خود، از حاشیه‌سازی‌ها دوری

کنند و با اتحاد همدیگر دست این قوم مغول را از روی این ایران مظلوم خسته کوتاه کنند.

اگر آن طایر قدسی ز درم باز آید   عمر بگذشته به پیرانه سرم باز آید

دارم امید بر این اشک چو باران که دگر   برق دولت که برفت از نظرم باز آید

آن که تاج سر من خاک کف پایش بود   از خدا می‌طلبم تا به سرم باز آید

خواهم اندر عقبش رفت به یاران عزیز   شخصم ار باز نیاید، خبرم باز آید

گر نثار قدم یار گرامی نکنم   گوهر جان به چه کار دگرم باز آید

کوس نو دولتی از بام سعادت بزنم   گر ببینم که مه نو سفرم باز آید

مانعش قلقل چنگ است و شکر خواب صبوح   ورنه گر بشنود آه سحرم باز آید

آرزومند رخ شاه چو ماهم حافظ   همتی تا به سلامت ز درم باز آید

حافظ

با آرزوی آزادی ایران